AF612600

Colección

Nuevo Foro Democrático

Dirección de Colección:
Roberto Gargarella y Rubén Lo Vuolo

Ciepp
Centro Interdisciplinario
para el estudio de Políticas Públicas

Rodríguez Peña 557, 2do. F (1020)
tel-fax: (54 11) 4371-5136
e-mail: ciepp@speedy.com.ar
Buenos Aires · Argentina

Diseño: Gerardo Miño
Composición: Laura Bono

Edición: Primera. Septiembre de 2012

Tirada: 500 ejemplares

ISBN: 978-84-15295-11-2

Lugar de edición: Buenos Aires, Argentina

Cualquier forma de reproducción, distribución, comunicación pública o transformación de esta obra solo puede ser realizada con la autorización de sus titulares, salvo excepción prevista por la ley. Diríjase a CEDRO (Centro Español de Derechos Reprográficos, www.cedro.org) si necesita fotocopiar o escanear algún fragmento de esta obra.

© 2012, Miño y Dávila srl / © 2012, Pedro Miño

Miño y Dávila srl
Av. Rivadavia 1977, 5to B
(C1033ACC)
tel-fax: (54 11) 3534-6430
Buenos Aires, Argentina
e-mail producción: produccion@minoydavila.com
e-mail administración: info@minoydavila.com
web: www.minoydavila.com

Roberto Gargarella (coord.)

El castigo penal en sociedades desiguales

Con la colaboración de:

Libardo José Ariza
Ramiro Avila Santamaría
Gabriel Bouzat
Roberto Gargarella
Juan F. González Bertomeu
Manuel Iturralde
Rocío Lorca Ferreccio
Catalina Pérez Correa
Lourdes Peroni

Índice

Sobre los autores

LIBARDO JOSÉ ARIZA. Abogado de la Universidad de Los Andes, M.A. en Sociología Jurídica del Instituto Internacional de Sociología Jurídica, Diploma de Estudios Avanzados (DEA) en Derecho Internacional Público y Relaciones Internacionales de la Universidad de Deusto y Doctor en Derecho de la misma universidad. Actualmente se desempeña como profesor de planta de la Facultad de Derecho de la Universidad de Los Andes.

RAMIRO AVILA SANTAMARÍA. Doctor en Jurisprudencia por la Pontifica Universidad Católica del Ecuador, Master en Derecho por Columbia University (New York), profesor de Constitucionalismo Contemporáneo, Garantismo Penal y Teoría de los Derechos Humanos. Docente de la Universidad Andina Simón Bolívar-Sede Ecuador.

GABRIEL BOUZAT. Master en Derecho, Yale Law School, Yale University, EE.UU. y Abogado por la Universidad de Buenos Aires, Argentina. Becario, Yale Law School. Se desempeñó como profesor de Defensa de la Competencia, Maestría en Derecho Empresario, Protección Constitucional de la Empresa, Universidad de San Andrés; Defensa de la Competencia, Derecho Constitucional, Maestría en Derecho Penal, Universidad de Palermo; Derecho Constitucional y Adjunto Interino de Teoría del Derecho y/o Filosofía del Derecho, Universidad de Buenos Aires. Tiene numerosos artículos sobre temas de su especialidad.

ROBERTO GARGARELLA. Abogado y Sociólogo. Doctor en Derecho (Universidad de Chicago y Universidad de Buenos Aires). Profesor de Derecho Constitucional en las Universidades Di Tella y de Buenos Aires. Investigador del CONICET y del C.Michelsen Institute.

JUAN F. GONZÁLEZ BERTOMEU. Abogado por la Universidad Nacional de La Plata y LL.M. y candidato doctoral en New York University School of Law. Director de la *Revista Jurídica* de la Universidad de Palermo.

MANUEL ITURRALDE. Abogado de la Universidad de los Andes, con Maestría y Doctorado en Derecho de London School of Economics. Se ha desempeñado como profesor de la Facultad de Derecho de la Universidad de los Andes desde 1998. Junto con Libardo Ariza coordina la Relatoría de Prisiones de la Facultad de Derecho de la Universidad de los Andes.

ROCÍO LORCA FERRECCIO. Licenciada en Ciencias Jurídicas y Sociales por la Universidad de Chile, ha trabajado como docente de esa universidad y de la Universidad Adolfo Ibáñez, y como investigadora de la Defensoría Penal Pública de Chile. En 2010 obtuvo el grado de Magíster en Teoría del Derecho por New York University donde actualmente se encuentra realizando estudios de doctorado.

CATALINA PÉREZ CORREA. Doctora y maestra en derecho por la Universidad de Stanford en California. Actualmente es profesora-investigadora de la División de Estudios Jurídicos del CIDE, México. Estudia temas de procuración de justicia penal, funcionamiento del sistema de justicia penal y el cumplimiento de las normas legales.

LOURDES PERONI. Abogada por la Universidad Nacional de Asunción (1999), LL.M. por la Universidad de Harvard (2004) e investigadora de doctorado en el Centro de Derechos Humanos de la Universidad de Gante (2009-presente).

Prólogo

~ Ezequiel Nino[1] ~

América Latina es un territorio en el que pueden acontecer distintos procesos aparentemente contradictorios al mismo tiempo. Entre otros procesos, mientras que en la última década se produjo un notable crecimiento económico de la gran mayoría de sus países, se consolidó también a la inseguridad como la principal preocupación de la mayoría de la población. Según un estudio reciente, desde 2004 a 2010, el porcentaje de personas que la seleccionaron como el problema central de sus respectivos países pasó de 9% a 27%.

Hablar sobre criminalidad en esta región requiere derribar varios mitos. El primero es la idea corriente de que la mayor proporción de delitos que se producen se refieren a los vinculados con la inseguridad. Si bien los sistemas penales y los medios de comunicación masivos se centran en esta clase de ilícitos, lo cierto es que los delitos económicos (como la corrupción, el lavado de dinero, la evasión impositiva o las defraudaciones) también son sumamente frecuentes. La distorsión es tan evidente que cuando cotidianamente se discuten problemas de "criminalidad" se los asocia solamente con aquellos delitos comunes contra la propiedad, contra la integridad física o la vida. El funcionamiento del propio sistema judicial alimenta esta percepción. La impunidad de los delitos económicos sumado al aumento de la población carcelaria compuesta de personas que aguardan juicio o han sido juzgadas por delitos comunes no hace más que validar la idea general de que los verdaderos delitos son aquellos que han sido cometidos por las personas de bajos recursos. La paradoja reside en que los delitos económicos suelen tener implicancias mayores en el patrimonio de los habitantes que los delitos más resaltados en los noticieros. De acuerdo a la declaración de Nyanga, se ha estimado en 20.000 a 40.000 millones de dólares la cifra perdida, a través de

1. Co-director de la Asociación Civil por la Igualdad y la Justicia, ACIJ.

hechos de corrupción, por los países en vías de desarrollo durante las últimas décadas.

Otro mito es que la inseguridad derivada de los crímenes comunes afecta principalmente a las clases medias y altas que disponen de los recursos económicos buscados por los que perpetúan esos actos. Al contrario, los pobres son muy vulnerables a esa clase de hechos. Por un lado, no suelen tener acceso al sistema bancario y, por ende, están mucho más expuestos a los robos y hurtos (las casas y casillas ubicadas en las villas miseria de las grandes urbes suelen poseer más barrotes que las casas ubicadas en la ciudad formal). Por otro lado, la protección que tienen ambos grupos es muy diferente. Mientras que la policía prácticamente no ingresa a los barrios carenciados, las clases medias y altas suelen contar no solo con su asistencia sino también con refuerzos a contraturno y seguridad privada. Al igual que lo que ocurre con la salud y la educación, también puede hablarse de una notoria disparidad en la prestación de este servicio público.

Un tercer mito es que los principales autores de las actividades delictuales comunes son personas de bajos recursos (que son quienes pueblan las cárceles de todo el continente). Sin embargo, se comprueba cotidianamente que muchos de esos crímenes cuentan con algún tipo de ideación y participación por parte de personas de medianos y altos recursos. Personal policial, penitenciario, dueños de desarmaderos de autos y jefes narcotraficantes, entre otros, se vinculan de una manera u otra con esas actividades. Quienes perpetúan los robos suelen ser solamente el último eslabón –el más proclive a ser descubierto– de una cadena muy compleja y amplia.

Por último, otra creencia incorrecta es que los homicidios por delitos representan el grueso de las personas que mueren por el uso de armas. Según el Ministerio de Justicia, en Argentina, entre 1997 y 2007 han muerto nueve personas por día (36.374 muertos), de las cuales el 39% representa muertes por violencia familiar, discusiones o peleas, el 28,8% representa suicidios y el 25% son muertes en ocasión de delito. Por otro lado, quienes tienen mayores posibilidades de perder la vida en actos criminales son los propios delincuentes. Aunque no existan estadísticas adecuadas, en Argentina, el grupo que concentró la mayor cantidad de muertes por armas de fuego fue el de los varones de 20 a 29 años, con 15.462 muertes, es decir, el sector más expuesto a cometer delitos contra la propiedad privada.

Para una visión igualitaria, esta forma de inseguridad no es más que un síntoma de una enfermedad (la inequidad). La desigualdad de oportunidades en el acceso a las ofertas educativas, a los empleos y a otras prestaciones estatales constituye el caldo de cultivo perfecto para que los jóvenes que no encuentran otras alternativas inicien un camino que casi inexorablemente conduce a un destino ruin. De acuerdo a un estudio reciente, más del 11% de los jóvenes de la región no estudia, no trabaja ni busca trabajo. Esa situación los expone a circunstancias riesgosas tanto para su salud presente como para sus perspectivas sociales futuras. Entre otros ejemplos, el fácil acceso a drogas de baja calidad y bajo precio los deja en una situación de alta vulnerabilidad. La necesidad de obtener recursos para mantener una adicción los expone a conflictos penales. La prisión, a la vez, funciona precisamente como un camino sin salida. Los empleadores requieren certificados de antecedentes antes de efectuar una designación, lo cual los deja con escasísimas posibilidades de salir de ese círculo vicioso.

En líneas generales, la región enfrenta el problema de una manera superficial, pues no tiene en cuenta las graves falencias sociales que esconde. Las políticas de encarcelamiento masivo no solo generan que una parte sustancial de los fondos públicos se destine a la sanción de los delitos en lugar de a la prevención, sino que también permiten mostrar políticas públicas a largo plazo donde no las hay. La alta sanción criminal de estos ilícitos no genera mecanismos de prevención general, sino que, al contrario, fomenta la reincidencia.

Solo recientemente algunos países han comenzado a instrumentar sistemas de policías comunitarias, en las cuales se promueve la participación de los vecinos para prevenir la comisión de delitos. A la vez, resulta fundamental que se trabaje muy específicamente con los grupos en situación de riesgo, a través de programas de capacitación para el empleo y, por supuesto, de una mejora de la educación secundaria con su debida adaptación a la situación específica de los estudiantes de bajos recursos.

El presente trabajo se propone analizar estos fenómenos, evaluar la actitud de los Estados frente a ellos y teorizar la situación desde una perspectiva de derechos. Se trata de una obra relevante para efectuar un aporte desde la academia a un tema con respecto al cual resta mucho por hacer.

En contra de los pobres: justicia penal y prisiones en América Latina. El caso de Colombia

~ Libardo José Ariza ~
~ Manuel Iturralde ~

— I —
Introducción

En la mayoría de los países latinoamericanos el sistema penal lucha por perseguir y castigar lo que amplios sectores de la sociedad y el Estado perciben como formas violentas de criminalidad que atentan contra la seguridad ciudadana. Tal ansiedad social ha llevado a que, en muchas ocasiones, las fuerzas de seguridad estatales abusen de los derechos humanos y del uso de la fuerza. Lo anterior no ha resultado en una mayor eficacia del sistema punitivo estatal: la capacidad investigativa del sistema penal suele ser limitada, y sólo un limitado número de delitos llega a las cortes (Pinheiro 1999: 1). Sin embargo, una tendencia es bien clara: las víctimas habituales de los excesos punitivos del Estado y los clientes habituales del sistema penal y las prisiones latinoamericanas son en su gran mayoría miembros de las clases sociales más marginadas y vulnerables. Por ello no es sorprendente que para muchos latinoamericanos la justicia penal sea un sistema opresivo que beneficia a los sectores con mayor capital social, económico y político.

La ineficacia, la selectividad y la falta de credibilidad del sistema penal son factores que explican, al menos parcialmente, la débil legitimidad de los Estados latinoamericanos y la precariedad de los regímenes democráticos de la región. Pero a su vez, en lo que constituye un círculo vicioso, los sistemas penales de América Latina adolecen de tales defectos justamente porque los regímenes políticos en que funcionan han sido tradicionalmente autoritarios y excluyentes.

Los defensores de la institución podrían afirmar que este desolador panorama ha cambiado en las últimas tres décadas, dado que la mayoría de los países latinoamericanos han dejado atrás regímenes autoritarios y modelos económicos proteccionistas, que obstaculizaban el desarrollo económico, y han abrazado los ideales de la democracia y la libertad de mercado. En consecuencia, el crimen habría dejado de ser fruto de la necesidad de los más pobres y la reformada justicia penal se habría desprendido de sus rasgos arbitrarios. Sin embargo, a pesar de estos cambios políticos y económicos, la región continúa siendo la más inequitativa del mundo[1] y casi la mitad de su población soporta la pobreza y no tiene acceso a servicios adecuados de salud, educación, seguridad social ni chances frente al mercado laboral. Mientras tanto, grupos de poder que tienen un amplio control sobre las esferas económica y política son quienes se han beneficiado de las transformaciones recientes. La implantación de un modelo neoliberal en buena parte de los países de la región ha ampliado la brecha entre las clases privilegiadas y las marginadas.

El objetivo de este artículo es mostrar cómo el aumento de la exclusión y la inequidad que ha generado el modelo neoliberal en América Latina ha tenido grandes consecuencias en los campos del control del crimen, los cuales en la gran mayoría de los casos son altamente punitivos y dichos problemas se han profundizado al castigar con mayor dureza a los miembros de las clases marginales y de grupos minoritarios, excluidos del mercado laboral y de oportunidades de integración social, política y económica. Tratamos de cumplir con el anterior objetivo a partir de dos escalas de aproximación. Por una parte, con base en una perspectiva macro mostramos las principales características de la política criminal y del derecho penal y su relación con el mantenimiento de un orden social que excluye a los sectores más desposeídos. Por otra, desde una perspectiva micro, con base en un estudio de caso sobre la Cárcel Modelo de Bogotá, mostramos cómo este modo de funcionamiento se reproduce e intensifica una vez que las personas pobres son segregadas en el ámbito penitenciario. Así, la segregación punitiva en condiciones de reclusión infrahumanas, algo característico en la región, tendría como principal efecto disciplinar a las personas para que acepten la miseria y la violación de derechos como su forma de vida cotidiana.

Por lo anterior, a pesar de que este artículo analiza un fenómeno que es común a buena parte de los países latinoamericanos, se concentrará en el caso colombiano, el cual es un ejemplo paradigmático de los efectos nocivos del neoliberalismo en los campos económico, social y del

---

1. En 2000, de los nueve países con mayor inequidad en el ingreso en el mundo, siete eran latinoamericanos. De acuerdo con el Banco Mundial, los países sub-Saharianos y latinoamericanos tienen los más altos índices de desigualdad en el mundo, con un coeficiente Gini por encima del 0,50 desde los años sesenta (*véase* United Nations Development Program 2002: 183; Guillermo Perry *et ál.* 2006: 53).

control del crimen. En la primera parte del artículo se discutirá cómo las reformas políticas, legales y económicas de las últimas tres décadas en América Latina han tendido a beneficiar el modelo neoliberal. En la segunda parte la discusión se centrará en el caso colombiano y en la tercera parte se hará un análisis de cómo las relaciones de poder y el orden social y económico de las prisiones colombianas son un reflejo de la desigualdad, exclusión y punitivismo que han caracterizado a la sociedad colombiana durante las últimas tres décadas.

— II —
La implantación del modelo neoliberal en América Latina y su efecto en las reformas de los sistemas legales

Durante las últimas tres décadas América Latina ha experimentado transformaciones considerables, particularmente en el escenario político, que, aunque pueden ser muy recientes para llegar a conclusiones definitivas, evidencian claras tendencias. Durante este período se ha producido una clara realineación política de los países de la región, con una marcada polarización entre la izquierda y la derecha. Países como Venezuela, Bolivia, Ecuador y Nicaragua han experimentado intensos cambios políticos bajo gobiernos de izquierda que claman defender un modelos socialista en términos radicales, al menos a nivel discursivo.

En el otro extremo, países como Colombia, México, Perú, Panamá y, hasta hace poco, El Salvador[2], han sido gobernados por gobiernos de derecha con una fuerte inclinación hacia el neoliberalismo y dispuestos a forjar una alianza política y económica con los Estados Unidos, un jugador clave en la región. Dentro del espectro político se encuentra una serie de países no tan sencillos de clasificar, como Brasil, Argentina, Uruguay y Chile, pues han sido gobernados por partidos social-demócratas, de centro-izquierda (aunque en algunos de estos casos tal afirmación puede ser debatible), que sin embargo

2. Mauricio Funes, del *Frente Farabundo Martí para la Liberación Nacional* (FMLN) –partido que surgió del grupo guerrillero de izquierda–, ganó las elecciones presidenciales en marzo 15 de 2009, derrotando así al partido conservador *Alianza Republicana Nacionalista* (ARENA), que había gobernado al país desde el fin de la sangrienta guerra civil en 1992.

han aceptado las reglas y principios del capitalismo de mercado como parte integral del marco económico en que deben operar[3].

1. Reforma judicial y mercados libres

Durante los últimos treinta años una serie de reformas han transformado el panorama político, jurídico y económico de la región. De una parte, la mayoría de los países latinoamericanos han adelantado importantes reformas constitucionales con el fin de fortalecer el estado de derecho y de fortalecer la democracia. De otra parte, la región se ha embarcado en la reforma más técnica de ciertos aspectos de sus sistemas legales con el objetivo de hacerlos más eficaces. En el campo del control del crimen, un significativo número de países han transformado sus sistemas penales, siguiendo el modelo acusatorio estadounidense (*véase* Riego y Duce [dirs.] 2009; Ambos *et ál.* [coord.] 2000).

Esta reciente ola de reformismo ha sido apoyada y dirigida por los Estados Unidos (particularmente su agencia de cooperación internacional, USAID) y organismos internacionales como el Fondo Monetario Internacional, el Banco Interamericano de Desarrollo y el Banco Mundial. En consecuencia, no es sorprendente que el modelo que dichas reformas promueven sea el neoliberal, que sigue el patrón de los Estados Unidos, con particular énfasis en la estabilización del Estado de derecho en el continente, que es considerada como un facto básico para la consolidación de los mercados libres y de la inversión privada, tanto nacional como extranjera (*véase* Rodríguez 2009, 2005; Rodríguez y Uprimny 2006).

Estos organismos internacionales han condicionado su ayuda económica a países latinoamericanos al exigirles que ajusten sus finanzas, liberalicen sus mercados, flexibilicen su legislación laboral y que fortalezcan las instituciones estatales, entre ellas la justicia penal, para que puedan recibir dicha ayuda. En esta medida, buena parte de los países de la región han seguido el *Consenso de Washington*[4] (estados

3. El caso de Chile es ilustrativo: con el retorno de la democracia después de una dictadura militar que duró 16 años (de 1973 a 1989) y que implantó un modelo económico neoliberal, gobiernos social-demócratas han dominado la escena política. No obstante, la victoria del multimillonario Sebastián Piñera en las elecciones presidenciales del 17 de diciembre de 2010, marcó el regreso de la derecha al gobierno del país. Para un análisis de la nueva izquierda en América Latina, *véase* César Rodríguez *et ál.* (eds.) (2005).

4. De acuerdo con Dezalay y Garth, el consenso de Washington es "una frase desarrollada en 1990 para sugerir que el gobierno de los Estados Unidos y las

menos intervencionistas y más pequeños, con déficits e inflación más bajos).

Bajo este modelo, buena parte de los procesos de toma de decisiones y resolución de conflictos son transferidos a los mercados, donde el poder de decisión de los grupos económicos y multinacionales es considerable. El mercado se convierte en el principal foro donde tales grupos protegen sus intereses y resuelven sus conflictos. Cuando ello no es posible, acuden al sistema judicial para que los resuelva. Así, dicho sistema se convierte en un escenario importante para asegurar el cumplimiento de las transacciones comerciales. La desregulación de la economía conduce a un aumento de la complejidad de los litigios, lo que explica la necesidad de reformar el poder judicial con el fin de que responda eficazmente a las nuevas necesidades del mercado (Rodríguez y Uprimny 2006).

Sin embargo, las mencionadas reformas económicas e institucionales no han aliviado los problemas estructurales de las esferas económica y social. Todo lo contrario, la liberalización de los mercados en América Latina ha hecho que la economía de la región sea más vulnerable a las fluctuaciones del mercado global, lo que a su vez ha sido causa de crisis económicas, altas tasas de desempleo y empleo informal, y el aumento de la brecha entre ricos y pobres (Ocampo 2004; Portes y Hoffman 2003; Berry 1998).

— III —
El impacto de la reforma neoliberal en los campos del control del crimen latinoamericanos

La presión del *Consenso de Washington* ha tenido considerables efectos en el fenómeno criminal y en la respuesta que a éste le dan los campos del control del crimen de los países latinoamericanos. Países y organismos del Norte global, liderados por los Estados Unidos, y cuya mayor preocupación en este aspecto es la lucha contra las formas de criminalidad que consideran las principales amenazas (como el narcotráfico, el terrorismo y el lavado de activos), han impuesto unilateralmente a los países latinoamericanos sus propias políticas sobre el tratamiento de estos delitos.

organizaciones multilaterales en Washington han llegado a un acuerdo sobre qué tipo de Estado y economía serían apropiados para América Latina" (Dezalay y Garth [eds.] 2002: xv).

Los gobiernos de unos y otros países, preocupados por la estabilidad y el crecimiento económicos, así como por la protección de la propiedad privada y de las inversiones en las economías latinoamericanas, han reducido el tratamiento de complejos problemas sociales a políticas de control social. En la práctica, estas políticas, fuertemente represivas con los grupos sociales excluidos del mercado laboral, no han sido capaces de disminuir los niveles de violencia y criminalidad que afectan a la región. De acuerdo con la Oficina de las Naciones Unidas contra la Droga y el Delito (UNODC por sus siglas en inglés), América Latina y el Caribe constituyen el área más violenta del mundo y que presenta los más altos índices de criminalidad: "Bajo cualquier cálculo, Venezuela, El Salvador, Guatemala y Jamaica se encuentran entre los países con las mayores tasas de homicidios, mientras que dichas tasas son casi tan altas en países tan diversos como Colombia, Brasil, República Dominicana y Trinidad y Tobago" (UNODC 2008: 3).

Las instituciones penales han servido de barrera para contener la inestabilidad social producida por la liberalización de los mercados (Rodríguez y Uprimny 2006). A pesar de que las renovadas constituciones latinoamericanas protegen los derechos civiles y políticos, el ejercicio de la ciudadanía plena (entendida como el goce efectivo de los derechos civiles, políticos, económicos y sociales) le es negado a un número considerable de la población, que es excluida del contrato social al no gozar de la protección efectiva del Estado ni de verdaderas oportunidades para asegurarse una vida digna.

Los sistemas penales latinoamericanos castigan ante todo los delitos de bagatela, cometidos por los llamados "delincuentes comunes", pertenecientes a las clases marginales, mientras que los gobiernos se han mostrado incapaces (o carentes de voluntad) para luchar contra la impunidad ante hechos cometidos por agentes estatales o miembros de las elites, cuyos crímenes (violación de derechos humanos, corrupción, apropiación de fondos públicos, delitos de cuello blanco) tienen efectos sociales mucho más negativos que aquellos cometidos por la delincuencia común.

La violencia punitiva del Estado es ejercida contra las "clases pobres peligrosas" y en raras ocasiones afecta a los sectores privilegiados de la sociedad. Las políticas de prevención del crimen, especialmente aquéllas propuestas en época electoral, de hecho se preocupan más por aliviar el miedo y la ansiedad de los votantes, que por prevenir el crimen (Chevigny 2003). Aproximaciones alternativas para la prevención y el tratamiento del delito, que relacionan este fenómeno con los problemas de injusticia social que azotan a la región, ni siquiera forman parte de la agenda política y el debate público. Todo lo contrario, en muchas ocasiones las fuerzas de seguridad estatales, ven con desconfianza los derechos de quienes cometen actos criminales y de quienes están en prisión, al considerar que éstos son un obstáculo, más que una garantía, del control social (Pinheiro 1999).

Paradójicamente, en muchas ocasiones tales posturas son toleradas por amplios sectores de la población, quienes viven en un estado de temor constante con lo que se percibe como un incontrolable aumento de la criminalidad y la inseguridad. Ello incentiva la creencia popular de que la derrota de un enemigo, peligroso y común, mejorará los estándares de vida de toda la sociedad. Por lo tanto, las políticas fuertemente represivas son apoyadas por numerosos sectores de la sociedad, o al menos son toleradas como un mal necesario. La ausencia o precariedad de instituciones estatales que resuelvan de manera incluyente conflictos individuales o colectivos, unido esto a formas privadas de justicia que llenan tal vacío, producen un círculo vicioso de violencia e impunidad que hace parte de una cultura legal y popular autoritaria.

1. Globalización y castigo

La globalización, junto con el triunfo del capitalismo de mercado y la democracia liberal han tenido un fuerte impacto en todo el mundo. Los cambios vertiginosos que experimenta la sociedad contemporánea, junto con el sentido de ansiedad e inseguridad que éstos producen, han dado lugar a la demanda social de un sentido de seguridad que los gobiernos han interpretado principalmente como un problema de control del crimen (Bauman 1998: 117). Esta tendencia de gobernar a través del crimen (Simon 2007: 1997) ha propiciado el ascenso del conservatismo político, la llamada Nueva Derecha en el mundo anglosajón, que entiende la democracia como una combinación de economía de mercado libre y de un Estado reducido (Gamble 1994: 34), que sin embargo se hace más fuerte para enfrentar, a través de su aparato punitivo, la inestabilidad y el descontento sociales por medio de estrategias de control del crimen (Garland y Sparks 2000: 16). Este ha sido sin duda el caso en los Estados Unidos, varios países europeos (encabezados por el Reino Unido) (Wacquant 2009: 270-286; 2000) y otras partes del mundo; Latinoamérica no es la excepción.

Aunque sería impreciso hablar de una homogeneización global del castigo, como señala Lacey (2008), existe ciertamente una tendencia a la convergencia penal (Cavadino y Dignan 2006: 438, 441). Este es el caso particularmente en países con una economía política de corte neoliberal, donde la desigualdad en el ingreso es alta y existe una fuerte tendencia hacia la exclusión social[5]. En estos países las instituciones penales tienden a ser más punitivas y excluyentes que en aquellos países que son más igualitarios, gastan una mayor proporción de su producto interno bruto en salud, educación y seguridad social, y que tienden de una manera muy limitada hacia la exclusión social. En tales países el sistema penal es más incluyente y menos punitivo que en los primeros (Cavadino y Dignan 2006: 441; Downes y Hansen 2005: 21-23; Wilkinson y Picket 2010: 145-156).

La forma en que muchos países latinoamericanos han adoptado el modelo neoliberal es crucial para explicar la actual configuración de sus sistemas penales y sus respuestas frente al crimen. Chile, El Salvador, México, Colombia e incluso Brasil y Argentina son ejemplos de ello: tienen una economía política de tendencia neoliberal, presentan altos índices de inequidad, altas tasas de homicidios (aunque con notables variaciones entre ellos) y altas tasas de encarcelamiento bajo estándares internacionales (*ver* Tabla 1).

Tabla 1. Estadísticas relativas al coeficiente Gini, tasas de población carcelaria y tasa de homicidios en algunos países de América Latina

País	*Coeficiente Gini (año), según datos de la ONU**	*Tasa de población carcelaria (por cada 100.000 habitantes) (2001-2007-2009)***	*Tasa de homicidios (por cada 100.000 habitantes) (año)****
Colombia	58,6 (2003)	126/128/150	61,1 (2003-2005)†
Brasil	54 (2004)	133/219/220	30,8 (2003-2005)†
México	47,3 (2006)	164/198/193	11,3 (2004)
Argentina	52,8 (2003)	109/163/154	5,5 (2005)
Chile	53,8 (2003)	225/262/276	5,5 (2003-2005)†
Perú	54,6 (2002)	105/139/141	5,7 (2004)
El Salvador	52,4 (2002)	150/205/273	57,5 (2005)

Fuentes: *UNDP (2008: 281-284). **International Centre for Prison Studies (2007 y 2009). ***UNODC (2009: 2-10). † Promedio.

Las reformas económicas de las últimas tres décadas se han visto acompañadas por importantes reformas penales (particularmente del procedimiento penal y del sistema penitenciario), que en buena medida han sido financiadas por los Estados Unidos a través de USAID, su

5. Los Estados Unidos es el caso arquetípico, seguido por el Reino Unido, Australia, Nueva Zelandia y Sudáfrica (Cavadino y Dignan 2006: 441). En América Latina, países como Colombia, México, Perú, El Salvador, Panamá, e incluso Chile y Brasil, encajan en este modelo.

agencia de cooperación internacional, y que en consecuencia fueron influenciadas por la cultura penal de este país (Rodríguez y Uprimny 2003; Santos 2001).

América Latina también presenta dos aspectos que, de manera similar a los Estados Unidos y otros países europeos, han caracterizado el giro punitivo de las últimas décadas: un aumento significativo de los índices de criminalidad, que han hecho del delito un hecho social normal (Garland 2001: 90-93), y de las tasas de encarcelamiento (*véase* Figura 1).

Por mencionar dos ejemplos representativos con respecto al crimen, de acuerdo con la Oficina de las Naciones Unidas contra la Droga y el Delito (UNODC), entre 1989 y 1999 Latinoamérica presentó los mayores niveles de victimización en el mundo: más del 75% de las personas que vivía en ciudades fue víctima del crimen al menos una vez, comparado con un 73% en África y un 60% en Europa occidental (UNODC 1999: 26, 64). Entre 1980 y 1995 la región sufrió un incremento generalizado de las tasas de homicidio (aunque con importantes diferencias entre países), lo que la convirtió en la zona más violenta del mundo en 1995, con un promedio de 20 homicidios por 100.000 habitantes (*Ibíd*). En cuanto a la tasa de encarcelamiento, ésta aumentó en promedio un 68% durante la última década (Ariza 2010) (*véase* Figura 1).

Figura 1. Tasas de encarcelamiento por 100.000 habitantes en algunos países de América Latina

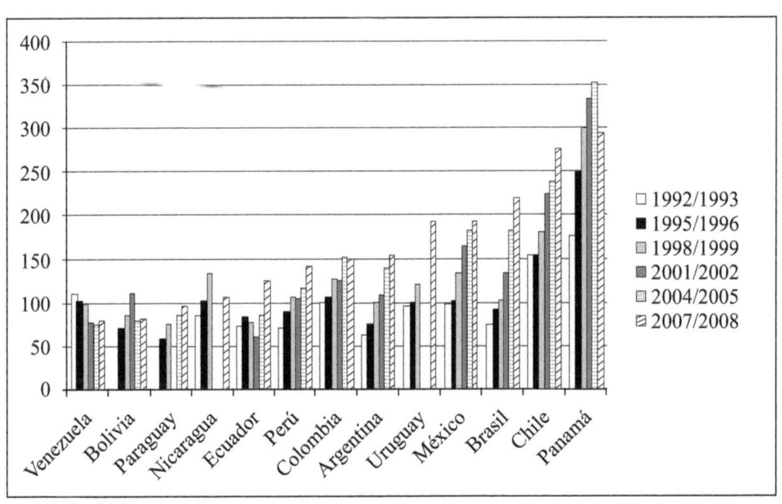

Fuente: International Centre for Prison Studies (2007 y 2009).

A pesar de estas similitudes con los Estados Unidos y otros países europeos, los países latinoamericanos se diferencian de estos en un aspecto fundamental: el grado de desigualdad y exclusión social. Aunque estas características han aumentado en muchos países del Norte global (entre ellos los Estados Unidos y el Reino Unido)[6], en Latinoamérica estos son problemas extremos y de larga duración, que se vinculan de manera estrecha con los altos niveles de desorden social y de violencia que han marcado a la región (Portes y Hoffman 2003: 68).

Las reformas neoliberales no han mejorado tal situación, como lo prometieron. De acuerdo con el Banco Mundial, en las últimas dos décadas la pobreza en América Latina sólo ha disminuido un 1,2%, mientras que el índice de desigualdad, después de una leve mejora durante los años sesenta y setenta, aumentó durante los ochenta y noventa, las décadas en que se introdujo el modelo neoliberal (Perry 2006: 21-22). En Colombia, los índices de desigualdad de los años noventa, que eran muy altos, eran similares a aquéllos de 1938 (*Ibíd.*: 54). El coeficiente Gini (uno de los más altos del mundo) ha fluctuado entre 0,54 en 1978, 0,58 en 2003, 0,53 en 2006 y 0,59 en 2008 (Ossa y Garay 2002: xxiv; Departamento Nacional de Planeación 2007: 6; Departamento Nacional de Planeación y Departamento Administrativo Nacional de Estadística 2009).

La combinación de políticas económicas neoliberales con sistemas penales punitivos y excluyentes ha dado como resultado el control social de los miembros de las clases marginales, quienes terminan de manera desproporcionada en las prisiones latinoamericanas. El perfil socio-económico de los reclusos latinoamericanos muestra con claridad que son los hombres jóvenes, desempleados, con bajos niveles educativos y que viven en centros urbanos, quienes terminan de manera predominante en la prisión. Esto ha llevado a varios autores a afirmar que las cárceles latinoamericanas constituyen una forma extrema y habitual de administrar y controlar la pobreza, que en algunos casos tiene tonos de segregación racial, dado que la población afrodescendiente es castigada y encarcelada de manera despropor-

6. Los Estados Unidos y el Reino Unido evidencian preocupantes niveles de desigualdad y exclusión social. En los Estados Unidos, una tercera parte de la riqueza pertenece al 1% de la población. El 95% del aumento de la riqueza entre 1979 y 1996 ha beneficiado al 5% más rico de la población (Young 1999: 28; Wacquant 2000: 78). En el Reino Unido, la desigualdad en el ingreso también ha aumentado notablemente en las últimas dos décadas: un 28% (frente a un 24% en los Estados Unidos). Más de la mitad de la riqueza del país le pertenece al 1% más rico de la población británica (Reiner 2007: 4).

cionada (Brasil es un ejemplo claro de ello) (*véase* Jiménez 1994; del Olmo 1998, 1995; Wacquant 2003; Iturralde 2010b).

El modelo neoliberal también ha ejercido influencia sobre el paradigma penal que legitima las instituciones penales en América Latina. La tendencia a castigar con severidad, con el objetivo de imponer un orden social y de garantizar la libertad de mercados, junto con la propiedad privada, se ha basado en buena medida en una visión economicista del crimen que domina el discurso oficial. De manera muy similar a las *criminologías de la vida cotidiana y del otro* (Garland 2001: 127-137), propias de los países del Norte global, la visión economicista del crimen que predomina en Latinoamérica lo disocia de los factores económicos y sociales que lo rodean, y se centra en sus efectos y en la responsabilización de quienes lo cometen.

En las ciudades latinoamericanas las políticas de control situacional del crimen toman cada vez más fuerza; ejemplos de esto son el aumento de la vigilancia y el control de los espacios públicos por medio de más policías, tecnologías de vigilancia (como las cámaras de circuito cerrado) y con la activa participación del sector privado, así como también las políticas de cero tolerancia frente a delitos menores y actos que, según las autoridades, perturban el orden público y la convivencia ciudadana. Como resultado de tales políticas, los espacios públicos tienden a privatizarse, al quedar en manos de compañías privadas de seguridad y excluir a aquellos que son considerados sospechosos o indeseables por sus rasgos físicos y su perfil socio-económico.

En cuanto a quienes cometen delitos comunes, la perspectiva economicista del crimen no los ve como personas que en la gran mayoría de los casos provienen de grupos sociales marginalizados y discriminados, quienes son expuestos a formas violentas de exclusión económica y social. Por el contrario, los considera individuos racionales e inescrupulosos que actúan motivados por el egoísmo y la avaricia; personas sin valores morales ni empatía por los demás, quienes acuden al crimen para satisfacer sus ambiciones y deseos.

— IV —
El caso colombiano: la justicia penal y las prisiones como mecanismos de segregación

La anterior descripción de la implantación del modelo neoliberal y su impacto en los campos del control del crimen en América Latina se ve claramente reflejada en la sociedad colombiana, marcada por una gran desigualdad económica y social y por altos índices de pobreza[7]. El carácter excluyente de la sociedad colombiana condiciona las circunstancias y decisiones que llevan a un importante número de personas de las clases sociales más marginadas a una vida de delincuencia. La principal forma en que el Estado enfrenta este problema es por medio del uso intensivo de la prisión: entre 1994 y 2009 la población reclusa en Colombia aumentó en un 260,6%; entre 1994 y 1999 se incrementó en un 57,86%; entre el año 2000 y 2009, un 53,5%. La tasa de encarcelamiento por cien mil habitantes pasó de 126 en 2001 a 150 en 2009, un aumento del 19% en tan solo ocho años (Iturralde 2010b).

Semejante explosión penitenciaria durante las últimas dos décadas coincide con la implantación del neoliberalismo en Colombia y con la incapacidad (o falta de voluntad) de los gobiernos colombianos de adelantar las reformas económicas y sociales indispensables para, al menos, reducir la creciente brecha entre las clases alta y media, por una parte, y entre éstas y las clases más bajas en la escala social –la mitad de la población colombiana– (Bonilla 2006). En cambio, tales gobiernos han acudido a una política criminal represiva e improvisada como el instrumento más efectivo y económico para manejar los problemas y conflictos de la sociedad colombiana (Iturralde 2010a).

1. Liberalismo autoritario: la segregación punitiva de los grupos marginales

Este estilo de gobierno sobre la población etiquetada como delincuencial, que Feeley y Simon (1995) denominan la "nueva penología", tiene como fin, no la reducción del delito y la eliminación de sus causas,

7. Según el coeficiente de Gini de la Organización de Naciones Unidas (ONU), en el 2000 Colombia era el noveno país en el mundo por reparto más desigual de la riqueza (UNDP 2002: 183). Según el Departamento Nacional de Planeación (DNP) y el Departamento Administrativo Nacional de Estadística (DANE 2009), en 2005 el 50,3% de la población colombiana se encontraba en situación de pobreza y el 15,7% en situación de indigencia.

sino el manejo y control de grupos sociales considerados problemáticos. Por otra parte, dicho estilo de gobierno ha tendido a estar asociado durante las últimas dos décadas, tanto en el Norte como en el Sur global, con el proyecto político neoliberal. Éste, basándose en la ideología del libre mercado y la desregulación económica, se caracteriza por la retirada del Estado social, que provee de redes de seguridad a las clases marginales, y la extensión del Estado penal, que las controla a través de la administración del castigo (Wacquant 2009: xviii)[8].

La marcada tendencia a la marginalización y la criminalización de las clases sociales más bajas, propia de los sistemas penales neoliberales, se evidencia en el excluyente sistema económico y social colombiano, lo cual es confirmado estadísticamente por el tipo de delitos y de personas que terminan en la prisión. Durante las últimas tres décadas, más del 65% de las personas presas han sido encarceladas por delitos contra el patrimonio económico, contra la vida y la integridad personal –los denominados delitos clásicos por ser característicos de las sociedades y del derecho penal modernos– y por aquéllos relacionados con el narcotráfico (Iturralde 2010b).

La selectividad del sistema penal colombiano, que castiga y excluye de manera desproporcionada a personas pertenecientes a los estratos sociales más bajos, hace de la población carcelaria un grupo marginal que es segregado de una sociedad que clama ser democrática e igualitaria. La prisión refleja y refuerza la desigualdad de la sociedad colombiana y la marginalización de los grupos menos favorecidos, en vez de contribuir a su integración, como reclama el ideal de la resocialización. Pero la causa de este problema no debe buscarse al interior de los muros de la prisión. Ésta se encuentra, por una parte, en una sociedad punitiva, que tiende a favorecer soluciones represivas para enfrentar complejos problemas sociales; por otra, en el ejercicio del poder estatal a través de instituciones represivas como la prisión que, dependiendo de las circunstancias sociales y políticas, se vuelven ventajosas para los gobiernos y los intereses políticos y económicos que protegen.

Las políticas económicas y sociales, así como los modelos de Estado neoliberal que han tendido a imponerse en Colombia y Amé-

---

8. Tanto en criminología como en sociología se viene dando una gran discusión sobre el Estado neoliberal, sus características y su relación con un sistema penal altamente punitivo y excluyente. El reciente libro de Loïc Wacquant, *Punishing the Poor. The Neoliberal Goverment of Social Insecurity* (2009), ha generado un gran debate internacional al respecto. Por ejemplo la revista *Theoretical Criminology*, vol. 14, núm. 1, 2010, publica artículos de autores de diversos países, quienes discuten críticamente la propuesta de Wacquant.

rica Latina con la ayuda de la globalización hegemónica del capitalismo, han incrementado la exclusión y la falta de oportunidades de grupos sociales específicos, particularmente los más pobres, que son los más vulnerables (Rodríguez 2005, 2009; Portes 1997; Portes y Hoffman 2003; Rodríguez y Uprimny 2006; Cortés 2007). En este contexto, el sistema penal se convierte en una herramienta fundamental de control social, que tiende a prevalecer sobre las instituciones de seguridad social del Estado en el tratamiento de grupos sociales marginales (Wacquant 2009).

El renacimiento de tendencias políticamente conservadoras y autoritarias, tanto en las sociedades del Sur como en las del Norte global, promueve el individualismo (justificándolo en el ideal de la libertad) y la exclusión, en lugar de la solidaridad y la inclusión; el control social y la localización de la culpa en los grupos marginales, en lugar de la prevención social; las libertades privadas del mercado, en vez de las libertades públicas de la ciudadanía (Garland 2001: 193).

Este tipo de visiones sobre el crimen tienden a ignorar el complejo contexto social, económico y cultural en que este problema ocurre, y privilegian una retórica de la responsabilidad individual (y el consecuente castigo de quien sea considerado penalmente responsable). Como señala Wacquant, tal retórica es un mecanismo que ayuda a desviar la atención de las dimensiones colectivas del fenómeno criminal (2000: 61).

Colombia, al igual que América Latina, tampoco ha escapado a la presión del neoliberalismo globalizado. La apertura de la economía colombiana a los mercados internacionales ha afectado sus estructuras sociales (Iturralde 2007: 100-116). El impacto de las políticas orientadas en este sentido durante los años noventa es muy diciente: son las élites económicas y políticas las que se han beneficiado de la liberalización del mercado, mientras que la pobreza, la desigualdad social, la inestabilidad y la crisis económica han golpeado con más fuerza a las clases sociales más vulnerables, que son excluidas de los mercados laboral y financiero, y de la protección social del Estado (Bonilla 2006).

En Colombia, el 20% más pobre de la población obtiene el 2,5% del ingreso nacional, mientras que el 20% más rico obtiene el 61% (World Bank 2007). De una población de 41,2 millones de habitantes (de los cuales 10,3 millones viven en áreas rurales), 2313 personas (alrededor del 1,08% del total de propietarios) son dueñas del 53% de la tierra rural (Ossa y Garay 2002: 16) y cerca de 300 accionistas son propietarios del 74% de las acciones que se negocian en la bolsa de valores colombiana (Cabrera 2007); las diez empresas más grandes del país absorben el 75% del mercado de capitales, lo que representa un coeficiente Gini accionario (que mide la concentración de la propiedad accionaria) de 0,93 (Ossa y Garay 2002: 17). La desigualdad, que de por sí es muy elevada en Colombia, ha aumentado durante los últimos tiempos: entre 2002 y 2005, el porcentaje del ingreso nacional para el 40% más pobre de la población disminuyó del 12,3% al 12,1%, mientras que el porcentaje del 10% más rico aumentó del 38,8% al 41% (Cabrera 2007).

En este contexto, el tipo de democracia por la que las élites económicas y políticas colombianas, así como la globalización hegemónica, ejercen presión, promueve un tipo de apertura de la sociedad que garantiza el desarrollo de mercados libres y de la misma globalización económica neoliberal. Este tipo de democracia ve al capitalismo como el criterio supremo de la vida social moderna y, en consecuencia, defiende la primacía del capitalismo cuando es amenazado por "disfunciones" democráticas (Santos 2000: 272).

Los anteriores rasgos de la sociedad y el régimen político colombianos, suelen ser compartidos, en diversos grados de intensidad, por aquellos países que han adoptado alguna versión del modelo de Estado y economía política neoliberales. Aunque existe un amplio debate sobre la definición y el uso del término (Iturralde 2010a: 28-33), una caracterización sociológica y minimalista entiende al neoliberalismo como un proyecto político transnacional, promovido por élites con ramificaciones globales, constituidas, entre otros, por los ejecutivos de grandes multinacionales, políticos de alto rango, tecnócratas y funcionarios de organizaciones internacionales.

El proyecto neoliberal persigue el desarrollo de los mercados libres y protege los intereses del capital por medio de la articulación de cuatro lógicas institucionales: la desregulación económica, la reducción del Estado social, el *tropos* cultural de la responsabilidad individual, y un aparato penal expansivo e intrusivo que ejerce un drástico poder disciplinario sobre sectores sociales marginados del mercado laboral y financiero. Según el dogma autoritario de este sistema penal, los individuos pertenecientes a dichos grupos deben ser tratados con dureza, pues son responsables de sus actos, con independencia del contexto y los motivos por los que los cometen (Wacquant 2009: 306-308).

La experiencia de la aplicación en diversas latitudes, por más de dos décadas, del proyecto neoliberal, indica que la desigualdad social y económica que produce, así como el sistema altamente punitivo y excluyente en que se basa[9], son rasgos tan recurrentes que pueden considerarse, no meras desviaciones del modelo, sino parte estructural del mismo (Harvey 2005: 16; Wacquant 2009: 308).

La hipertrofia del Estado penal y la reducción del Estado social (Wacquant 2000: 79, 144), han hecho que en Colombia se consolide el *liberalismo autoritario* (Iturralde 2010a), que se corresponde estrechamente con el modelo neoliberal. El liberalismo autoritario es una forma de gobierno que promueve los intereses del *statu quo*, por medio de la retórica de la defensa de los derechos y libertades individuales, mientras que excluye de manera violenta a los grupos sociales considerados problemáticos, bien sea porque no están integrados a los mercados financiero y laboral, o porque cuestionan el estado de cosas existente (*Ibíd.*). La fortaleza que el Estado ha pretendido demostrar en medio de su precariedad, así como la sensación de miedo e inseguridad experimentada por amplios sectores de la sociedad, han dado lugar a lo que Garland llama una *cultura del control*, en la que hay más controles sobre los pobres que sobre el mercado (2001: 195-197).

El uso, y abuso, de la prisión en Colombia, como se verá a continuación, ha sido parte esencial de esta cultura del control: la cárcel reproduce y profundiza las desigualdades sociales, además de extender la exclusión de los prisioneros a sus familias, que también sufren el rigor del encierro carcelario al desmejorar sus ingresos y condiciones de vida.

— V —
El mundo del encierro en Colombia y el disciplinamiento para la vida en condiciones infrahumanas

En el año 2004 la Corte Constitucional colombiana resolvió una Acción de Tutela interpuesta por la Defensoría del Pueblo en representación de las personas recluidas en la Cárcel de Mitú, un municipio ubicado en la periferia amazónica del país. La Defensoría del

9. Wilkinson y Picket presentan abundante evidencia empírica que demuestra que aquellas sociedades caracterizadas por altos niveles de desigualdad económica y social, no sólo presentan mayores niveles de violencia, sino también sistemas penales más punitivos (con altas tasas de encarcelamiento que han aumentado notablemente en las últimas dos décadas) (2010: 145-156).

Pueblo pretendía lograr que las personas allí encerradas tuvieran agua potable, contaran con ducha y recibieran atención médica. Estos servicios no eran suministrados de manera adecuada por la prisión, lo que en opinión de la Defensoría suponía la violación de los derechos fundamentales de las personas presas, especialmente la garantía de contar con condiciones mínimas de existencia digna. El Alcalde, en su declaración ante el juez de instancia, señaló que las condiciones de vida de las personas presas no eran distintas a las de los demás habitantes de la ciudad y que, de hecho, estas vivían mejor que los ciudadanos libres. En la Sentencia de Tutela se transcribe la siguiente declaración del funcionario:

> *El agua que consumen los internos, es [la] que utilizamos la mayoría de los habitantes de Mitú. Es posible que el Defensor no tenga ese inconveniente. No hay personas mejor atendidas que los internos de Mitú, en razón a que cada vez que desean visitar al médico son llevados al Hospital San Antonio*[10].

El caso plantea, pues, una de las cuestiones que ha suscitado mayor interés en el análisis de la institución penitenciaria, esto es, las posibles relaciones entre las condiciones de vida al interior de las prisiones y aquellas que son propias del ciudadano que se desenvuelve en el tráfico usual de la sociedad y el mercado. En este sentido, vale la pena mencionar dos explicaciones principales[11]. Por una parte, la presentada en el trabajo de Rusche y Kirchheimer (1984), la cual sostiene que la prisión se apoya en el principio de *menor elegibilidad*. Según esta perspectiva, las condiciones de vida de las personas presas no pueden ser superiores a las de los miembros más pobres de la sociedad, pues de ser así estos no encontrarían ninguna disuasión para elegir el crimen como medio para satisfacer sus necesidades económicas[12].

---

10. Corte Constitucional de Colombia, Sentencia T-851 de 2004.

11. Por supuesto, no son las únicas ni las más importantes. Algunos estudios se basan en la permeabilidad de las instituciones de confinamiento, es decir, qué tan vulnerables son a las influencias exteriores y en qué medida reproducen sus estándares (Goffman 1961b: 28). Otros hacen énfasis en la prisión como una extensión de la red urbana de control social (Pavarini 1995; Cohen 1994), mientras que otros, con base en perspectivas fenomenológicas, indagan por las estrategias individuales para "ajustarse" al mundo del encierro (Goffman 1961a; Adams 1992; DeRosia 1998).

12. Igualmente, ver el análisis de Melossi y Pavarini (1985) en torno a la persona presa como la encarnación del "sujeto puro de necesidad".

Desde otro punto de vista se sostiene que entre la prisión y otras instituciones y espacios de segregación se presenta una suerte de *simbiosis*, es decir, que las condiciones de vida dentro y fuera de la prisión para una persona pobre tenderán a la semejanza, serán prácticamente iguales. En cada espacio se reproducirán las relaciones sociales y de poder, los símbolos culturales y, en general, el modo de vida característico de cada clase social y, así, las poblaciones desposeídas pasaran cotidianamente de la segregación urbana y social marcada por la *Fabela* o el barrio de invasión, a la segregación punitiva de la prisión[13]. Wacquant (2001) se refiere a esta circunstancia como "simbiosis mortífera", un momento específico en el que las características sociales y culturales de diferentes instituciones de segregación se hacen indiferenciables[14].

En esta sección quisiéramos explorar estas dos perspectivas a través del análisis de las condiciones de vida de las personas pobres en una de las principales prisiones del país, en la Cárcel Modelo de Bogotá. Con base en la perspectiva macro que explica las tendencias estructurales del castigo en la región, realizamos un cambio de escala para analizar su despliegue cotidiano, en el nivel de los mecanismos capilares de poder (Foucault 1980). Para ello, presentaremos una interpretación acerca de la forma como se construye el orden social en un contexto punitivo caracterizado por la escasez de recursos, la violencia y la precariedad burocrática. Intuimos que este análisis sobre las características fundamentales del encierro en condiciones infrahumanas podría ser extendido a otros centros de reclusión famosos por su infamia como Luringacho y Challapalca en Perú, Sabaneta y Reten de Catía en Vene-

13. Para análisis sobre la segregación urbana y el derecho a la ciudad ver Fernandes (1998 y 2003) y Rico (2009).

14. Zaffaroni (1990) establece tres tipos ideales de prisiones en América Latina. El primero puede ser definido como la *cárcel gueto*, esto es, instituciones que resultan similares a los barrios pobres y en las cuales las personas presas mantienen relaciones fluidas con el exterior; el segundo es definido como *cárcel-campo de prisioneros*, es decir, instituciones que únicamente tienen como propósito contener y aislar a las personas presas en condiciones infrahumanas. Por último, las *cárceles hotel*, lugares de reclusión financiados, generalmente, por personas presas con alto capital económico y que aseguran condiciones de vida relativamente cómodas (Zaffaronni 1990). Para un análisis etnográfico de siete prisiones colombianas ver CIJUS (2000) y Ariza (2010) para una etnografía sobre la prisión Modelo. Carrillo, en su etnografía de la prisión colombiana La Modelo, hace evidente la situación de semejanza entre los espacios de reclusión y los espacios urbanos para las personas presas pobres en los siguientes términos: "Estos patios se asemejan a barrios como Las Cruces o a cualquiera de los barrios de Ciudad Bolívar" (2001: 153).

zuela, o la prisión de Araraquara en Brasil. Pretendemos mostrar que, en última instancia, la persona presa pobre ve intensificada su situación de discriminación en el acceso a bienes y servicios, al tiempo que aumenta su vulnerabilidad frente a la explotación laboral y la violencia. En este sentido, la segregación punitiva en condiciones infrahumanas funciona como un dispositivo para que las personas pobres acepten la miseria como su modo de vida normalizado y la violación de derechos fundamentales como su realidad jurídica y política[15]. Entre la segregación urbana en medio de la pobreza extrema en un barrio periférico y el encierro penitenciario en condiciones infrahumanas, la persona pobre encontrará continuidad, semejanza y aceptará cualquiera de estos espacios como su entorno vital.

1. Los mecanismos de clasificación de las personas presas

Uno de los principios de organización más importantes dentro de las prisiones es la distribución interna de las personas presas. La clasificación inicial define, en gran medida, la suerte que correrá el individuo dentro de los muros y, al mismo tiempo, permite observar las preocupaciones centrales del sistema social en el cual opera (Adler y Longhurst 1994: 83). En ciertos contextos penitenciarios, generalmente, dichas preocupaciones son la conservación de la seguridad y el orden (Finkelstein 1993: 44). En el caso de la prisión que aquí se analiza, existen diversos mecanismos de clasificación informales que indican las principales características del mundo penitenciario en Colombia.

Cuando un prisionero cuenta con un vínculo fuerte con un grupo interno, generalmente es ubicado en el patio en donde éste ejerce poder. Esta es la situación que se presenta, por ejemplo, en el caso de los miembros de grupos armados y de las personas con capital económico y social. Aunque este mecanismo de asignación de espacio también responde a razones de seguridad, no es el principal criterio que decide la ubicación espacial del nuevo interno. Por lo general, el mecanismo de *agrupación* supone el ejercicio de presión sobre la administración penitenciaria y, en algunos casos, su corrupción. Un

15. La interpretación que aquí se presenta se basa en la información que hemos obtenido a partir de visitas semanales a la Cárcel Modelo de Bogotá. En ellas, hemos podido observar directamente el mundo del encierro penitenciario en Colombia, así como hablar con las personas que se encuentran involucradas en esta situación en calidad de prisioneros, guardias y personal administrativo.

segundo mecanismo informal de clasificación es aquel que se basa en el estatus adscrito al delito cometido por la persona presa y cuando éste resulta definitivo para la clasificación. En este caso, el prisionero recibe un trato diferenciado que generalmente se traduce en la asignación de un lugar especial de confinamiento que varia según su capital particular. Así, por ejemplo, cuando se trata de un capo del narcotráfico su lugar de reclusión será la Torre de Alta Seguridad en una celda individual relativamente "cómoda", con televisión satelital y otros servicios que aseguran una reclusión en condiciones materiales aceptables; cuando se trata de una persona relacionada con un delito de alto impacto pero con escaso capital (por ejemplo un sicario), su lugar de reclusión será un pasillo de seguridad en condiciones de hacinamiento y extrema precariedad[16].

Algunas personas presas intentan mantener la posición económica y social que disfrutaban en la sociedad exterior. A través del mecanismo de clasificación basado en la *clase social*, algunas personas presas reproducen su superioridad económica y su capital social dentro de la prisión. En este sentido, la prisión no elimina las diferencias sociales, de hecho las incrementa. Las personas presas que se consideran socialmente "superiores" a los demás internos intentan trazar claramente la frontera que los separa de los prisioneros pobres e iletrados. Cuando un interno posee un capital social o económico considerable –profesionales, narcotraficantes medios, extranjeros– lo utiliza para proporcionarse un lugar de confinamiento que reproduzca su posición en la sociedad exterior. Estas personas utilizan su capital para decidir en cuál *Patio* de la prisión serán recluidos. Sobra decir que no todos los internos cuentan con los recursos para sufragar el costo que supone "vivir" en los *Patio* de las personas presas con capital. La superioridad económica, social y cultural de las personas que alberga el *Patio 3* se ve reforzada por las condiciones materiales de su encierro, así como en su acceso a recursos, servicios y privilegios que no se encuentran disponibles para la gran mayoría de las personas presas. Los internos del *Patio 3* dan forma a una sociedad cerrada que se basa en el capital de sus miembros. Nunca consumen

16. La clasificación de las personas relacionadas con delitos contra libertad sexual merece un comentario aparte. Su clasificación, es realizada con base en el significado que este tipo de conductas tiene al interior de la prisión pues, generalmente, estas personas son asesinadas o sometidas a formas extremas de dominación. Por ello, existe un espacio de reclusión especial conocido como "candado", que no es otra cosa que un pequeño pasillo de la prisión rodeado de barrotes y protegido por un candado.

la comida de la prisión y se alimentan en sus propios restaurantes; poseen servicios de lavado y secado de ropa; cuentan con tratamiento médico privado, televisión por cable y se definen como la comunidad pacífica y civilizada de la prisión. Al mismo tiempo, catalogan a los demás prisioneros como criminales carentes de educación y valores, separándose de ellos a través de las fronteras defendidas por la guardia penitenciaria.

El mecanismo de clasificación basado en la clase social de la persona es utilizado, al mismo tiempo, para segregar a los sectores pobres y desposeídos de la sociedad al interior de los muros. Cuando una persona sin capital es enviada a prisión, por lo general, es asignada a los patios más pobres. Si la persona no tiene dinero, relaciones sociales, un título profesional o conocidos poderosos al interior del penal, deberá luchar para poder alimentarse con la comida de la prisión y pelear por un lugar en el suelo donde dormir. No tendrá salud ni acceso a trabajo y educación formal. Pasará sus días en la prisión robando, fumando *bazuco* y tratando de sobrevivir en un ambiente en el cual su forma de vida exterior es reproducida: en la prisión también deberá dormir en el suelo. Así, las desigualdades sociales son fortalecidas por la prisión por medio de la protección de los sujetos con capital, quienes monopolizan los recursos destinados al sistema penitenciario, así como los servicios de custodia y la escasa estructura burocrática con la que cuenta el penal.

Pero la posesión de capital no supone necesariamente un mejor tratamiento en la prisión. El *mecanismo de subyugación* es puesto en marcha cuando el nuevo prisionero cuenta con capital social y económico pero no puede utilizarlo para influir en su clasificación. En este caso, la persona presa se encuentra completamente bajo la discrecionalidad de los poderes internos de la prisión y puede ser asignada a cualquier patio. Si la persona, como es usualmente el caso, es clasificada en un patio común, su capital se convertirá en un marcador para su subyugación. El *Cacique* de la prisión le exigirá dinero a cambio de un espacio en el cual dormir y protección física. Los demás prisioneros posiblemente le robarán sus bienes –ropa, mantas y zapatos– y la extorsionarán. Los días de visita sus familiares y allegados le darán el dinero necesario para pagar las múltiples erogaciones que supone la vida penitenciaria. Cuando el nuevo prisionero aprenda a utilizar su capital y encuentre que puede usarlo para influir en su clasificación, seguramente pagará para ser enviado a un patio seguro.

La clasificación y consecuente asignación de un espacio en la prisión con el acceso a bienes y servicios que conlleva, reproduce y fortalece el sentido jerárquico de la prisión, la división social del espacio y las estructuras de dominación y explotación que gobiernan informalmente la prisión. En este sentido, la clasificación se encuentra orientada por el orden social interno y, al mismo tiempo, ayuda a moldearlo.

2. Hacinamiento

Según los datos suministrados por la Dirección de la Cárcel Modelo, actualmente se encuentran recluidas 6.180 personas, mientras que la capacidad del penal es de 2.400. Con excepciones significativas, que serán mencionadas en las líneas siguientes, la población penitenciaria como un todo sufre los rigores derivados del hacinamiento extremo. Algunas celdas albergan a más de seis personas; otros internos duermen en las escaleras, en la zona de alimentación o en los corredores, mientras que una tradicional figura de dominación penitenciaria cuenta con una celda individual en medio de un hacinamiento desbordado: el *Cacique* carcelario. Posiblemente, junto con los grandes capos del narcotráfico, los líderes guerrilleros y paramilitares, y ciertas personas presas con significativo capital económico y político, el *Cacique* es una de las pocas personas que cuenta con celda individual.

En las zonas dominadas por el *Cacique* todas las celdas, corredores y áreas comunes tienen precio. El *Cacique*, de hecho, monopoliza el espacio penitenciario, el cual vende o arrienda, lo que le permite recibir una renta semanal a cambio de la utilización del espacio, estableciendo informalmente los mecanismos para controlar su manejo y distribución. Como resultado de esta suerte de *privatización* de la prisión, se posibilita el acceso al espacio a través del pago de una especie de tributo que muestra los primeros indicios de una creciente mercantilización de la vida penitenciaria.

La privatización del espacio penitenciario se encuentra garantizada por la violencia. En este sentido, un factor negativo de la vida penitenciaria como el hacinamiento es empleado para aumentar el poder de las estructuras informales de dominación, surte efectos positivos para ciertas estructuras internas de dominación. Posiblemente, los únicos beneficiados por esta situación son el *Cacique* y sus allegados, pues cuantas más personas son recluidas, mayor es su poder económico y su ámbito de influencia político. Esta situación es tolerada por la burocracia penitenciaria porque garantiza lo que a ella le resulta imposible: acceso controlado a un espacio limitado, regular el tremendo desequilibrio entre la demanda de espacio y la oferta de cupos y celdas. Aquellas personas clasificadas a través del mecanismo de la subyugación suponen la población sobre la cual el *Cacique* ejerce poder y exige tributación.

Las personas presas más pobres deben abandonar las zonas controladas por el *Cacique* y son desplazadas a los patios con menos servicios, infraestructura y mayor hacinamiento, sufriendo de esta forma una segunda segregación espacial basada en la pobreza. Estos individuos también son expulsados a las zonas baldías de la prisión, esto es, a los techos de los pabellones, a los corredores exteriores de los patios, a los espacios entre los muros de los cuales cuelgan mantas para improvisar hamacas y en ocasiones al campo de fútbol. En estas zonas, por lo general, el acceso al espacio se realiza a través de la confrontación violenta entre las personas presas. Es el estado de naturaleza penitenciario. Otras personas presas se agrupan para colonizar ciertos espacios baldíos o los pasillos en los cuales construyen sus propias celdas, como es el caso, por ejemplo, de los afrocolombianos[17].

La territorialización de la prisión es una de las consecuencias más importantes del hacinamiento. En este contexto, la persona presa con capital y poder se transforma en propietario, mientras que los desposeídos son convertidos en tributarios de los terratenientes carcelarios. La prisión, en consecuencia, ha sido informalmente privatizada y es precisamente dicha apropiación del espacio la que cumple dos funciones definitivas para el mantenimiento del violento orden interno. Por una parte, ordena y distribuye el acceso a un bien escaso como el espacio; por otra, sostiene las estructuras de poder que gobiernan la prisión y garantizan orden y estabilidad a la burocracia del penal. Aquellas personas con suficiente capital económico y político podrán escapar del hacinamiento y pasar sus días de prisión en una celda privada, mientras a unos cuantos metros el prisionero común pobre debe dormir en el suelo soportando el calor y el olor que es desprendido por los centenares de cuerpos que forman la sociedad carcelaria colombiana.

17. En las zonas dominadas por los actores del conflicto armado colombiano, principalmente prisioneros de las Fuerzas Armadas Revolucionarias de Colombia y de las Autodefensas Unidas de Colombia, el acceso al espacio no es controlado a través del pago de tributos y se emplea un mecanismo de acceso temporal en el cual la persona debe aguardar su turno para ascender en la espera de un cupo para celdas, talleres o educación.

3. Trabajo y economía informal

El trabajo en la Cárcel Modelo se encuentra estrechamente ligado con dos factores estructurales: el hacinamiento y el mercado económico informal de la prisión. Estos factores producen una *dualización* del mercado de trabajo interno, en la medida en que se presenta un trabajo informal vinculado con la institución penitenciaria y un trabajo informal que es regulado por la mano libre del mercado laboral del encierro.

Incluso en ausencia de hacinamiento, las instalaciones que ofrece la prisión para realizar actividades laborales son extremadamente precarias y apenas un puñado de internos puede vincularse formalmente a los programas de trabajo. La mayoría de ellos trabaja sin supervisión o apoyo técnico elaborando regalos para las visitas, enmarcando fotografías de celebridades o familiares y haciendo camas de madera para las personas presas ricas. Los prisioneros deben adquirir sus propios materiales y por ello puede que pierdan dinero si no logran vender sus creaciones durante los días de visita. La ventaja principal radica en que el trabajo formal en los talleres, por precario que sea, es reconocido para efectos de redención de la pena.

Distinta es la situación de la persona presa pobre que no cuenta con el capital suficiente para acceder a un puesto de trabajo formal. Generalmente, el prisionero pobre debe buscar trabajo en el mercado informal de la prisión. La economía de la prisión proporciona empleo para un porcentaje de la población reclusa. De hecho, aquellas personas presas con suficiente capital económico suelen crear establecimientos comerciales (restaurantes, tiendas, servicios de lavado de ropa) en los cuales contratan a dos o tres prisioneros como empleados. El prisionero con capital se convierte en empresario, mientras que el prisionero pobre debe vender su tiempo de condena a cambio de comida y dinero con el cual pueda pagar el costo que supone su espacio, así como el sostenimiento de su familia en el exterior de la prisión. Aquellos que no pueden vincularse a las estructuras de trabajo formal e informal deambulan por los patios sumergidos en el ocio, esperando en lugares oscuros para robar las pocas pertenencias de un compañero de encierro o para vender sus servicios vinculándose a una de las estructuras de poder de la prisión.

La burocracia carcelaria reconoce el trabajo realizado por los internos en el mercado informal para efectos de redención de condena. En este sentido, se suplen dos necesidades esenciales de los internos.

Por una parte, el interno recibe dinero para saldar sus deudas internas y sus deberes familiares externos y, por otra, su trabajo informal es reconocido para reducir la duración de su tiempo de encierro. Adicionalmente, la economía informal colma el vacío dejado por la precariedad institucional y el excesivo hacinamiento. Sectores específicos, como alimentación y servicios de salud, no cuentan con la capacidad suficiente para suministrar sus servicios a la totalidad de la población penitenciaria. En consecuencia, la satisfacción de estas necesidades es asumida por el mercado informal de la prisión, el cual está exento de toda regulación y control. El prisionero empresario proporciona los bienes y servicios que evitan el colapso de la institución y, paralelamente, incrementa su capital económico y su poder interno. La educación, el trabajo y los servicios de salud han sido privatizados.

La prisión proporciona, gracias a la privatización *de facto* del espacio y los servicios, los bienes materiales mínimos a los internos más pobres, de manera discriminatoria y precaria. Esto se puede apreciar con dolorosa claridad en los mecanismos que se han creado para proporcionar alimentación a la enorme población penitenciaria pobre y desposeída. Existen, en La Modelo, tres regímenes distintos que regulan el acceso a la comida. El primer régimen es el *comercial*. Generalmente, los prisioneros con suficiente capital económico comen en los *caspetes*, en los restaurantes de propiedad de otras personas presas. En estos lugares, la persona presa puede elegir entre distintas opciones, desde un almuerzo tradicional hasta comida italiana, cuyos precios varían de acuerdo con el patio, aunque en general son similares a los precios fuera de la prisión. El segundo mecanismo de alimentación es el *autónomo*. Algunas personas presas cuentan con pequeñas cocinetas en sus celdas y preparan su comida con los alimentos que sus familias les suministran los días de visita. Con significativas diferencias, esto mismo sucede en la Torre de Alta Seguridad, en donde la *elite* de personas presas cuenta con servicio doméstico y cocineros privados que a diario preparan la comida, se encargan de la limpieza de las celdas y realizan las actividades propias de lo doméstico.

El tercer mecanismo de alimentación es el público, es decir, la comida suministrada por la institución penitenciaria. Las personas presas que no pueden sufragar los costos del régimen alimentario comercial, deben formar una larga fila en uno de los principales corredores de la prisión. Los cocineros de la prisión lentamente empujan los enormes barriles que a su paso dejan una estela que inunda el lugar con el aroma de la comida preparada para centenares de personas. Siguiendo las instrucciones de los prisioneros vinculados con el *Cacique*, reciben la comida en cajas de cartón, en macetas, algunos privilegiados en platos y otros menos afortunados en sus propias manos, para luego ser encerrados en un patio aledaño evitando así que coman dos veces. Cuando el último prisionero ha recibido su precaria porción, aquellos que habían sido excluidos de la fila como represalia, son autorizados para tomar las sobras. Rápidamente, empujando y corriendo, se abalanzan sobre los barriles para conseguir el último trozo de carne.

— VI —
Conclusiones

Como se ha discutido en las páginas anteriores, las características y funciones de los campos del control del crimen en América Latina y Colombia, y especialmente del abuso de la prisión como mecanismo (re)productor de exclusión y desigualdad, no son simplemente el resultado de decisiones políticas que gobiernos elitistas y autoritarios han adoptado para gobernar a una población rebelde. También son consecuencia de procesos sociales complejos que se relacionan de manera estrecha con transformaciones económicas, políticas y sociales que se manifiestan globalmente.

El proyecto moderno de la incorporación de la población a una ciudadanía plena no se ha hecho realidad (Young 1999: 4). Como lo dijo T. H. Marshall, varias décadas atrás, la ciudadanía plena no se trata simplemente de derechos civiles y políticos, sino también de derechos sociales: un nivel básico de empleo, ingreso, educación, salud y vivienda (1992). Las elites económicas y políticas, al haber asegurado *sus* derechos sociales, están más preocupadas por aquellos derechos individuales (como la propiedad privada y la libertad de empresa) que pueden proteger e incrementar su bienestar, influencia política y estatus social. Mientras tanto, los derechos sociales y económicos de buena parte de la población, excluida por las fuerzas del mercado y criminalizada por el sistema penal, no ocupan un lugar prioritario en la agenda política.

El verdadero desafío para las sociedades y los gobiernos democráticos latinoamericanos consiste, de una parte, en dar marcha atrás a esta tendencia y garantizar la ciudadanía plena a toda la población. De otra, en crear y aplicar una política criminal que, en lugar de castigar y excluir a los sectores más vulnerables de la sociedad, esté dirigida a garantizar su seguridad física y social, y no solo la seguridad de los sectores más privilegiados, ansiosos por ser protegidos de las "clases peligrosas".

Bibliografía

ADAMS, Kenneth (1992), "Adjusting to Prison Life", pp. 275-359, en: *Crime and Justice: A Review of Research*, edited by Michael Tonry. University of Chicago Press.

ADLER, Michael y Brian LONGHURST (1994), *Discourse, Power, and Justice. Towards a New Sociology of Imprisonment*. London, Routledge.

AMBOS, Kai *et ál.* (coord.) (2000), *Las reformas procesales penales en América Latina*. Buenos Aires, Ad Hoc, Konrad Adenauer Stiftung, Instituto Max Planck para Derecho Penal Extranjero e Internacional.

ARIZA, Libardo (2010a), "Reformando el infierno: los tribunales y la transformación del campo penitenciario en Latinoamérica", en: Ariza e Iturralde.

—— (2010b), "Dadi senza numeri. Una visita al carcere Modelo", en: *Etnografia e Ricerca Qualitativa*, 2: 275-287.

ARIZA, Libardo y Manuel ITURRALDE (2010), *Los Muros de la Infamia. Prisiones en Colombia y América Latina*. Bogotá, Estudios Cijus, Universidad de los Andes.

BAUMAN, Zygmunt (1998), *Globalization: the Human Consequences*. New York, Columbia University Press.

BERRY, Albert (1998), "Confronting the Income Distribution Threat in Latin America", en: Berry (ed.), pp. 9-41.

—— (ed.) (s/f), *Poverty, Economic Reform and Income Distribution in Latin America*. Boulder, Lynne Rienner Publishers.

BONILLA, Ricardo (2006), "La reforma económica: una apertura concentradora", en: Leal, F. (ed.), pp. 423-449.

CABRERA, Mauricio (2007), "Desigualdad y pobreza", disponible en: [www.portafolio.com.co] (abril 24), recuperado: abril 25 de 2007.

CAVADINO, Michael y James DIGNAN (2006), "Penal Policy and Political Economy", en: *Criminology and Criminal Justice*, 6(4), pp. 435-456.

CHEVIGNY, Paul (2003), "The populism of fear: Politics of crime in the Americas", en: *Punishment and Society*, 5(1), pp. 77-96.

COHEN, Stanley (1994), "The punitive city: notes on the dispersal of social control", pp. 339-363, en: *Social Control*, edited by Stuart Henry, Darmouth, Aldershot.

COMISIÓN NACIONAL DE DERECHOS HUMANOS (1995), *La experiencia del penitenciarismo contemporáneo: aportes y expectativas*. México.

CORTÉS, Francisco (2007), *Justicia y exclusión*. Bogotá, Siglo del Hombre, Instituto de Filosofía, Universidad de Antioquia.

DEL OLMO, Rosa (1998), "The State of Prison and Prisoners in Four Countries of the Andean Region", en: Weiss y South (eds.), pp. 115-139.

—— (1995), "La función de la pena y el Estado Latinoamericano", en Comisión Nacional de Derechos Humanos, pp. 67-80.

DEPARTAMENTO NACIONAL DE PLANEACIÓN (DNP) (2007), *Política social. Estado comunitario: desarrollo para todos. Resultados 2007*, disponible en: [http://www.dnp.gov.co/PortalWeb/SaladePrensa/PublicacionesDNP/2008/tabid/957/Default.aspx], recuperado: mayo 22 de 2009.

Departamento Nacional de Planeación (DNP) y Departamento Administrativo Nacional de Estadística (DANE) - Misión para el Empalme de las Series de Empleo, Pobreza y Desigualdad (2009), *Resultados Fase 1: empalme de las series de mercado laboral, pobreza y desigualdad*, disponible en: [http://www.dnp.gov.co/PortalWeb/LinkClick.as px?fileticket=sTGqIR2LyJk%3D&tabid=36], recuperado: octubre 15 de 2009.

DeRosia, Victoria (1998), *Living inside prison walls: adjustment behavior*. Connecticut, Praeger, Westport.

Dezalay, Yves y Bryant Garth (eds.) (2002), *Global prescriptions. The production, exportation and importation of a new legal orthodoxy*. Ann Arbor, The University of Michigan Press.

Downes, David y Kirstine Hansen (2005), "Welfare and Punishment in Comparative Perspective", disponible en: [http://www.cls.ioe.ac.uk/core/documents/download.asp?id=748&log_stat=1], recuperado: 23 de septiembre de 2007.

Feeley, Malcolm y Johnatan Simon (1992), "The New Penology: Notes on the Emerging Strategy of Corrections and its Implications", en: *Criminology*, vol. 30, núm. 4, pp. 449-474.

Fernandes, Edesio (2003), *Ilegal Housing: Law, Property Rights and Urban Space*, en: Harrison, Philip; Huchzermeyer, Marie & Mayekiso, Mzwanele (eds.), *Confronting Fragmentation: Housing and Urban Development in a Democratising Society*. Landsdowne, South Africa, UC.

—— (1998), *Legal Cities - Law and Urban Change in Developing Countries* (co-editor with Ann Varley). London, Zed Books.

Finkelstein, Ellis (1993), *Prison Culture: An Inside View*. Averbury, Aldershot.

Foucault, Michel (1980), "Two Lectures", pp. 78-108, en: *Power and Knowledge. Selected Interviews and other Writings 1972-1977*. Edited by Colin Gordon, The Harvester Wheatsheaf.

Gamble, Andrew (1994), *The Free Economy and the Strong State. The Politics of Tatcherism*. Basingstoke, Macmillan Press, second edition.

García, Mauricio *et ál.* (2006), *¿Justicia para todos? Sistema judicial, derechos sociales y democracia en Colombia*. Bogotá, Norma.

Garland, David y Richard Sparks (2000), "Criminology, Social Theory and the Challenge of Our Times", en: Garland, David y Richard Sparks (eds.).

Garland, David y Richard Sparks (eds.) (2000), *Criminology and social theory*. Oxford, Oxford University Press.

Goffman, Irvin (1961a), *Asylums: Essays on the social situation of mental patients and other inmates*. Penguin Books.

—— (1961b), "The characteristics of Total Institutions", pp. 3-29, en: *Imprisonment*, edited by George Matthews. Ashgate, Darmouth.

Harvey, D. (2005), *A Brief History of Neoliberalism*. Oxford, Oxford University Press.

Indart, Gustavo (2004) (ed.), *Economic Reforms, Growth and Inequality in Latin America*. Aldershot, Ashgate.

International Centre for Prison Studies-King's College London (2009), *World Prison Brief*, disponible en: [http://www.kcl.ac.uk/depsta/rel/icps/worldbrief/world_brief.html], recuperado: mayo 22 de 2009.

Iturralde, Manuel (2010a), *Castigo, liberalismo autoritario y justicia penal de excepción*. Bogotá, Siglo del Hombre, Universidad de los Andes, Instituto Pensar Pontificia Universidad Javeriana.

—— (2010b), "Prisiones y castigo en Colombia: la construcción de un orden social excluyente", en Ariza e Iturralde.

Jenson, Jane y Boaventura de Sousa Santos (eds.), *Globalizing institutions. Case studies in regulation and innovation*. Aldershot, Ashgate.

Jiménez, María (1994), "La cárcel en Latinoamérica en las tres últimas décadas", en: *Capítulo Criminológico*, 22, pp. 63-80.

Lacey, Nicola (2008), *The Prisoners' Dilemma. Political Economy and Punishment in Contemporary Democracies*. Cambridege, Cambridge University Press.

Leal, Francisco (ed.), *En la encrucijada, Colombia en el siglo XXI*. Bogotá, Norma-CESO, Universidad de los Andes.

Marshall, Thomas Humphrey (1992), *Citizenship and social class*. London, Pluto Press.

Melossi, Dario y Massimo Pavarini (1981), *The Prison and the Factory. Origins of the Penitentiary System*. London, The Macmillan Press Ltd.

Méndez, Juan *et ál.* (eds.) (1999), *The (Un) Rule of Law and the underprivileged in Latin America*. Notre Dame, Indiana, University of Notre Dame Press.

Ocampo, José Antonio (2004), "Lights and Shadows in Latin American Structural Reforms", en: Indart (ed.), pp. 31-62.

Ossa, Carlos y Luis Jorge Garay (2002), *Colombia: entre la exclusión y el desarrollo. Propuestas para la transición al Estado Social de Derecho*. Bogotá, Contraloría General de la República-Alfaomega.

Pavarini, Massimo (1995), *Los confines de la cárcel*. Montevideo, Carlos Álvarez Ed.

Perry, Guillermo *et ál.* (2006), *Poverty Reduction and Growth: Virtuous and Vicious Circles*. Washington D.C., World Bank Latin American and Caribbean Studies.

Pinheiro, Paulo Sérgio (1999), "Introduction", en: Méndez *et ál.* (eds.).

Portes, Alejandro (1997), "Neoliberalism and the Sociology of Development: Emerging Trends and Unanticipated Facts", en: *Population and Development Review*, núm. 22, pp. 229-259.

Portes, Alejandro y Kelly Hoffman (2003), "Latin American Class Structures: Their Composition and Change during the Neoliberal Era", en: *Latin American Research Review* 38(1), pp. 41-82.

Reiner, Robert (2007), *Law and order: an honest citizen's guide to crime and control*. Cambridge, Polity Press.

Rico, Laura (2009), *La Ciudad Informal*. Bogotá, Colección Estudios Cijus, Universidad de Los Andes.

Riego, C. y M. Duce (dirs.) (2009), *Prisión preventiva y reforma procesal penal en América Latina*, disponible en: [http://www.centrojusticia.udp.cl/accion/docs/Prision_Preventiva_y_Reforma_Procesal_Penal.pdf], recuperado: septiembre 6 de 2010.

Rodríguez, César (2009), *La globalización del Estado de derecho*. Bogotá, Universidad de los Andes, Colección Estudios CIJUS.

—— (2005), *Neoliberalism and the Transformation of the State in Latin America. A Comparative Study of Argentina, Brazil and Colombia*. Doctoral Dissertation, Department of Sociology, The University of Wisconsin-Madison.

Rodríguez, César *et ál.* (eds.) (2005), *La nueva izquierda en América Latina. Sus orígenes y trayectoria futura*. Bogotá, Norma.

Rodríguez, César y Rodrigo Uprimny (2006), "¿Justicia para todos o seguridad para el mercado? El neoliberalismo y la reforma judicial en Colombia", en: García *et ál.*

Santos, Boaventura de Sousa (2001), "Derecho y democracia: la reforma global de la justicia", en: Santos y García (eds.), pp. 151-207.

—— (2000), "Law and democracy: (Mis) trusting the global reform of courts", en: Jenson y Santos (eds.), pp. 253-284.

Santos, Boaventura de Sousa y Mauricio García (eds.) (2001), *El caleidoscopio de las justicias en Colombia*, Tomo I. Bogotá, Colciencias, Instituto Colombiano de Antropología e Historia, Universidad de Coimbra-CES, Universidad de los Andes, Universidad Nacional de Colombia, Siglo del Hombre.

United Nations Development Program (UNDP) (2008), *Human Development Report 2007-2008*, disponible en: [http://hdr.undp.org/en/media/HDR_20072008_EN_Complete.pdf], recuperado: mayo 17 de 2009.

—— (2002), *UNDP Human Development Report 2001*, disponible en: [http://hdr.undp.org/reports/global/2001/en/], recuperado: agosto 28 de 2007.

United Nations Office on Drugs and Crime (UNODC) (2009), *International Homicide Statistics (IHS). International Homicide Rate, per 100.000 Population 2004*, disponible en: [http://www.unodc.org/documents/data-and-analysis/IHS-rates-05012009.pdf], recuperado: mayo 17 de 2009.

—— (2008), *The Threat of Narcotrafficking in the Americas*, disponible en: [www.unodc.org/documents/data-and-analysis/Studies/OAS_Study_2008.pdf], recuperado: 27 de noviembre de 2008.

United Nations Office for Drug Control and Crime Prevention (UNODC) (1999), *Global Report on Crime and Justice*. Oxford, Oxford University Press.

Wacquant, Loïc (2009), *Punishing the poor. The neoliberal government of social insecurity*. Durham, Duke University Press.

—— (2003), "Towards a Dictatorship over the Poor? Notes on the Penalization of Poverty in Brazil", en: *Punishment and Society*, 3(1), pp. 95-133.

—— (2000), *Las cárceles de la miseria*. Madrid, Alianza.

Weiss, Robert P. y Nigel South (eds.) (1998), *Comparing Prison Systems. Toward a Comparative and International Penology*. Amsterdam, Gordon and Breach Publishers.

Wilkinson, R. y K. Pickett (2010), *The Spirit Level. Why Equality is Better for Everyone*. Londres, Penguin.

World Bank (2007), *Global Monitoring Report 2007. Millennium Development Goals*, disponible en: [http://siteresources.worldbank.org/INTGLOMONREP2007/Resources/3413191-1176390231604/1264-FINAL-LO-RES.pdf], recuperado: junio 13 de 2007.

Young, Jock (1999), *The Exclusive Society. Social Exclusion, Crime and Difference in Late Modernity*. London, Sage Publications.

Zaffaroni, Eugenio (1990), "Sistema Penal y Derechos Humanos", pp. 39-49, en: *Criminología en América Latina*, edited by Lola Aynar de Castro. Roma, UNICRI.

La (in)justicia penal en la democracia constitucional de derechos

~ Ramiro Avila Santamaría ~

He sido víctima de al menos cinco delitos violentos en los últimos diez años. Mis reacciones han pasado desde las ganas de vengarme de algún modo igualmente violento, hasta la de utilizar de forma decidida, solicitando el máximo rigor de la ley, las respuestas que me han ofrecido el Estado y el derecho penal: persecución, condena y encierro a los responsables de aquellos delitos, quienes me han generado un miedo (por suerte vencible) de salir a la calle, de estar en mi casa a pesar de las puertas reforzadas y de los guardias de seguridad, de parquear el auto en una calle sin alarma ni vigilancia… He sido, en suma, un ciudadano, como muchísimos otros que han sufrido en carne propia lo que se ha venido a llamar "inseguridad ciudadana" y, como no podía ser de otra manera, me identifico con su dolor y con muchas de sus demandas. Nada justifica la violencia y el miedo producido por el cometimiento de infracciones penales.

También he estado expuesto como ciudadano a otras experiencias relacionadas con el sistema penal. Desde que era estudiante de derecho –y esto ya hace muchos años atrás– en algunos momentos de mi vida he trabajado directamente con personas acusadas de infracciones penales y no he dejado de visitar cárceles. Así como un turista común y corriente visita los monumentos más representativos de una ciudad, yo me interesaba por conocer sus cárceles, bajo la creencia –que aún tengo– de que la cárcel es un buen reflejo de la sociedad, donde se concentra, como en un perfume, lo esencial del lugar. Conozco casi todas las cárceles de mi país (Ecuador), he visitado prisiones en varios países de la región y muchas cárceles en los Estados Unidos. En esto, en cambio, he sido un ciudadano privilegiado, que ha podido observar que las personas más pobres y vulnerables están encerradas y que no son tratadas de una forma digna. La violencia que se ejerce desde el Estado contra esas personas tampoco me parece justificable.

Muchas personas encuentran un vínculo directo entre ser víctimas de infracciones penales y los presos que están en nuestras cárceles. Cuando esto sucede, se considera que el trato inhumano que se les proporciona en los lugares de encierro es bien merecido, que las personas deben estar la mayor cantidad del tiempo encerradas para que no salgan a hacer fechorías en las calles, que lo más sensato es olvidarse de su destino, que algo habrán echo para tener dicha suerte y allá ellos.

Esta vinculación no es adecuada y esconde muchas injusticias. En primer lugar, no necesariamente quien ha cometido la infracción en mi contra está encerrado y es muy probable que "el encerrado" ni siquiera haya cometido infracción penal alguna. En segundo lugar, se centra el problema en los delincuentes de poca monta, que generalmente son los más torpes y los que menos daño social provocan. En tercer lugar, el problema de la violencia social no se soluciona con la respuesta que está ofreciendo el Estado sino que se lo profundiza y agrava. Finalmente, y sin ánimo de agotar las razones, la justicia penal a la que estamos sometiendo a nuestros conciudadanos ahora encerrados no es compatible con nuestro ordenamiento constitucional. Y de esto se trata este ensayo. El Estado constitucional de derechos no admite cualquier sistema penal como tampoco el uso intensivo y exclusivo de la violencia mediante el encierro.

Si uno mira el funcionamiento del sistema penal de cualquiera de nuestros países, se va a encontrar con una realidad desgarradora. ¿Es casual que la mayoría de la gente que habita en nuestras cárceles sea pobre? ¿Existe alguna explicación y justificación para este fenómeno social? ¿Tiene relación la organización social y política con el funcionamiento del sistema penal? ¿Cómo se caracteriza un derecho penal consistente con un Estado constitucional de derechos?

Al abordar estas preguntas, en un primer momento y a lo largo de este ensayo, utilizando fuentes confiables y objetivas, se demostrará que quienes son víctimas del sistema penal son las personas más pobres. En un segundo momento se realizará un análisis doctrinario sobre este fenómeno y se pretenderá demostrar que no existe justificación razonable, desde algunos parámetros (la democracia, la igualdad, la proporcionalidad y la justicia), para tolerar tanta violación a los derechos humanos, y así concluir en la inaceptabilidad de este patrón estatal tolerado socialmente dentro de un marco constitucional de derechos. Finalmente, después de tanta crítica, se presentarán algunas pautas para pensar un derecho penal distinto.

A los efectos de este ensayo, justicia penal y sistema penal se utilizarán indistintamente. Se entenderá como tales el conjunto de elementos que los conforman y la manera de operar actualmente, que es un modelo basado en el encierro como idea central y en formas represivas de manifestación. Entre los elementos, tenemos el derecho penal, configurado por las leyes penales, procesales y de ejecución de penas; los actores en sus distintas agencias, incluidos políticos, policías, militares, fiscales, jueces y autoridades penitenciarias; y los momentos por los que atraviesa una persona sometida al derecho penal, que van desde la detención, pasando por el proceso y terminando en el encierro.

— I —
El funcionamiento del sistema penal

El sistema penal está conformado por cuatro niveles, que interactúan entre sí, pero que son diferenciados por la distinta conformación de cada uno de ellos: (1) el prescriptivo, que se deriva de las normas jurídicas y que constituye la criminalización primaria. Si bien las normas penales podrían aparecer como neutras, "sin dedicatoria", su operatividad es evidentemente dirigida hacia la población más pobre y vulnerable de la sociedad, por ello es importante no descuidar el siguiente nivel; (2) el descriptivo de la realidad, que es el ejercicio real de la represión y es lo que se conoce como criminalización secundaria; (3) el doctrinario, que es la teorización de los autores que legitiman o critican el sistema penal y son agencias de reproducción ideológica; y (4) el publicitario, que es la propaganda del sistema penal y que corresponde a la opinión pública que se configura a través de múltiples agencias, tales como la escuela, la iglesia, el cine y hasta la sofisticada publicidad de los medios masivos de comunicación (Zaffaroni 2007: 293). De estos niveles, para efectos del análisis de este ensayo, nos ocuparemos del segundo, sin que esto signifique que en los otros niveles no se produzcan iniquidades o desigualdades que sean pertinentes para un análisis crítico.

La iniquidad que produce y reproduce el sistema penal está dentro de un contexto mayor de desigualdad. De hecho, es reflejo de la situación social. Brevemente describiremos la situación de exclusión general y la que se presenta en el sistema penal. Enunciaremos, ejemplificativamente, la situación de algunos países de la región para sostener, como un hecho demostrado, que el sistema penal es excluyente y que opera contra las personas más vulnerables y débiles de la sociedad.

La pobreza global se ha expandido y es severa. Sin ánimo de enunciar todas las cifras que lo demuestran, simplemente mencionamos que en 2004, de 6.373 millones de personas, 850 millones carecen de nutrición adecuada, 1.037 millones no tienen acceso al agua potable, 2.600 millones están privadas de condiciones sanitarias esenciales, más de 2.000 millones no tienen acceso a medicamentos esenciales, 1.000 millones viven sin una vivienda adecuada, 2.000 millones no tienen electricidad, dos de cada cinco niños tienen problemas de crecimiento, 179 millones de niños están involucrados en las peores formas de explotación infantil, 799 millones son analfabetos, un tercio de todas las muertes humanas (50 mil diarias) se relacionan con la pobreza (Pogge 2007: 147).

Latinoamérica es la región más inequitativa del mundo. De los 15 países con mayor iniquidad, de acuerdo al índice Gini, de un total de 173, ocho se encuentran en Latinoamérica (El Salvador, México, Guatemala, Honduras, Colombia, Paraguay, Nicaragua, Brasil) (Benito 2009: 146, 311). Según el PNUD,

> *...los problemas centrales en este plano son la pobreza y la desigualdad, que no permiten que los individuos se expresen como ciudadanos con plenos derechos y de manera igualitaria en el ámbito público, y erosionan la inclusión social. Los indicadores muestran que todos los países de la región son más desiguales que el promedio mundial* (PNUD 2004 en Benito 2009: 147).

Según Carranza, después de analizar múltiples informes y cruzar variables, la gestión de la globalización "distribuye inequitativamente no solamente el ingreso y los beneficios del desarrollo, sino también la criminalidad" (Carranza 2007: 112). En otras palabras, la realidad de exclusión y pobreza se refleja en el sistema penal: "la cárcel reproduce en grado máximo la injusticia social" (Rosales 2007: 245).

De acuerdo a esta lógica, las personas más pobres están peor situadas en la sociedad, y uno de los lugares donde ello sucede es la cárcel.

¿Quiénes están en las cárceles (sometidos al sistema penal)? Hay muchas fuentes para contestar esta pregunta. El sentido común es una de ellas, que suele ser muy útil la mayoría de las veces, aunque en ocasiones atrofiado por los medios de comunicación (Iturralde 2010: 21, 34, 302). Cuando alguien se imagina sobre las personas que entran, permanecen o salen del sistema penal, inmediatamente se representa al malo de la calle, de acuerdo con nuestros estereotipos: personas pertenecientes a grupos marginales, pobres, en su mayoría hombres, afro descendientes, jóvenes y mal encarados. A estos los vemos en los periódicos, en los noticieros y muchas veces los identificamos como nuestros agresores. Nuestro estereotipo suele coincidir con el de la policía, los fiscales y los jueces. Efectivamente, ellos están en las cárceles. Esto no significa que personas de otras características no puedan entrar en el sistema penal, sino que simplemente son la minoría que entra al sistema por razones distintas a las que explican la exclusión social.

El sistema penal opera contra los pobres (selectividad) o los sectores más humildes de nuestras poblaciones. Esto lo afirman todos los cientistas sociales críticos de la región y de los países centrales (Rosales: 244; Larrandart: 186; Benito: 152; Vilhena: 43; Aniyar: 28; Zaffaroni 1998: 26, 60, 157; Zaffaroni 2009: 109; Ramm: 17; Mathiesen: 52; Pavarini: 178, Iturralde: 47; Cole: 66, 141, 177; Dufour: 97). Por ello, no es casual que la mayoría de las personas vivan en situaciones de precariedad económica, cultural y social. En lo económico, las personas cuentan con poco presupuesto familiar por ser desempleadas o subempleadas; en lo cultural, las personas tienen bajos niveles de escolaridad, que tiene consecuencias en sus habilidades sociales y en su comportamiento individual; en lo social, las personas privadas de libertad suelen provenir de familias que han experimentado situaciones críticas propias de su condición de exclusión social: abandono, maltrato, trabajo infantil, violencia física o psicológica, consumo de droga o alcohol, que incide en un desarraigo social y afectivo (Ramm 2005: 20-26).

Pero eso no es todo. No sólo que nuestros conciudadanos más pobres están mayoritariamente bajo el control represivo del Estado mediante el sistema penal, sino que también son terriblemente mal tratados, lo cual agrava la situación del sistema penal en un Estado constitucional de derechos. Para analizar el tratamiento del sistema penal a las personas más vulnerables, pasaremos revista a tres momentos de su intervención, que responden a tres agencias penales distintas: (1) la detención y toda actividad previa al proceso, que está bajo responsabilidad de la policía y en algunos casos también del ejército; (2) el proceso, en el que intervienen operadores judiciales (jueces, fiscales, defensores, abogados litigantes); (3) el encierro, ya sea dentro de un proceso penal o después de obtener condena, cuya responsabilidad corresponde a los operadores penitenciarios (guardias penitenciarios, direcciones de cárceles con su burocracia).

1. La detención y la actividad previa al proceso

En la fase de detención, que suele ser una de las más críticas para la violación de derechos humanos, por estar exenta de control judicial y ciudadano, es donde se producen detenciones arbitrarias, ejecuciones extrajudiciales y tortura.

Las sentencias de la Corte Interamericana de Derechos Humanos (Corte IDH) y los informes de la Comisión Interamericana de Derechos Humanos (CIDH) están plagados de casos relacionados con detenciones arbitrarias que se producen sin los requisitos establecidos en las constituciones y en los convenios internacionales. Por mencionar algunos ejemplos, en el caso Tibi contra Ecuador, el señor Daniel Tibi, ciudadano francés que circulaba en su vehículo por una calle de Quito, fue detenido por agentes de policía que se hicieron pasar por funcionarios de migración; sin boleta constitucional, le dijeron que era un trámite migratorio de rutina y lo involucraron, en base a un testimonio obtenido mediante tortura, en un caso de tráfico de drogas (Corte IDH 2004: 76a). En el caso de Colombia, basados en información de la policía, sólo el 17% de las detenciones fue con orden judicial y en más del 50% las detenciones se basaban en "sospechas" (Iturralde 2010: 263).

En cuanto a las ejecuciones extrajudiciales, que son difundidas como noticias en las que se enfrentan los policías con los delincuentes y estos últimos son abatidos, el fenómeno en la región es escandaloso. Esto lo testifica tanto el relator de Naciones Unidas sobre Ejecuciones Extrajudiciales en sus informes de Brasil, Colombia y Ecuador (Alston 2010, 2011), como un informe dirigido por el profesor Zaffaroni sobre el derecho a la vida y los sistemas penales (Zaffaroni 1993). Por citar un ejemplo, la Corte IDH condenó a Colombia por atentar contra el derecho a la vida del Sr. Caballero Delgado, quien fuera detenido arbitrariamente por el ejército colombiano y posteriormente desaparecido (Corte IDH 1995: párr. 63).

La tortura

La tortura es un fenómeno cotidiano en los centros de detención en nuestra realidad latinoamericana. Solo por mencionar algunos ejemplos, extraídos de los hechos probados por la Corte IDH en casos contenciosos: el 24 de agosto de 1994, en horas de la tarde, en las calles de Bogotá, un Coronel de la Policía Nacional y su primo detuvieron al Sr. Gutiérrez Soler y lo condujeron al sótano de las instalaciones de un organismo policial. En el sótano fue esposado a las llaves de un tanque de agua y sometido a torturas y tratos crueles, inhumanos y degradantes, consistentes en quemaduras en los órganos genitales y otras lesiones graves durante tres horas, hasta que se autoinculpara de un hecho delictivo (Corte IDH 2005: párr. 48).

En el Caso Baldeón García c. Perú, la Corte describe los tratos a los que eran sometidas las personas detenidas: agotamiento físico, obligación de permanecer de pie durante largas horas (de espalda contra la pared, vendadas en un pasadizo, etc.) o en posiciones incómodas (de cuclillas, con los brazos hacia atrás, sentadas y con la cabeza entre las piernas, etc.). Una de las modalidades de tortura por asfixia más frecuentes era la conocida como el "submarino", que implicaba introducir a la víctima con los pies y manos atados y en posición de cabeza a tierra en un cilindro con líquido mezclado con sustancias tóxicas (Corte IDH 2006: párr. 72). También se afirma que, entre 1998 y el año 2000, sobre 6.443 actos de tortura registrados y tratos o penas crueles, inhumanas o degradantes, el porcentaje más alto (75%) corresponde a acciones atribuidas a funcionarios del Estado o personas que actuaron bajo su autorización o aquiescencia.

En todos los informes de las comisiones de la verdad en nuestro continente, se relatan con cierto detalle prácticas de tortura ejecutadas en el período conocido como "guerra fría", cuando se libraran conflictos armados internos. Pero cuando se acabó el enemigo del comunismo, el sistema penal siguió operando contra otros "enemigos" (Zaffaroni 2007: 295) y las prácticas de tortura continuaron. El informe de la Comisión de la Verdad de Ecuador, que no restringió su mandato a la época de represión contra grupos armados, sino que investigó todo el período democrático hasta nuestros días, confirma esta afirmación. El informe registró 2.066 hechos de tortura y en cada una de las víctimas se utilizó un promedio de cinco tipos de tortura. Entre los tipos de tortura, se verificaron golpes, vendaje de ojos y capuchas, amenazas y simulacros de muerte, violencia sexual, privación de alimentos, incomunicación, asfixia, privación de sueño y descanso, insultos y humillaciones, electricidad en el cuerpo, guindada/desgonzada/descoyuntada, presenciar o escuchar torturas a terceros, exposición a temperatura extrema, quemadura de cigarrillos, aplicación de pesos… (Comisión de la Verdad 2010: 97).

Podríamos agravar el panorama si se tratara, además, la corrupción policial (Larrandart 2007: 171; Zaffaroni 2009: 109), que es un hecho grave aún en nuestra región, y que se manifiesta en esta fase procesal.

2. El proceso

En el juicio penal se violan las garantías básicas del debido proceso: derecho a la defensa técnica, juzgamiento en el plazo razonable, motivación en la sentencia, condena a penas proporcionales.

La defensa no tiene comparación con el aparato de acusación y depende su calidad de los recursos económicos. Una persona privilegiada socialmente suele también serlo en su defensa por tener medios para acceder a una defensa de calidad. Los defensores públicos suelen defender en tribunales sin entrevistas ni investigación previa (Cole 1999: 64-70).

Los juicios en los que están involucradas personas pobres suelen demorar y exceder el plazo razonable. El caso paradigmático, que desarrolló la teoría del plazo razonable en el sistema interamericano, es el del señor Suárez Rosero. El señor Rosero pasó en prisión preventiva el doble de tiempo del que debería haber estado si lo condenaban oportunamente (Corte IDH 1997: párr. 74 y 75).

En cuanto a la motivación de la sentencia, muchos casos se basan simplemente en los partes policiales, particularmente los casos de drogas y delitos flagrantes. Lo que hace que el juicio sea irrelevante y las pruebas de descargo inútiles (Pásara 2010; Martínez 2007).

Las penas, en particular en los casos de drogas, que son un gran porcentaje en la región, suelen ser desproporcionadas. Personas por tenencia de drogas de cantidades ínfimas, suelen tener penas semejantes a aquellas que han sido condenadas por homicidio (Avila 2009: xiv; Bustos 2009: 360).

3. El encierro

En un libro testimonial, un ciudadano francés al describir su primer día en la cárcel manifiesta que penetró en la "antesala del infierno". La primera sensación que tuvo fue un olor repulsivo y unos ruidos atemorizantes.

> *Las imágenes que desfilan delante de mis ojos me cortan el aliento. Múltiples brazos se balancean ante las rejas de las puertas, los detenidos están con los torsos desnudos y parecen buscar el poco aire que pasa por estos delgados marcos. A pesar de la oscuridad, distingo la estrechez de las celdas en que está amontonado un número incalculable de personas, de pie, pegados unos contra*

otros. El calor es sofocante; el olor, insostenible. El pánico y el miedo me paralizan... (Dufour 2009: 74).

En el encierro se producen múltiples situaciones que provocan profundas y reiteradas violaciones a los derechos humanos. Las más comunes son el hacinamiento, la violencia institucional contra el sujeto privado de libertad que genera muerte, tortura y tratos crueles e inhumanos, la falta de servicios públicos y condiciones de vida que degradan la dignidad del ser humano privado de libertad.

a. El hacinamiento

Basado en información proveniente de 28 países de América Latina y el Caribe, Elías Carranza concluye que la población penitenciaria viene creciendo de forma acelerada y que hay un uso generalizado de la prisión dentro del sistema penal (Carranza 2007b: 13). Los niveles de sobrepoblación son mayores que el 120%, por lo que conviene calificar a la situación como gravísima (Carranza 2007b: 20).

El hacinamiento, entendido como la existencia de más de una persona donde hay espacio sólo para una, se agrava si se considera la falta de recursos humanos y también financieros. Han aumentado los presos, pero no el personal administrativo y, peor, la adecuación física (Mora 2007: 59).

Un dato que genera más decepción, es que la mayoría de las personas privadas de libertad no están cumpliendo condena, sino que, bajo la presunción de inocencia, están encerradas mientras están siendo procesadas (Carranza 2007b: 28).

Para graficar esta situación, según un informe de un juez de ejecución de penas en Costa Rica, vale citar:

> *...el hacinamiento es terrible, por lo que los privados de libertad en ocasiones deben dormir encima y a la par de los servicios sanitarios, en los baños o en el suelo, sin cama; se producen robos de ropa y dinero, ultrajan y violan a los privados de libertad que ingresan nuevos, se vende droga, se matan, hieren y amenazan personas para que paguen protección, hay humedad en todo el Centro, la atención médica no es la adecuada ni alcanza para toda la población...* (Mora 2007: 68).

De igual modo, la Comisión Interamericana de Derechos Humanos, en su visita *in loco* a las cárceles de Jamaica, constató que

> *...el problema de hacinamiento es aún más crítico en las celdas de detención policial, donde las personas arrestadas son encerradas junto con personas en detención preventiva en espacios completamente inadecuados. La delegación visitó las celdas de detención policial de las comisarías de Spanish Town y de Hunts Bay y encontró que los detenidos se amontonan en celdas oscuras, sin ventilación y sucias. Oficiales de policía de Spanish Town informaron que los detenidos con discapacidad mental son encerrados en el baño de las celdas. La delegación se vio particularmente alarmada al observar las condiciones inhumanas de la comisaría de Hunts Bay, donde los detenidos están hacinados en números de hasta seis personas por celda, y viven en medio de la basura y la orina, sin consideración alguna por su dignidad...* (CIDH 2008, comunicado de prensa 59/08).

En cada uno de los informes que la CIDH ha realizado a países de la región, existe un acápite sobre las personas privadas de libertad, y las constataciones realizadas en Jamaica son semejantes a las del resto de los países.

b. La violencia institucional

Hay muchas formas de manifestación de la violencia, por omisión y acción de las autoridades encargadas de proteger derechos dentro de las cárceles. La más dramática es la muerte por falta de prevención o por ejecuciones dentro del encierro.

ILANUD sostiene que las muertes por homicidio al interior de las cárceles es 25 veces más alta que en la vida en libertad (en Benito 2009: 199). Muchas de esas muertes se producen entre compañeros por falta de prevención de parte de los guardias y otras por masacres propiciadas por el mismo Estado. Así, por ejemplo, en 2004, en la cárcel de Urso Branco, Brasil, murieron nueve personas y 160 fueron retenidas como rehenes; también en 2004, en el penal La Esperanza, El Salvador, murieron 30 personas y 23 fueron heridas; en 2005, en la cárcel de Higüey, República Dominicana, murieron 100 personas; en el mismo año, en la cárcel de Escuintla, Guatemala, 30 personas murieron y 80 fueron heridas; de nuevo en 2005, en la Penitenciaría de Magdalena, Argentina, murieron 32 personas por asfixia; en la cárcel de Uribana, Venezuela, en 2007, murieron 16 personas y quedaron heridas 13... (Benito 2009: 200).

En las sentencias y resoluciones de los organismos internacionales de derechos humanos también se refleja y registra esta realidad, como muestra válida y evidente del funcionamiento inhumano de los sistemas penales. Así, por ejemplo, se mencionan las condiciones de vida en algunos casos. En el Caso del Penal Miguel Castro c. Perú, en el que murieron 42 internos, e hirieron a 175, se afirma que 322 personas internas sufrieron tratos crueles, inhumanos y degradantes, tales como abusos sexuales a mujeres,

> *...hacinamiento, aislamientos en celdas reducidas con falta de ventilación y luz natural, sin lecho para el reposo ni condiciones adecuadas de higiene, y la incomunicación o las restricciones indebidas al régimen de visitas...* (Corte IDH 2006: párr. 315).

Creo que un caso que sintetiza y refleja la situación calamitosa de nuestras cárceles, que además ha sido construido en base a datos oficiales y periciales, es el conocido por la Corte Interamericana como el "Caso del Instituto de Reeducación del Menor", denominado "Panchito López", ubicado en Paraguay.

En este caso se consideraron como hechos demostrados los siguientes: las personas estaban encerradas en un lugar destinado a ser casa de habitación y por tanto no tenía infraestructura adecuada; sus internos eran niños de sectores marginados; con una sobrepoblación del 50%, las celdas eran insalubres con escasas instalaciones higiénicas. Los internos estaban mal alimentados y carecían de asistencia médica, psicológica y dental adecuada. Los internos que sufrían discapacidades físicas, enfermedades mentales y/o problemas de adicciones, no contaban con una atención médica acorde con sus necesidades especiales. En conjunto, contaban con pocas oportunidades de hacer ejercicio o de participar en actividades recreativas. Muchos de los internos no tenían camas, frazadas y/o colchones, con lo cual se vieron obligados a dormir en el suelo, hacer turnos con sus compañeros, o compartir camas y colchones; esta situación facilitó el camino para que hubiera abusos sexuales entre los internos y riñas y peleas. Los programas ofrecidos sufrían serias deficiencias, ya que no contaban con un número adecuado de maestros ni con recursos suficientes. El Instituto no contaba con un número adecuado de guardias en relación con el número de internos ni tenían preparación idónea. Los guardias del Instituto recurrieron frecuentemente al uso de castigos violentos y crueles con el propósito de imponer disciplina en la población de internos; como métodos de castigo se utilizaron aislamiento, palizas, torturas, y traslados a cárceles de adultos; además, los guardias vendían sustancias estupefacientes a los internos. La gran mayoría de los internos se encontraban procesados sin sentencia y no estaban separados de los condenados. La asistencia legal era deficiente y formal. En vez de ser rehabilitados en el Instituto para una reinserción satisfactoria en la sociedad, los internos fueron sometidos a sufrimiento diario y, por tanto, a un proceso de aprendizaje negativo y vicioso, el cual, en parte, explicaba el alto índice de reincidencia de los mismos. En la última década se produjeron enfrentamientos con los guardias y varios incendios. Hubo varias muertes y múltiples heridos. Los internos fueron trasladados a la fuerza y con maltratos a centros de adultos. Las condiciones a las que estuvieron sometidos los internos en el Instituto entre el 14 de agosto de 1996 y el 25 de julio de 2001 los desmoralizaron y les ocasionaron tanto secuelas físicas como psicológicas. Dichas consecuencias psicológicas incluyen angustia, agresividad, desesperanza, depresiones frecuentes, desvalorización, estigmatización, autoestima disminuida, olvido e insomnio (Corte IDH 2004: párr. 134).

c. La falta de servicios públicos

Una de las consecuencias obvias del hacinamiento, es la obstaculización del normal desempeño de las funciones de cualquier sistema penitenciario, tales como la salud, el descanso, la higiene, la alimentación, la seguridad, el régimen de visitas, la educación, el trabajo, la recreación y la visita íntima (Carranza 2007b: 22-23; Ramm 2005: 58).

Por mencionar algunos datos, la incidencia de enfermedades prevenibles, como la tuberculosis o el sida, ha adquirido en algunos centros penitenciarios proporciones de epidemia.

> *Por ello, las causas más frecuentes de muerte en nuestras cárceles son aún las enfermedades transmisibles y las patologías y lesiones que podrían prevenirse y curarse, respectivamente, de existir suficientes medios y adecuada infraestructura sanitaria y acceso a una pronta, adecuada y eficiente atención médica* (Tidball-Binz 2007: 49).

Los baños suelen tener un mal estado estructural. “Los internos llegan a utilizar bolsas plásticas y otros envases para depositar sus materias fecales” (Benito 2009: 217). Los drenajes de las aguas servidas tampoco son funcionales (Dufour 2009: 169).

La alimentación es escasa y deficiente, mal preservada y preparada. El presupuesto para alimentación varía entre 0.58 centavos de dólar y 1 dólar (Benito 2009: 218).

El acceso al agua potable no es permanente ni óptimo. En algunos casos el agua es contaminada (Benito 2009: 218).

En cuanto a la educación, la ofrecida por los centros penitenciarios es considerada de baja intensidad: escolaridad plagada de "desenganches", conflictividad, repitencias reiteradas, desconexión de la realidad. Además, se presentan expulsiones del sistema por indisciplina, repitencias, abandono, formación deficiente y elemental.

> *Si la educación y la escuela no pueden operar debidamente es obvio que las habilidades y destrezas para el desarrollo social y personal, en el proceso de socialización, son casi nulas y potencian el deterioro de los vínculos familiares, el poco valor de la vida, la nula participación social y el desinterés político, la evasión bajo el uso de drogas, el contagio del HIV, generando códigos sociales o de clase que operan como reafirmadores de la estigmatización o identidad de grupo social vulnerable olvidado o relegado por la sociedad y el Estado* (Benito 2009: 234).

d. La degradación del ser humano privado de libertad

La privación de libertad, aun en cárcel de oro, suele causar perjuicios irreversibles en la personalidad humana, que suelen ser peores mientras más larga sea la pena. Múltiples estudios demuestran los efectos alienantes en cualquier lugar de encierro (Ferrajoli 2005: 455). Zaffaroni sostiene que "uno de los resultados del sistema penal parece ser la neutralización por deterioro de la persona, acelerando o determinando un proceso de decadencia biopsíquica de la misma..." (Zaffaroni 1998: 205).

La vida en la cárcel es dura de llevar, por las condiciones de precariedad en que ahí se vive.

> *Estar en la cárcel es sentirse súper vulnerado en un montón de derechos... el derecho a expresarse, a tener una atención de salud digna,... se les priva de un montón de cosas que no están castigadas... yo siento que hay mucho maltrato... el sistema fomenta fobia social por una serie de agresiones que ellos viven a diario...* (Ramm 2005: 60).

Las personas privadas de libertad sufren angustia por la convivencia con personas desconocidas y violentas. El ambiente agresivo degenera en miedo a los funcionarios penitenciarios y a los compañeros de celda. El temor va desde la posibilidad del acoso, pasando por los insultos, robos, agresiones sexuales hasta la muerte (Ramm 2005: 63). En definitiva, "condiciones precarias de subsistencia, hacinamiento, pérdida de libertad y autoestima, soledad y miedo, son elementos que configuran la experiencia cotidiana de las cárceles" (Ramm 2005: 64). La vida y la experiencia en la cárcel son siempre dolorosas y traumáticas.

En las "presotecas" (Larrandart 2007: 174), como se seguirá afirmando a lo largo de este ensayo, la dignidad de las personas es vulnerada cotidiana y reiteradamente. Zaffaroni afirma lo siguiente, sintetizando todo lo que se ha dicho hasta el momento: "no hay aberración imaginable que no hayan conocido ni padecido nuestros sistemas penales y que, lamentablemente, justo es confesarlo, no han podido [tales aberraciones] ser erradicadas del todo…" (Zaffaroni 2009: 110).

— II —
El sistema penal es inconstitucional

La realidad brevemente descrita y profusamente documentada por muchas investigaciones sociales y por resoluciones de organismos internacionales de derechos humanos, es una práctica que debe ser considerada inconstitucional. Se utilizarán algunos parámetros para esta conclusión. El primero se refiere al modelo de gobierno democrático delineado en todas las Constituciones de la región. El segundo tiene que ver con uno de los fundamentos de la legitimidad de un régimen constitucional, que es la igualdad y la prohibición de discriminar. El tercero se relaciona con el análisis de la racionalidad, mediante la aplicación del test de proporcionalidad, de las medidas tomadas por el sistema penal para funcionar. Finalmente, como corolario, el que tiene que ver con la justicia, que es pretensión de todo sistema jurídico y que, en algunos países como Ecuador y Venezuela, es una cualidad esencial del modelo de Estado.

1. Antidemocrático

Al igual que cualquier otra categoría social, política y jurídica, el concepto de democracia tiene múltiples acepciones. El concepto varía incluso según el calificativo que se le agregue: representativa, participativa, formal, procedimental, sustancial, radical.

Para efectos de la tesis que se sostendrá en este ensayo, seguiremos al filósofo Ronald Dworkin en su comprensión de la democracia como acción comunitaria integrada (Dworkin 2010: 111-144).

Dworkin distingue entre la democracia estadística y la comunitaria, y esta última a su vez entre monolítica e integrada. La democracia estadística es aquella en la que las decisiones se toman por mayoría de votos sin otra consideración y en la que no existe conciencia de grupo. En cambio, en la democracia comunitaria se toman las decisiones en base a ideales que identifican y mantienen unido a un grupo. En la democracia monolítica se niega el valor del individuo por el del Estado o comunidad; en la comunitaria, se reconoce y valora a todos los individuos y minorías.

Hay tres supuestos que deben satisfacerse para poder lograr una democracia comunitaria integrada: (a) el principio de participación, por el que todas las personas tienen iguales derechos y cada una tiene un rol que le puede permitir marcar la diferencia en las decisiones colectivas; (b) el principio de interés, por el que las decisiones reflejan igual consideración por los intereses de cada uno de los miembros de la colectividad, por ello es importante el impacto de una decisión en la vida de cualquiera de sus miembros; (c) el principio de independencia, por el que se alienta a las personas a tener convicciones individuales y colectivas. Estos principios se nutren por el ejercicio y la protección de derechos. Así, por ejemplo, no puede realizarse el principio de participación sin la libertad de información y expresión, no se satisface el principio de interés sin la igualdad y no discriminación, y se viola el principio de independencia sin el respeto a la privacidad y al libre desarrollo de la personalidad.

La deficiencia en la satisfacción de estos principios degenera en democracias imperfectas o en regímenes no democráticos que necesariamente ofrecen un ambiente propicio a la violación de derechos: sin participación, hay autoritarismo; sin interés, hay injusticia; sin independencia, hay despotismo teocrático (imposición de un punto de vista).

El sistema penal y las normas que regulan y garantizan su funcionamiento, no corresponden a una democracia comunitaria integrada.

a. Incumplimiento del principio de participación

Las personas privadas de libertad generalmente no tienen derechos políticos y, por tanto, no votan (Ramm 2005: 60)[1]. Esto ya es

1. Ecuador por primera vez en la historia republicana reconoció, en la Constitución de 2008, el derecho al voto de las personas preventivamente privadas de

una falla del sistema democrático y ni siquiera estamos hablando de una democracia estadística. Pero dentro del sistema penal no sólo debemos considerar a los privados de libertad. Dentro de él también están quienes han pasado por el sistema, ya por haber cumplido la condena, ya por estar bajo otra forma de control (pre-libertad, libertad controlada, arrestos domiciliarios, fugados y demás posibilidades). Vamos a suponer que todos ellos participan "estadísticamente" de un régimen democrático, es decir, votan.

¿Las personas sometidas al sistema penal tienen iguales derechos que el resto de los ciudadanos y un rol que les permite marcar la diferencia en las decisiones colectivas? Siempre recuerdo el caso de David (Avila 2008: 157), que de alguna manera refleja la realidad de la gran mayoría de los presos. David, un joven de 21 años, era considerado un "polilla", adjetivo que se les atribuía a las personas que dentro de las cárceles mendigaban y vivían de los otros, algo así como una persona de extrema pobreza dentro de la pobreza y miseria de las cárceles. David comenzó su "carrera" en la calle, había pasado reiteradamente por el centro de adolescentes infractores y estaba, con más de veinte detenciones, una vez más preso por el robo de un reloj. No tenía familia, educación ni trabajo. El día que salió en libertad, me comentaba lo que tenía en el mundo y lo que el Estado le había ofrecido: nada. No le quedaba otra opción más que robar y realmente nadie, en términos prácticos, le daba solución "legal" a su caso. Iba a dormir en la calle, iba a buscar trabajo, iba, por algunos días con sus noches, a buscar alimentos de forma pacífica: mendigando. David, después de haber recibido una absolución a los cerca de cinco años de haber estado preventivamente privado de su libertad, tenía derecho a participar en la toma de decisiones de su país. David tenía derecho al voto, pero ¿cuál era su rol social y estaba en condiciones de igualdad en relación con las personas ubicadas fuera del sistema penal? Sin duda, David, en sus condiciones sociales, no tendrá una participación a través de la cual pueda, por sus propias convicciones, influenciar o impactar en las decisiones colectivas. Este hecho fue constatado por la Corte Constitucional de Colombia que afirmó que

libertad. En teoría no existía ningún impedimento normativo para privar a una persona sin condena, bajo la presunción de inocencia, además, del derecho al voto. Sin embargo, en la práctica no votaban. En las elecciones posteriores a la expedición de la Constitución, el órgano electoral ha organizado el proceso eleccionario dentro de las cárceles.

> *...los reclusos son personas marginadas por la sociedad... los penados no constituyen un grupo de presión que pueda hacer oír su voz. Por eso, sus demandas y dolencias se pierden entre el conjunto de necesidades que agobian [a] las sociedades subdesarrolladas...* (Corte Constitucional de Colombia 1998: párr. 50).

Lo más probable es que las conductas de las personas privadas de libertad y marginales más bien alimenten el sentimiento de inseguridad ciudadana e influyan en el deseo de un sistema más represivo. ¿Es excepcional este caso? De acuerdo con una de las lecturas del Censo Penitenciario del año 2008, realizado en Ecuador,

> *...antes de su reclusión, la gran mayoría estaba ubicada en sectores precarios de la economía: campesinos en proceso de subproletarización, subempleados urbanos, personas que ya conforman los núcleos duros de los cinturones de miseria de las grandes ciudades. Sin contar con que un 79 por ciento es menor de 37 años... lo que quiere decir que casi 8 de cada 10 habitantes son jóvenes empobrecidos* (Coba 2008: 92).

b. Incumplimiento del principio de interés

Una estructura democrática se justifica en tanto pretende, de buena fe, integrar a todos sus miembros y tratarlos con igual consideración. La suerte de las personas más vulnerables debería ser del interés de quienes tienen la posibilidad de tomar decisiones o influenciar en su configuración. El impacto de una decisión parlamentaria o del ejecutivo, en relación con el sistema penal y en la vida de cada preso, debería ser considerado importante para el éxito final del proyecto político de una sociedad.

Cuando un grupo político decide aumentar las penas, contratar más policías y con mejores armas, dictar estados de emergencia para combatir la delincuencia, disminuir las posibilidades de liberación y las garantías procesales, ¿en qué está pensando y en qué no? Por un lado, inspirado en su solidaridad con las víctimas y seguramente proyectándose como una de ellas, considera que la cárcel es una solución útil y necesaria, y que, además, está tomando una decisión que puede tener efectos positivos en su popularidad y carrera política. Por otro lado, no está pensando en quién será objeto de aplicación de las medidas represivas. Un grupo social está sobre representado y otro, el vulnerable al sistema penal, está en invisibilidad. Los intereses de unos son tomados en cuenta, a quienes se les considera víctimas de delitos, y los intereses de otros son ignorados, los de aquellos que son víctimas del sistema penal.

El principio de interés informa que la pertenencia o la inclusión de una persona a una colectividad dependen de cómo se la trata. ¿Cómo estamos tratando a nuestros presos?

En un reciente informe, Defensa de los Niños Internacional (DNI) concluyó que la mayoría de las personas privadas de libertad en centros de adolescentes infractores son detenidas sin fundamento jurídico en operativos policiales (DNI 2010: 231) y tiene datos sobre los lugares donde están encarceladas: construcciones deterioradas, sin alcantarilla ni electrificación, sin espacios de recreación ni personal suficiente y sin capacidades técnicas (DNI 2010: 220, 222).

En los procesos de detención y en los centros de privación de libertad se maltrata a la gente, se lleva a vivir muchas veces de forma inhumana, cruel y hasta se ejerce tortura. Para muestra basta un botón. En una de las sentencias de la Corte Interamericana de Derechos Humanos, como en gran parte de las sentencias que tienen relación con la violación del derecho a la libertad y a la integridad personal, se informa: Iván Suárez Rosero fue detenido por encapuchados, lo incomunicaron, lo torturaron para que admita una responsabilidad que nunca tuvo, declaró ante la policía sin presencia de abogado defensor ni juez, estuvo encerrado en una celda húmeda y sin ventilación, con 17 personas, en un subterráneo, durmió sobre un periódico, le dio pulmonía, no recibió atención médica durante su incomunicación, lo amenazaron con matarlo, perdió 40 libras de peso. Después de cuatro años de encierro lo condenaron a dos años por un hecho no adecuadamente demostrado (Corte IDH, Caso Suárez Rosero 1997: párr. 22, 34).

Los intereses de estos presos, su forma de vida dentro del sistema penal, no son aspectos tomados en cuenta por quienes ejecutan decisiones. Podríamos sacar al menos dos conclusiones. Una es que los intereses de quienes frecuentan el sistema penal no son considerados y, la otra, que estas personas no están siendo incluidas en la colectividad.

c. *Incumplimiento del principio de independencia*

Por el principio de independencia, las personas tenemos el derecho de poder desarrollar nuestra autonomía y personalidad, y el Estado tiene el deber de alentar nuestras convicciones, a través de procesos educativos. Una sociedad democrática deber permitir, tolerar y fomentar la diversidad, que implica incluso modalidades de vida impopulares. Si el Estado interviene deteriorando la forma de vida, coaccionando o utilizando medios violentos, atenta contra el principio de independencia. Y esto es precisamente lo que les ocurre a quienes son víctimas del sistema penal.

A quienes han recibido atención del Estado sólo para ser demonizados (Vilhena 2007: 43), lo único que se les ofrece es violencia.

La vida de un típico privado de libertad y usuario frecuente del sistema penal, comienza con una realidad llena de privaciones. Estas personas, durante la infancia, no entran a la escuela o desertan tempranamente y trabajan en sistemas de explotación; cuando adultos, por la fragilidad económica, quedan "excluidos del más importante mecanismo de integración de las sociedades modernas: el trabajo" (Ramm 2005: 18).

Antes de entrar a la cárcel, dichas personas no tienen ya las condiciones para desarrollar plenamente sus proyectos de vida. La cuestión es más grave cuando las personas salen de la cárcel. Daniel Tibi, un ciudadano francés detenido en Ecuador acusado de estar involucrado en tráfico de drogas, sufrió tratos crueles e inhumanos y tortura en todas las fases del sistema penal, al final, por el encierro, perdió el trabajo que tenía, sufrió el abandono de su esposa e hijas, quedó afectado social, psíquica, laboral y emocionalmente, al punto que la Corte Interamericana reconoció estas consecuencias y ordenó su reparación (Corte IDH 2004: párr. 76, 140 m y n, resolución 15). Por efectos del sistema penal en las personas, la Corte Interamericana ha orientado las reparaciones a superar las consecuencias adversas para la salud, el deterioro de las condiciones de vida, las situaciones de tensión y estrés (Beristain 2009: 283).

Mal antes de la intervención del sistema penal, peor después de él. Si las condiciones para realizar el principio de independencia eran adversas antes del encierro, después son francamente imposibles de superar. En suma, centrándonos en la población penitenciaria, no existe el principio de independencia.

A los mismos resultados se puede llegar desde la entrada de una democracia deliberativa, que es lo que hace Gargarella invocando a Nino, mediante tres parámetros semejantes: (1) todos los potencialmente afectados por una cierta norma, intervienen en su creación, (2) el proceso de toma de decisiones se caracteriza por una amplia discusión colectiva, y (3) se organiza bajo condiciones de igualdad (Gargarella 2008: 153). Estos parámetros se reflejan íntimamente con los principios de participación, integración e independencia, que utiliza Dworkin. Si nuestros conciudadanos menos populares, que suelen ser a quienes consideramos delincuentes, no participan en la discusión de las leyes penales ni en la evaluación de su ejecución, porque no tienen condiciones de ejercer un rol en el que puedan tener influencia sus opiniones, estamos ante una democracia defectuosa o una democracia viciada. Según Gargarella, los vicios de una democracia son: la deliberación restrictiva, los vicios de procedimiento y la deliberación imperfecta (Gargarella 2008: 94).

La democracia, desde el lente de quienes sufren la intervención violenta de la justicia penal, no existe. Desde otras perspectivas, es francamente imperfecta y raya en autoritarismo o en un despotismo injustificado. Cuando esto sucede, siguiendo con Gargarella, los demócratas tenemos la obligación de resistir a las normas que se expiden en estas condiciones y las víctimas del sistema penal podrían desobedecer justificadamente sus mandatos.

2. Discriminatorio

Víctor Abramovich, en relación con los retos que enfrenta el sistema interamericano de protección de derechos, manifiesta su preocupación por los sectores sociales que viven en condiciones estructurales de desventaja (Abramovich 2009: 18).

Los Estados deben avanzar, según Abramovich, de una idea de igualdad formal y no discriminación, de la que se deriva un rol pasivo y neutral de parte del Estado, a una igualdad sustancial y de protección de grupos subordinados, que demanda del Estado "un rol activo para generar equilibrios sociales, la protección especial de ciertos grupos que padecen procesos históricos o estructurales de discriminación" (Abramovich 2009: 18).

Para conocer si un grupo social es estructuralmente diferenciado, y basados en instrumentos internacionales de derechos humanos[2], requerimos determinar (a) que hay diferencias, restricciones, exclusiones o preferencias, (b) que esas diferencias son irrazonables, caprichosas o arbitrarias (noción formal de igualdad) basadas en categorías sospechosas, (c) que el trato diferenciado afecta gravemente el goce de un derecho humano o el grupo está en desventaja en el ejercicio de los derechos por obstáculos legales o tácticos.

2. Convención Internacional sobre la eliminación de todas las formas de discriminación racial, artículo 1; Convención sobre la eliminación de todas las formas de discriminación contra la mujer, artículo 1; Convención de los derechos del niño, artículo 2 (1); Convención interamericana para la eliminación de todas las formas de discriminación contra las personas con discapacidad (N. 2).

a. La diferencia

El caso Brown contra el Board of Education, uno de los más representativos de la Corte Suprema de los Estados Unidos, que aplicó el principio de igualdad y deslegitimó el régimen de segregación en dicho país, se sustentó en estudios comparativos entre las escuelas destinadas a personas afrodescendientes y a personas consideradas blancas (Avila 2009: 461). Para encontrar las diferencias se requirió de la existencia de dos grupos humanos que, en teoría, deberían estar en una situación comparable. En este caso, personas que pertenecían a grupos étnicos distintos, que debían ser consideradas iguales y que estaban siendo tratadas de forma diferente.

En relación con la justicia penal, deberíamos encontrar dos grupos que sean comparables y que merecerían un trato semejante por ser iguales en derechos. Dentro de una sociedad, en la que se cometen infracciones penales sin distinción de clase, hay un grupo que se encuentra mayoritariamente sujeto al sistema penal y hay otro que es inmune. El primer grupo tiene relación con población en situación de marginalidad y el segundo grupo está relacionado con población que no está en dicha situación. Esta afirmación resulta evidente cuando uno constata la población carcelaria. La mayoría de la gente allí es pobre y sin recursos para una vida digna y defensa adecuada (Coba 2008: 92; Ramm 2005: 19). La clase media y alta de una sociedad no están representadas en el sistema penal. Corresponde analizar, desde los parámetros de la igualdad, si esa diferencia es legítima.

b. La diferencia basada en categoría sospechosa

Dentro de los estándares de los derechos humanos, se presume que una norma, criterio, práctica, costumbre, acto, omisión o cualquier otra disposición es discriminatoria cuando, entre otros elementos, se basa en una categoría sospechosa o cuando recaiga principalmente en personas, grupos, comunidades, pueblos o nacionalidades en condiciones de desventaja o marginalidad.

Las categorías sospechosas están enunciadas, ejemplificativamente, en los instrumentos de derechos humanos. Estas categorías son condiciones que atraviesan a las personas o que forman parte de su identidad y que, históricamente, han sido consideradas para discriminar. Tales son, por ejemplo, el origen social, la etnia, las creencias religiosas, las convicciones políticas, el origen nacional.

En el caso de las poblaciones víctimas del sistema penal y de las inmunes, podemos encontrar un complejo de categorías cruzadas. Así, por ejemplo, el sistema penal suele operar contra hombres, jóvenes, pobres, sin instrucción, pertenecientes a una etnia minoritaria o extranjeros (Waller 2008: 22; Coba 2008: 92; Ramm 2005: 19).

Una conclusión ligera y legitimante del sistema penal sostendría que esto sucede porque las personas pobres cometen más infracciones y además porque es la población mayoritaria de nuestra región. Esta afirmación está desmentida por los estudios realizados por la sociología norteamericana en relación con los delitos considerados como de cuello blanco (Baratta 2004: 185), que además son los que mayor daño social provocan al generar condiciones de vida indignantes; además, considerar que por el hecho de ser pobre se es más proclive a delinquir sería sostener un prejuicio sin nombre, ya que no todo pobre delinque como no todo rico es infractor penal.

La criminología sí ha encontrado evidencia científica sobre el funcionamiento del derecho penal dirigido contra las personas más pobres y vulnerables, fenómeno que se ha denominado "estigmatización" y "prisionización" (Zaffaroni 1986: 410), y al proceso de estigmatización como etiquetamiento (*labelling approach*) (Baratta 2004: 119).

Estas condiciones han sido calificadas por Vilhena como "demonización", que "es un proceso por el cual la sociedad hace una reconstrucción de la imagen humana de sus enemigos, que en adelante no merecerían estar incluidos dentro del reino de la ley... y se volvieron clases torturables" (Vilhena 2007: 43); y, en cuanto a las clases privilegiadas, aparecerían como "inmunizadas", por lo que

> *...los ricos y poderosos, o los que actúan en su nombre, se ven por encima de la ley e inmunes a las obligaciones derivadas de los derechos del prójimo. La idea de inmunidad puede entenderse concentrándose en la impunidad de los violadores a los derechos humanos o de los involucrados en la corrupción, sean poderosos o ricos* (2007: 45).

En la misma línea de pensamiento, Zaffaroni aporta otro dato al analizar la delincuencia económica o criminalidad de mercado. Se supondría que las propuestas para reprimir el crimen organizado perseguirían a las personas mejor situadas de la sociedad. Sin embargo, además de introducir normas evidentemente inquisitivas, han desatado "campañas de caza de brujas que, no por azar, nunca dan con los responsables del vaciamiento de países enteros" (Zaffaroni 2007: 307).

Se podría afirmar que en el sistema penal se encuentran también personas ricas y poderosas, y que, por lo tanto, esta distinción es irrelevante. Lo cierto es que eso suele suceder pero es absolutamente excepcional. Las personas ricas o poderosas suelen no estar sujetas al sistema penal y cuando entran, por conflictos con personas o grupos igualmente poderosos, permanecen poco tiempo o en circunstancias privilegiadas.

c. El ejercicio de derechos

El trato diferenciado, basado en una categoría sospechosa, debe tener como consecuencia la anulación, restricción o limitación del ejercicio de un derecho. Si el trato diferenciado, por el contrario, promueve el ejercicio de un derecho no estamos ante un trato discriminatorio sino más bien ante una acción afirmativa.

Nadie mejor que Mathiensen, que utilizó la categoría de "padecimiento", para describir las consecuencias de la justicia penal en las personas o, como estamos sosteniendo, en cuanto al ejercicio de sus derechos. El primer padecimiento es la privación misma de la libertad, que incluye, además, el aislamiento de la familia, parientes y amigos. La ausencia de libertad "es dolorosamente privativa o frustra en términos de relaciones afectivas perdidas, de soledad y tedio" (Mathiesen 2003: 214). La cuestión se agrava dentro de la cárcel, que produce un efecto similar al de una cebolla, en donde encontramos mecanismos de aislamiento dentro del encierro.

El segundo padecimiento es la privación de bienes y servicios. En la cárcel no se pueden satisfacer necesidades mínimas, tales como servicios de salud, recreación, nutrición y similares. Según datos de un censo carcelero en 2008, en Ecuador, el 74% de los presos manifestó que la atención de salud era mala o que simplemente no tenían acceso a este servicio (Carrión 2009: 41). La pobreza dentro del encierro suele ser igual o peor de la que se vive fuera de la cárcel.

El tercer padecimiento es la privación de relaciones heterosexuales. Esta privación no es menos importante en sociedades patriarcales y hasta homofóbicas como las nuestras. A las personas se les priva o se les limita severamente su posibilidad de mantener relaciones sociales, afectivas y sexuales con personas del sexo opuesto. Digamos que se les obliga a mantener relaciones homosexuales. En más de una ocasión se han denunciado ritos y prácticas de violencia sexual a las personas internas. Esta situación suele generar serios problemas de carácter psicológico. En una encuesta realizada en Brasil en 1993 se indicó que el 73% de los presos varones habían tenido relaciones sexuales con otros hombres en la cárcel; muchas de estas relaciones no fueron consentidas ni con el uso de preservativos (la violación es una práctica común, parte de los "ritos de iniciación" a la vida penitenciaria) (Benito 2009: 219).

La privación de la autonomía es el cuarto padecimiento. Las personas encerradas se encuentran sujetas a múltiples normas propias del centro de privación de libertad y de las celdas o pabellones, que hacen imposible la posibilidad de tomar decisiones propias o que impliquen el desarrollo de la personalidad. La persona estará bajo el control de las autoridades penitenciarias y de quienes ejercen poder al interior de las cárceles. Estas normas y el control reducen a las personas a estados de indefensión, debilidad y dependencia.

El quinto padecimiento es la privación de seguridad. La cárcel es un lugar donde se produce y reproduce la violencia y las posibilidades de ser herido o muerto por acciones violentas son más elevadas que fuera de la cárcel. Esta sensación genera ansiedad. De igual modo, se genera inseguridad por el accionar del personal penitenciario, por acciones tales como requisas, interrogatorios, intimidación a las visitas.

En suma, en la cárcel lo que se produce, se multiplica y se intensifica es el dolor, que, en términos jurídicos, no es otra cosa que una situación de permanente y sistemática vulneración de derechos. La consecuencia que se deriva del reconocimiento de la situación de discriminación que viven las personas sometidas a la justicia penal es que es necesario un trato diferenciado para este grupo poblacional en desventaja, que el Estado es un garante activo de estos derechos y que es un deber formular políticas para prevenir y reparar violaciones a los derechos humanos que afectan a estos grupos (Abramovich 2009: 21).

3. Desproporcionado

Los estados tienen la potestad conocida como *ius puniendi*, que consiste en la posibilidad de sancionar penalmente a una persona que ha cometido una infracción considerada grave. El uso de la violencia del estado está sometido a ciertas restricciones derivadas de los derechos de las personas. Algunos de esos derechos son el debido proceso y las penas proporcionales a los delitos.

Cada vez que se limita o restringe un derecho, como siempre sucede cuando opera el sistema penal, el estado debería tener buenas razones para que su accionar sea legítimo.

Una de las formas de apreciar la racionalidad de un sistema o una medida, consiste en aplicar el test de proporcionalidad, que ha sido utilizado por múltiples cortes y que ha tenido un desarrollo importante en la doctrina (Bernal Pulido 2007; Alexy 2010).

Para que proceda el test de proporcionalidad requerimos de dos principios que, en un caso o situación concreta, estén en pugna o tensión. En el caso del sistema penal, tenemos claramente al menos dos principios. El uno es la libertad de las personas sometidas a encierro y el otro es el derecho de las víctimas a una tutela efectiva.

Teniendo los dos principios, se requiere examinar la medida que menoscaba o limita la aplicación de uno de los principios. Esta medida, en la situación de examen, es el uso de la violencia del sistema penal en todas sus fases (detenciones, indagación previa y procesal, privación preventiva de libertad, condena y ejecución de la condena).

El examen de proporcionalidad de la medida se basa en cuatro parámetros, que es una exigencia para el análisis y valoración del sistema penal (Rosales 2007: 253): (a) fin legítimo, (b) idoneidad, (c) necesidad, y (d) proporcionalidad propiamente dicha. Si la medida reúne los cuatro elementos, quiere decir que es una medida razonable, aceptable y que tiene legitimidad. Los parámetros son secuenciales. Si no se cumple el parámetro primero, basta para considerar que la medida es inadecuada.

a. Fin legítimo

El uso del sistema penal debe perseguir un fin que tenga respaldo constitucional. Las constituciones contemporáneas suelen considerar que el sistema penal tiene como finalidad la rehabilitación de la persona o la prevención de otros delitos. También se podría sostener que el sistema penal tutela los derechos de las personas que han sido violentamente vulnerados. Desde otra fuente, la doctrinaria, podría señalarse que, de acuerdo con el profesor Luigi Ferrajoli, sólo se justifica el sistema penal cuando su uso evita mayor violencia; es decir, que si no existiría el derecho penal, la violencia social sería mayor (Ferrajoli 2005: 396).

Sin que se analice la forma cómo opera el sistema penal, que en este punto es un elemento abstracto, la justicia penal pasa el primer parámetro.

b. La idoneidad

La idoneidad significa que la medida debe conducir a lograr el fin propuesto. En palabras de Bernal Pulido, "toda intervención en los derechos fundamentales debe ser adecuada para contribuir a la obtención de un fin constitucionalmente legítimo" (Bernal Pulido 2007: 693). Si la medida no favorece a ninguno de los principios o derechos en pugna o perjudica a ambos principios, entonces la medida no es idónea.

En este punto, aspectos fácticos entran ya en discusión. La cárcel, como centro alrededor del cual gira la justicia penal, ¿favorece a la sociedad, a las víctimas y a los responsables de las infracciones penales? La respuesta es negativa. Irvin Waller sostiene que el sistema represivo no disminuye la delincuencia, es caro (Waller 2008: 26), aumenta la pobreza (2008: 41) y desconoce los derechos de las víctimas, al no poder ejercerlos, no tener representación en los procedimientos y no conseguir una reparación (2008: 34).

Estos hechos serían suficientes para determinar la ilegitimidad de la medida penal, al menos de cómo está configurada y funcionando actualmente.

Imaginémonos, para efectos de seguir con el análisis –cuestión que ya sucede en algunas legislaciones–, que el sistema penal ha incorporado un abanico de medidas que incluyen procedimientos adversariales y conciliadores, penas privativas y no privativas de libertad, sanciones represivas y reparativas, y que estas medidas son idóneas.

c. Necesidad

Por el principio de necesidad, "toda medida de intervención en los derechos fundamentales debe ser la más benigna con el derecho fundamental intervenido entre todas aquéllas que revisten por lo menos la misma idoneidad para contribuir a alcanzar el objetivo propuesto" (Bernal Pulido 2007: 740). Es decir, la medida tomada deberá ser la menos lesiva para los derechos, entre todas las que se puedan tomar, para alcanzar el fin propuesto.

La justicia penal deberá favorecer los derechos de las personas procesadas o responsables de infracciones, perjudicando lo menos posible los derechos de las víctimas o viceversa.

En este sentido, teniendo más de una medida idónea, hay que poner en una balanza sus efectos. Pensemos que estamos discutiendo entre un sistema penal represivo y preventivo, y que su configuración es idónea. En el primero, el sistema se basa exclusivamente en la cárcel para todo tipo de infracción penal y los actores fundamentales son los policías, los fiscales, los jueces y los funcionarios penitenciarios; en el segundo, el sistema se basa en las sanciones comunitarias y la cárcel para infracciones que provocan daños graves, y los actores son educadores, profesionales de la salud pública y otros funcionarios que promueven el ejercicio de derechos.

Las medidas represivas al invisibilizar a las víctimas y focalizar su atención en las personas procesadas y condenadas, lesionan de forma injustificable el derecho a la tutela efectiva. Las medidas preventivas, en cambio, otorgan protagonismo a las víctimas y procuran la inclusión social de los presuntos responsables o de quienes están en situación de riesgo. Desde esta lógica, las medidas represivas no serían necesarias y las preventivas pasarían esta fase del test.

d. Proporcionalidad propiamente dicha

El principio de proporcionalidad se sintetiza en la siguiente fórmula: "Cuando mayor sea el grado de no satisfacción o restricción de uno de los principios, tanto mayor deberá ser el grado de importancia de la satisfacción del otro" (Alexy 2008: 15; 2008b: 138). Para realizar esta valoración se requieren dos principios que tengan un fin legítimo, sean idóneos y necesarios y se debe recurrir a la ponderación. La ponderación deberá encontrar el debido equilibrio entre la protección y la restricción de los derechos involucrados.

Alexy sostiene que hay que seguir tres pasos: 1. determinar el grado de injerencia o afectación, 2. determinar el grado de satisfacción y 3. justificar la afectación del principio vencido (Alexy 2010: 104). La determinación se hace en base a tres gradaciones: grave (G), medio (M), leve (L).

Vamos a imaginar, una vez más, que el modelo dominante de justicia penal basado en la represión es una medida idónea y necesaria.

Titular derechos/Medidas	Medidas represivas		Medidas preventivas	
	Afectación	Satisfacción	Afectación	Satisfacción
Víctima	G	L	L	G
Procesado/condenado	G	L	L	G
Sociedad	G	L	L	G

De este cuadro, asumiendo que a lo largo de este ensayo se han dado razones y se han expuesto hechos que demuestran cada valoración, se desprendería que las medidas represivas constituyen medidas que afectan gravemente los derechos de los sujetos involucrados y que la satisfacción de los derechos es mínima. Por el contrario, las medidas preventivas ofrecen una valoración diametralmente distinta.

Lo que se desprende de este ejercicio, suponiendo que las premisas fácticas justifican las valoraciones, es que el sistema penal como está actualmente configurado y funcionando es dramáticamente desproporcional.

4. Injusto

Hay muchas formas de entender la justicia y las discusiones pueden ser interminables. El objeto de valoración de la justicia también puede ser múltiple; se puede juzgar una norma, un sistema, una institución y hasta una organización social.

Thomas Pogge hace una interesante evaluación moral sobre la actual estructura política y económica mundial, que genera niveles de pobreza que son francamente intolerables (Pogge 2005). Sus afirmaciones y valoraciones son aplicables para el juicio al sistema penal, que tiene relación directa con la pobreza y la justicia.

Más allá de las discusiones sobre las calificaciones de una sociedad justa, lo importante es tener parámetros que puedan guiar su determinación como justa o no, y en esto seguiremos a grandes rasgos la propuesta de Thomas Pogge (Pogge 2007).

En una sociedad injusta encontramos (a) personas peor situadas, (b) personas mejor situadas, (c) una situación injusta creada y reproducida intencionalmente, (d) evitabilidad o posibilidad de otra realidad.

a. Los peor situados

Los peor situados son aquellas personas que carecen de condiciones de vida digna y son vulnerables a ser criminalizadas. Tanto en la sociedad como en las cárceles encontramos gente pobre y gente considerada extremadamente pobre. Los peor situados se encuentran en situación de sumisión, explotación y control social. Sus posibilidades de salir de la pobreza o de dejar de ser población criminalizada son mínimas.

La situación de los peor situados es generalizable en la población y en la mayoría de los aspectos de la vida. En términos del sistema social, los peor situados están en el sistema penal.

b. Los mejor situados

Los mejor situados son aquellas personas que tienen poder o están cerca de él, tienen satisfechas sus necesidades básicas e incluso suntuarias. Éstos no se pueden imaginar la situación de los peor situados y por lo tanto existe un gran nivel de insensibilidad de los primeros en relación con los segundos. De ahí que se pueda demandar mayor seguridad mediante la multiplicación de policías y detenciones, la disminución de garantías en los procedimientos penales, el aumento de penas y la degeneración de las condiciones carcelarias. Los mejor situados no se visualizan como personas que pueden estar dentro del sistema penal. De lo contrario sucedería algo parecido a lo que pasó en el siglo XVII, cuando los burgueses pugnaban, a través de un derecho penal liberal, por establecer límites a un régimen penal que les perseguía (tan pronto como tuvieron poder, expandieron el poder punitivo contra quienes consideraban peligrosos) (Zaffaroni 2007: 295).

Si los mejor situados pudieran percibir o vivenciar la experiencia de los peor situados en la vida y en el sistema penal, seguro otra estructura social, otras cárceles y otras penas existirían. Esta apreciación se empata con el principio de interés dentro de la lógica de una democracia integrada.

c. Situación injusta creada

Los mejor situados modelan, según sus intereses, el orden social y político y lo imponen a los peor situados. Existe una red global institucional estatal para mantener el sistema (educación, comercio, diplomacia, medios de comunicación y fuerza policial y militar).

El orden social e institucional reproduce la desigualdad. A menos que se justifique que es el mejor ordenamiento de todos los posibles, carece de legitimidad. El sistema penal, aunque altamente discrecional e irracional, ha sido creado y perpetuado por múltiples actores sociales, entre los que ocupan un lugar privilegiado los juristas.

d. Evitabilidad

La sociedad que genera injusticia, por tanto, es evitable. Los mejor situados pueden mejorar las circunstancias de los peor situados; y éstos deben luchar para que así suceda.

Puede existir otro orden social y político. La desigualdad no es atribuible a factores extra sociales. Si a los peor situados se los pusiera en otro contexto geográfico, político y social, no serían pobres. Sólo los mejor situados disfrutan de las ventajas de la explotación, uso e intercambio de los recursos. Los peor situados están excluidos sin compensación. Los pobres comparten las cargas de la degradación de la explotación de los recursos naturales. El uso de ellos es unilateral por parte de los mejor situados y se generan élites globales y locales.

Si nosotros pusiéramos cifras a estas consideraciones, sin duda podríamos describir a cualquier país de nuestra región: pocos ricos que acumulan poder económico y político en desmedro de muchos pobres, desposeídos y sometidos. En suma, esta sociedad que produce desigualdad, peor y mejor situados, es una sociedad injusta.

Ante esta realidad, podrían caracterizarse dos modelos de sistemas penales, que son reflejo del orden social, uno más relacionado con lo represivo y otro vinculado con una sociedad igualitaria.

El orden social que propone una Constitución, que reconoce derechos, es uno en el que se pretende alterar el sistema que crea y reproduce una sociedad y un Estado en el que hay élites, los mejor situados, y la gran mayoría que son los peor situados.

Tanto la pobreza general como la reafirmada por el sistema penal, que estamos tan acostumbrados a tolerar, deben provocarnos serias reflexiones y deberían perturbarnos en nuestra conciencia. Así como no se debe tolerar que un niño muera de hambre, que las escuelas públicas generen tanta deserción y mal aprendizaje de ciudadanía, tampoco deberíamos tolerar que el sistema penal esté enfocado en las personas más pobres de la sociedad. Nuestra conducta y nuestros valores que guían el comportamiento (no los constitucionales o los que emanan de los derechos, sino los de nuestra cotidianidad) ya no son confiables, por haber permitido y perpetuado sociedades inequitativas y excluyentes. Hay un problema serio en nuestras percepciones y en nuestro comportamiento.

Nuestros niveles de conciencia nos hacen sentir ajenos a estas realidades porque seguramente no vamos a experimentar la muerte de un ser querido por una enfermedad prevenible o el encierro frecuente de un pariente cercano por su pertenencia social. Si no vamos a experimentar estas vivencias, al menos deberíamos acercarnos a quienes las padecen. Este acercamiento generaría la posibilidad de comprender el interés de quienes no tienen representación. El proceso penal restaurador puede ser uno de los lugares de encuentro (el represivo nunca), como veremos más adelante.

— III — El modelo represivo del sistema penal es una grave violación a los derechos humanos

La situación descrita podría ser analizada jurídicamente desde dos perspectivas. (1) La una, desde la lógica del mismo sistema penal, en la que todas las violaciones a los derechos humanos contra un grupo identificado merecerían el calificativo de un delito de lesa humanidad. En esta lógica se estaría usando el mismo sistema que se está afirmando que es ilegítimo, y esto sería contraproducente. (2) La otra, desde el marco constitucional, que nos llevaría a una situación en la que las víctimas de violaciones a los derechos humanos tendrían derecho a ser reparadas, y esta perspectiva nos parece más adecuada con la línea de pensamiento que hemos venido desarrollando.

1. Delito de lesa humanidad

La noción de delito de lesa humanidad ha sido desarrollada desde la segunda mitad del siglo pasado, a partir del juicio de Nuremberg, y luego reforzada con los estatutos de los tribunales penales internacionales de Ruanda y de la ex Yugoslavia, su jurisprudencia y con la aprobación del Estatuto de Roma que crea la Corte Penal Internacional. En base a estos instrumentos jurídicos, se ha determinado que para que existan delitos de lesa humanidad se deben presentar los siguientes elementos:

a. Existencia de un ataque, "que se demuestra tanto con la comisión múltiple de violaciones de derechos humanos como [con] la existencia de una política de estado" (Comisión de la Verdad 2010: 47). En el sistema penal se cometen cotidianamente, y en todas sus fases, violaciones a los derechos humanos, que van desde detenciones arbitrarias, pasando por torturas y violaciones permanentes a los derechos sociales de las personas privadas de libertad. Además, esta forma de intervención negligente y abusiva es una práctica reiterada que responde a una política criminal represiva.
b. El ataque debe estar dirigido contra una población civil. La violencia y el padecimiento que sufren quienes son víctimas del sistema penal no es un fenómeno aislado. Se puede identificar a un grupo humano y siempre ha sido posible hacerlo. Zaffaroni sostiene que el sistema penal históricamente se ha nutrido de enemigos. Comen-

zaron siendo enemigos los considerados "diablos", siguieron los inferiores biológicos, los salvajes, siguieron los subhumanos, los parásitos, los enemigos del estado, luego los izquierdistas, comunistas, disidentes y guerrilleros, ahora son los emigrantes, los consumidores de tóxicos, los pobres. Siempre han sido los excluidos del poder político o económico (Zaffaroni 2007: 294-309).

c. El ataque debe ser generalizado o sistemático. Generalizado quiere decir que las violaciones a los derechos humanos deben ser masivas, frecuentes, cometidas a gran escala, dirigidas a una multiplicidad de víctimas. Sistemático significa que las violaciones a los derechos humanos responden a un plan o política de estado, que siguen objetivos y patrones determinados. Una de las manifestaciones, donde se puede apreciar con claridad este tipo de ataques, es en la lucha o guerra contra las drogas. Esta política, que premia a los policías por capturas o cantidades de drogas secuestradas, se dirige contra las mulas, que mayoritariamente son mujeres, y se basa en detenciones arbitrarias sin posibilidad de impugnación mediante hábeas corpus, con procedimientos que violan el debido proceso y los plazos razonables y con penas excepcionales para delitos que no provocan mayor daño (como la tenencia de drogas para el consumo) (Martínez 2007; Paladines 2009; Coba 2008). De igual modo, podríamos describir el funcionamiento del sistema penal contra las personas más vulnerables de la sociedad que cometen delitos torpes.

Si la violencia se dirige a un grupo humano y lo hace de forma sistemática y generalizada, ¿estamos ante un delito de lesa humanidad? Bajo la interpretación tradicional seguramente el calificativo sería exagerado e injustificado. Pero la interpretación tradicional es inadecuada cuando lo que se pretende es visualizar realidades opresivas que requieren de creatividad en el análisis. Lo mismo sucede con la figura del refugio, que fuera concebida para proteger a los perseguidos políticos en el contexto de la guerra fría. ¿Se pueden considerar como refugiados a quienes huyen de la violencia intrafamiliar o de las condiciones generadas por el calentamiento global o la pobreza?

Reconozco que este calificativo puede sonar chocante. ¿Cómo un grupo humano, que efectivamente puede haber generado violencia contra las personas, puede ser víctima de violación de derechos humanos? Es cierto, muchas veces, que quienes están presos cometieron infracciones, pero no menos cierto es que las violaciones a los derechos humanos a las que se les somete son mucho mayores que las que estas personas cometieron. El sistema penal no se puede prestar para venganzas o retribuciones sociales. No se puede exigir respeto o "civilidad", tratando de forma irrespetuosa o salvaje. Urge llamar la atención sobre un maltrato a un grupo humano que es excesivo, inútil y vejatorio. Insistimos que lo que se pretende no es generar impunidad frente a esa violencia, sino buscar caminos que lleven a una sociedad más justa e inclusiva. Decir que las personas pobres y excluidas mediante el sistema penal son víctimas de delitos de lesa humanidad, es decir que el sistema represivo que genera dichas violaciones debe ser severamente alterado o, mejor aún, eliminado.

2. Estado de cosas inconstitucional

La categoría "estado de cosas inconstitucional" ha sido acuñada por la Corte Constitucional de Colombia, "por el cual se ordena la adopción de políticas o programas que benefician a personas que no interpusieron la acción de tutela" (Rodríguez 2010: 27), y se la adopta "debido a la situación de desconocimiento masivo, generalizado y sistemático de los derechos constitucionales... y a las falencias estructurales de la respuesta estatal que comprometen varias entidades públicas" (Corte Constitucional de Colombia citado por Rodríguez 2010: 28).

La situación carcelaria, en Colombia, ha merecido el calificativo de estado de cosas inconstitucional, por la existencia aguda y generalizada de violaciones a los derechos humanos (Martínez 2007: 202). En una sentencia de 1998, la Corte reconoció que las personas privadas de libertad son titulares de todos los derechos reconocidos por la Constitución y otros instrumentos internacionales, algunos de ellos limitados y otros que deben ser incólumes, y que en Colombia sus derechos constituyen letra muerta.

> *Las condiciones de vida en los penales colombianos vulneran evidentemente la dignidad de los penados y amenazan otros de sus derechos, tales como la vida y la integridad personal, su derecho a la familia, etc. Nadie se atrevería a decir que los establecimientos de reclusión cumplen con la labor de resocialización... Por el contrario, la situación descrita anteriormente tiende más bien a confirmar el lugar común acerca de que las cárceles son escuelas del crimen, generadoras de ocio, violencia y corrupción* (Corte Constitucional de Colombia 1998: párr. 46).

La Corte continúa describiendo el hacinamiento, la extorsión y la violencia en las cárceles, constata que el problema carcelario no está en la agenda política, que la situación ha sido denunciada por múltiples órganos internos e internacionales y que los remedios judiciales tradicionales no atienden el problema central del atentado a la dignidad de las personas privadas de libertad.

La situación de las cárceles fue calificada como una situación en la que se presenta un "craso, grave, reiterado y prolongado incumplimiento de la ley" en la que

> *...la actitud negligente de la administración vulner[a] o amena[za] en forma inminente sus derechos [de los presos] fundamentales. En efecto, la inacción de las autoridades ha significado la violación sistemática de los derechos de los reclusos, durante décadas, y a pesar de muchas solicitudes y críticas elevadas con respecto al sistema penitenciario no se percibe ninguna política oficial para modificar de raíz la gravísima situación carcelaria del país* (Corte Constitucional 1998: párr. 52).

La situación carcelaria reúne los tres requisitos ya elaborados por la jurisprudencia de la misma Corte: 1. general (afectación a multitud de personas), 2. estructural (no depende de una sola autoridad), 3. la solución requiere la acción mancomunada de distintas entidades.

La Corte dispuso que las distintas ramas y órganos del Poder Público tomen las medidas adecuadas en dirección a la solución del problema, poniendo en conocimiento del Presidente de la República el estado de cosas inconstitucional de la situación carcelaria, para que,

> *...haciendo uso de sus facultades de suprema autoridad administrativa del país y participante fundamental del proceso legislativo, realice todas las actividades necesarias para poner pronto fin a esta delicada situación, vinculada con la conservación del orden público y con la violación crónica y sistemática de los más elementales derechos humanos* (Corte Constitucional 1998: párr. 55).

Lo mismo solicitó a todas las autoridades de los otros poderes del Estado y de los gobiernos locales.

Más allá de conocer la eficacia de la sentencia de la Corte, esta entidad abre la puerta para que la vía constitucional sea un mecanismo con el cual abordar, en toda su complejidad, el problema de la privación de libertad y del sistema penal.

— IV —
¿Cómo debería ser un sistema penal constitucionalizado?

Si estamos ante una situación sistemática y generalizada de violación de derechos humanos, producida por una democracia viciada y discriminadora, a la luz del estado constitucional de derechos, debemos cambiar de modelo para combatir la peor violencia que sucede en nuestros países.

Cambiar el enfoque y el funcionamiento de la justicia penal es una de las formas de luchar en la erradicación de la pobreza. Erradicar la violencia del sistema penal es salvar vidas. Ya no se pueden tolerar más ejecuciones extrajudiciales, torturas, muertes por violencia al interior de las cárceles o por negligencia en la atención, encierros de jóvenes, degradación de personas al punto de determinarlas a cometer delitos. No se puede tolerar. Esta violencia puede ser evitada.

La reforma integral y profunda penal se impone, no sólo desde el ámbito formal o dogmático, sino también en la forma como se ejerce el *ius puniendi*.

Una primera reacción, inaceptable, es revertir la realidad en el sentido de hacer un sistema penal para ricos. Si de lo que se trata es de evitar el dolor producido por el mal funcionamiento de las instituciones sociales, para nuestro objetivo, nada más lejano que perpetuarlo en quienes no lo sienten. No se trata, desde la perspectiva del género, de que los hombres sean sometidos y discriminados; como tampoco se trata, desde una perspectiva biocéntrica, de eliminar al ser humano por haber sido históricamente el principal depredador de la naturaleza para garantizar su existencia y regeneración. Tampoco, por tanto, de que las personas en situación de ventaja social sean a quienes se someta penalmente. El sistema penal lo único que haría sería cambiar de público, pero continuaría siendo antidemocrático, discriminatorio, desproporcionado e injusto.

Otra reacción, también inaceptable, sería considerar que existe una causa de justificación, desde la dogmática penal, para quienes se encuentran dentro de las poblaciones vulnerables al actual funcionamiento del sistema penal y cometen actos violentos.

Finalmente, tampoco se trata de afirmar que sólo los pobres cometen infracciones, sino que, las cometan o no, son personas vulnerables de estar expuestas al sistema penal autoritario y discriminatorio que hemos descrito.

Las víctimas de actos violentos, tienen derecho a que el Estado y la sociedad ofrezcan una respuesta que sea útil, reparadora y que prevenga la multiplicación y repetición de la violencia, dentro del marco constitucional.

El sistema penal debe reunir algunas características, que se derivan de la Constitución y del modelo de Estado: debe ser transparente y producir información (verdad), necesariamente se constituye en una democracia inclusiva que rompa con el espiral y círculo vicioso de la violencia, debe restaurar y ser excepcionalmente represivo, debe prevenir la violencia y, finalmente, se ubica dentro de una organización social y política que practique y promueva la justicia social.

1. La verdad y el sentido común

Después de haber leído el libro de Irvin Waller, un activista defensor de los derechos de las víctimas y un decidido combatiente del sistema represivo penal (de hecho su libro se llama *Menos represión, más seguridad*), me llamó mucho la atención, a lo largo de su investigación, su llamado a la verdad y al sentido común. Waller sostiene que el sistema represivo se basa en supuestos y en opiniones sin sustento fáctico que alteran el sentido común (Waller 2008: 26, 72, 140, 155, 166).

La verdad es la base del cambio y de la nueva forma de enfrentar el problema de la exclusión y de la violencia, y no es otra cosa que la producción y difusión de investigaciones objetivas sobre la realidad. Sin información no se pueden tomar decisiones. Toda la retórica en la que se basan los políticos y los medios de comunicación no tiene sustento científico ni teórico y tergiversa las percepciones sobre la dimensión y la solución del problema.

Si se tuvieran datos objetivos sobre el funcionamiento de la justicia penal, concluiríamos que el sistema penal refuerza la pobreza, multiplica la violencia, degrada a las personas procesadas y condenadas, invisibiliza y descuida a la víctima, sin duda, el sentido común diría que hay que cambiar de rumbo. Lo cierto es que, al momento, "carecemos de estadísticas confiables orientadas a la prevención secundaria y menos aún a la primaria" (Zaffaroni 2009: 110).

2. Ruptura del círculo vicioso

Actualmente, ante el fenómeno delincuencial y ante cualquier manifestación de violencia, el Estado, las víctimas y los medios de comunicación exigen y responden con más violencia. Esto es como el incendio que quiere apagarse con gasolina o, como en la ópera *Jolanta* de Tchaikovski, persistir tercamente en que la mejor forma de enfrentarse al mundo es cerrando los ojos. Ante el delito, entra a funcionar el poder punitivo, que genera y reproduce las condiciones sociales y personales para seguir cometiendo delitos. Los delitos y la violencia delincuencial son más graves; se pide y se contratan más policías, los legisladores aumentan los tipos penales y las penas, se construyen más cárceles y éstas se hacinan. Luego, la espiral continúa, más pobreza, más violencia, más delitos, más policías, más presos, más cárceles... (Carranza 2007: 121; Carranza 2007b: 34). En suma, más muertes y más violaciones a los derechos humanos (Zaffaroni 2009: 51).

Durante los últimos trescientos años de uso del sistema penal represivo, no ha disminuido un ápice la violencia. Todos los estudios concluyen que el aumento de penas no impacta en la reducción de la criminalidad (Larrandart 2007: 164; Waller 2008: 29, 41, 53, 102). A pesar de ser rentable políticamente y económicamente para algunos minúsculos grupos que viven de esta justicia penal tal como la conocemos ahora, mantener un sistema de control social basado exclusivamente en el encierro, es una necedad sin nombre.

Las altas cifras de aumento de la población carcelaria no significan mayor eficacia de la lucha contra el delito, sino más bien "constituye[n] frecuentemente un indicador de la ruptura del sentido de los valores comunitarios de una sociedad" (Larrandart 2007: 164).

Por todas las razones expuestas en este ensayo, urge romper el círculo vicioso que ha sido una característica del Estado moderno y de la historia contemporánea.

3. Democracia inclusiva

Hay varias condiciones que hay que reunir para el cambio de modelo. Una de ellas requiere una democracia sustancial, que implica ciudadanos críticos, responsables y participativos. Una democracia más extensa, que no abarque sólo el ámbito de los político (estadística), sino también el ámbito administrativo y jurídico (Santos 2004: 139), que es donde se mueve la arbitrariedad que viola derechos en el ámbito penal.

Esta democracia tiene que ser inclusiva, en el sentido de tomar seriamente el principio de participación e interés. Y esto no es nada fácil. Como advierte Santos, "sin lugar a dudas, los incluidos acatarán con resistencias la degradación de su inclusión como condición para la inclusión de los excluidos" (Santos 2004: 135). Se esgrimirán los clásicos argumentos de que la exclusión es excepcional y que la culpa la tienen precisamente los excluidos.

Cumplidos los supuestos de una democracia deliberativa, es de suponer que la ley penal sería necesariamente diferente. Nos atrevemos a realizar los grandes trazos que delinearían ese sistema penal distinto.

4. Restaurador

Una sociedad, como cualquiera de las nuestras, que usa intensivamente el sistema penal, profundiza las brechas entre las clases sociales. En general, nuestros sistemas judiciales son adversariales, es decir aplican procedimientos que se parecen mucho a una guerra judicial, en la que intervienen dos partes opuestas y que son literalmente enemigas. La solución, que se manifiesta en una sentencia, lo que hace es acrecentar la distancia entre las dos partes en conflicto, dando la razón a una de ellas. Cuando –como sucede en el derecho penal– además una de las partes está en profunda desventaja, la intervención penal lo que genera es una gran desconfianza: "No confío en ninguna autoridad de las que me he relacionado, porque para ellos yo soy un delincuente y ellos para mí unos funcionarios…" (Ramm 2005: 21). Esta desconfianza es diferente a la de las víctimas que, en cambio, son ignoradas en su dolor y la respuesta que reciben suele ser la impunidad. Por cualquier razón, lo cierto es que nadie confía en el sistema penal y las pocas respuestas que ofrece son siempre dentro de la lógica "todo o nada" (ganar-perder). Por ello, (a) el juicio debe ser un lugar de encuentro y de deliberación; para lograrlo, hay que devolver a la víctima y a la comunidad la capacidad para resolver sus problemas, lo que implica que (b) la justicia debe ser restauradora.

a. La devolución del conflicto a la víctima y a la comunidad: proceso penal y sentencia como lugar de encuentro

Definitivamente hay que devolver a la víctima su protagonismo y su capacidad para resolver conflictos (Paladines 2008: 272). Según Zaffaroni, es necesario manifestar la esperanza de que el tercer milenio repare la confiscación del conflicto y "sea el milenio de la desaparición del sistema penal, reemplazado por mecanismos efectivos de solución de conflictos y no por ilusiones que encubren un ejercicio de poder verticalizador, autoritario y corporativo" (Zaffaroni 1993b: 41), el cual impide la entrada de la realidad (Zaffaroni 1993b: 105). Por ello,

> *...se trata de encontrar soluciones que, dejando de lado la venganza o reduciéndola en la medida de lo posible, procuren involucrar a los lesionados y repararlos, volver a la víctima, tomarla en cuenta como persona y no como mero dato sobre el cual justificar la represión sin sentido ni objeto, buscar soluciones restaurativas, conciliatorias, terapéuticas, que contribuyan a restablecer el debilitado tejido social de nuestras sociedades...* (Zaffaroni 2009: 110).

¿Si las víctimas tuviesen las condiciones y la capacidad para intervenir activamente en la resolución de su conflicto, qué demandarían? A primera vista, se creería que lo que quieren es que la persona condenada esté encerrada y de alguna manera inutilizada socialmente. En el fondo, lo que realmente queremos las víctimas es no ser víctimas de más violencia y que nos reparen el daño sufrido. La primera solución la brinda el sistema tradicional; la segunda, más adecuada con el sentido común, requiere lo que Gargarella denomina proceso "comunicativo", que es de doble vía, "en donde una parte procura activamente involucrarse con la otra apelando a su razón (y no, por ejemplo, a la extorsión por el miedo)" (Gargarella 2008: 122). En este proceso hay escucha activa de ambas partes, genuino interés por entender la conducta, la reacción y los sentimientos de la otra persona en conflicto. El proceso se torna en un espacio deliberativo. La sentencia no estará predeterminada en la ley (ocho a doce años de reclusión) sino que dependerá de los hechos y de los partícipes.

Por otro lado, el proceso penal se tornaría en un lugar de encuentro, que no existe en nuestras sociedades complejas ni aún en los parlamentos, entre dos grupos humanos que no están habituados a dialogar. El conflicto penal sería una oportunidad para apreciar las percepciones y romper los estereotipos, que son tan frecuentes en el sistema penal. Uno de los partícipes sin duda reprocharía pero, con el diálogo, seguramente justificaría o al menos se explicaría la conducta violenta; el otro partícipe se disculparía y muy posiblemente enmendaría su conducta. El ofensor no sería tratado como un enemigo y seguramente tendría más de una razón para respetar el derecho (Gargarella 2008: 129).

Cuando uno lee cualquiera de las famosas historias de criminales, del tipo Jean Valjean de *Los Miserables*, Raskolnikov de *Crimen y Castigo*, o Perry Smith de *A Sangre Fría*, nos repugna en una primera instancia su crimen; pero cuando nos adentramos en todas las circunstancias (sin ver únicamente el hecho penal como lo hace la dogmática penal) no sólo comprendemos al responsable sino que hasta nos despierta algo parecido a la compasión. Perry, condenado a pena de muerte y ejecutado por el asesinato de una familia campesina apreciada en su comunidad, por ejemplo, fue una persona que durante toda su vida, de parte de quienes ejercían autoridad social, recibió desprecio y violencia (de la madre alcohólica, del padre maltratante, de la monja que le bañaba en agua fría cuando se orinaba a media noche en la cama, y qué decir de las autoridades carcelarias desde que era adolescente y de sus compañeros de escuela y celda) (Capote 1993: 93, 132, 134, 137). Sin duda, un primer proceso comunicativo por sus primeras infracciones penales, hubiese significado darle a Perry una oportunidad que nunca tuvo en la vida.

b. La justicia penal debe reparar

El derecho penal es represivo y focalizado en el delincuente. Este modelo no nos conduce a nada. En los últimos años, en particular desde la segunda mitad del siglo pasado, se ha desarrollado un derecho que se concentra en la víctima y que pretende reparar el daño. Este derecho es el constitucional, y tiene una fuerte influencia de los mecanismos de protección de los derechos humanos desarrollados por el Derecho Internacional de los Derechos Humanos.

El derecho reparador se caracteriza, además de lo dicho, por considerar que todos los participantes en la resolución del conflicto son miembros de una comunidad y están interesados en erradicar la violencia (porque a todos perjudica) y no en perpetuarla. La autoridad es un medio facilitador del diálogo, no siempre fácil cuando se trata de violencia, entre los protagonistas del conflicto. El procedimiento al igual que la sentencia son mecanismos de encuentro y conciliación. La pena no es excluyente ni dolorosa, sino que más bien incluye y repara. La reparación es integral, puede ser tan simple como el mero reconocimiento del daño y el pedido de disculpas, o compleja, que implica múltiples actividades en el tiempo para enmendar el daño. El sistema no generaría injusticias mayores de las que provoca el delito, sino que estaría comprometido con la inclusión y la justicia social. Esto no se logrará, por supuesto, con más policías, jueces, fiscales, cárceles, sino con un buen número de profesionales que promuevan la salud, la educación, la cultura, el restablecimiento emocional. De ahí que el protagonismo de la justicia penal no descansaría en el fiscal sino en las autoridades civiles, con capacidad de decidir sobre planes y recursos públicos, como alcaldes, ministros y otros funcionarios de la política. Lo que se pretende, en suma, es

> *...buscar posibilidades para reparar en el futuro, en lugar de castigar por el pasado... y lograr que tanto la víctima, el victimario y la comunidad participen en la búsqueda de soluciones... Así se puede lograr la reconciliación de las partes y el fortalecimiento del sentido de comunidad* (Carrión 2009: 53).

En el siguiente cuadro se resumen los postulados de un derecho penal restaurador:

	Derecho represivo	*Derecho restaurador*
Víctima	Invisible	Protagonista
Victimario	Marginado/objeto	Sujeto
Operador	Burócrata tramitador papeles	Soluciona problemas
Burócratas	policías, jueces, abogados	Médicos, profesores...
Daño	Multiplicado	Restaurado/prevenido
Efecto	Excluye	Incluye
Proceso	Escrito y lento	Integrador
Intervención	Ex post facto	Ex ante
Énfasis	Delincuente	Daño
Fuente	Dogmática penal	DIDH y Ciencias Sociales
Sociedad	Tolera y multiplica injusticia	Lucha contra la injusticia
Autoridad líder	Fiscal	Alcalde
Instrumento	Juicios penales	Políticas sociales

Estas no son ni se requiere arreglos o reformas cosméticas. Estas propuestas, que no son novedosas en la doctrina –las vienen promoviendo desde hace años los abolicionistas penales y los criminólogos críticos–, se han experimentado dentro de algunos estados, son de aplicación excepcional en el mundo occidental, y se los vive y practica de forma consistente por nuestras comunidades indígenas, como regla de comportamiento comunitario. Ahí tenemos, cerca de nosotros una fuente inagotable de aprendizaje.

5. La justicia indígena

Siempre se ha dicho que las propuestas de los abolicionistas, que sostuvieron la eliminación del encierro y la devolución del conflicto a la víctima, eran irrealizables porque implicaban una sociedad diferente. Pero resulta que en nuestras sociedades, con todos sus defectos, se aplican justicias muy parecidas a las propuestas abolicionistas.

Estas justicias son las que "administran" las comunidades indígenas de forma ancestral, a pesar de la imposición oficial de un solo derecho y de más de trescientos años de influencia colonial (Walsh 2003: 24).

En uno de los estudios más serios y recientes sobre la justicia indígena, publicado en la Serie "Justicia Comunitaria en los Andes" (cuatro tomos), se demuestra (a) que el Estado no interviene, (b) que las víctimas y las comunidades tienen la capacidad de resolver conflictos, y que el método y el procedimiento de resolución de sus conflictos es la conciliación y (c) que el encierro no es considerado como una pena útil y que la mejor consecuencia a las infracciones es la reparación.

a. El estado no interviene

El Estado no tiene la capacidad operativa ni técnica para intervenir en los conflictos suscitados en las comunidades indígenas. No resuelve los conflictos sociales con relevancia penal en las zonas urbanas, mucho menos en los territorios indígenas, a donde ni siquiera llegan autoridades estatales. En Ecuador, por ejemplo, sólo se da respuesta al 2,61% de los casos que llegan a su conocimiento (Carrión 2009: 55); el fracaso sería mayor si sumáramos los conflictos indígenas.

Sin embargo, cuando el Estado interviene lo hace para desconocer la justicia indígena y para agravar los conflictos, bajo la premisa de que es justicia "salvaje" o "primitiva" y que viola los derechos humanos. En dos casos documentados, uno en Guatemala en la comunidad de Chico (Padilla 2008: 151) y otro en Ecuador en la comunidad La Cocha (Poveda 2010: 6), se puede apreciar lo pernicioso de la intervención estatal. En los dos casos se resuelven los conflictos tanto en la justicia indígena como en la justicia ordinaria y se pueden constatar sus diferencias. En el caso de la comunidad Chico, que se trata del robo de una camioneta (*pick up*) a un indígena que vivía del transporte de mercancías, los victimarios reconocieron su responsabilidad, pidieron disculpas, se obligaron devolver lo robado y se reinsertaron en la comunidad. El acto de juzgamiento comunitario se consideró, por parte de los medios de comunicación, como un linchamiento. Cuando intervino la justicia ordinaria, encerraron a uno de los victimarios, que algunos años más tarde salió de la cárcel sin sentencia y adicto a la base de cocaína, la víctima no pudo obtener lo que le habían prometido, el dinero que iba ser utilizado para comprar la camioneta se destinó al pago de honorarios del abogado defensor y el infractor no pudo reinsertarse en la comunidad (Padilla 2008: 176).

En el caso de La Cocha, que se trató del juzgamiento a una persona que había dado muerte a otra, el victimario fue sancionado a recibir "ortigazos", cargar una piedra alrededor de la comunidad, pedir perdón y pagar una suma de dinero a la madre de la víctima. De igual modo, el acto de juzgamiento fue considerado como un linchamiento y el victimario fue presentado por los medios de comunicación como una víctima. A pretexto de violación de los derechos humanos del victimario, intervino la justicia ordinaria para liberarlo de los "salvajes" indígenas; desconocieron lo juzgado, encerraron tanto al victimario como a las autoridades indígenas y el caso se encuentra dentro de un procedimiento penal. Lo más seguro es que las personas saldrán después de algunos años sin condena, con todos los efectos que genera el "padecimiento" carcelario y las víctimas serán completamente invisibles.

Estos dos casos son paradigmáticos en relación con la inutilidad y violencia del sistema penal ordinario. En la mayoría de los conflictos que se suceden en una de las 22 nacionalidades indígenas guatemaltecas o en alguna de las 16 nacionalidades indígenas ecuatorianas, afortunadamente, el Estado no interviene, porque no puede y porque no sabe lo que sucede. Los conflictos familiares, comunitarios y sociales se resuelven en aplicación de sus derechos ancestrales. Negar ese derecho resulta una ingenuidad y al mismo tiempo una prepotencia enorme. ¿Cómo arreglan los cuidados de los niños? ¿Qué normas se aplican para los matrimonios, las sucesiones de bienes, los incumplimientos de los acuerdos? ¿Cómo se juzgan los actos violentos? Sin duda, la respuesta no se va a encontrar en nuestros códigos civiles ni penales. Las normas, los procedimientos, las autoridades y las sanciones tienen como fuente el derecho ancestral.

b. La conciliación y la purificación

La justicia es percibida por las comunidades y por las autoridades como "un proceso orientado a la resolución de un conflicto. El objetivo principal es superar el problema mediante la reflexión y el entendimiento de las partes y lograr una conciliación o reconciliación" (Brandt y Valdivia 2007: 79).

En una comunidad de Cajamarca, Perú, se afirmó que "todos los problemas se concilian y todos entran por igual y primero por la base y que hay que trabajar mucho y no se hace presión" (Brandt y Valdivia 2009: 80).

En términos sociales se restablecen y fortalecen los vínculos rotos por el cometimiento de una infracción, y en términos personales el infractor se purifica, se limpia, por ello la pena no tiene como "finalidad causar un sufrimiento excesivo, sino representar el elemento que servirá para purificar al individuo… [El proceso es] un ritual que utiliza la comunidad para sancionar al individuo y restablecer la armonía" (Corte Constitucional 1997).

c. *La reparación*

La convivencia en el mundo indígena se basa, pues, en la idea de armonía y equilibrio. Cuando se comete una infracción, se rompe la armonía. La intervención de las autoridades y de la comunidad se encamina a restablecer el equilibrio roto (Esterman 1998: 116). El equilibrio se logra mediante la inclusión del infractor y la satisfacción de la víctima, que además fortalece los vínculos comunitarios (Brandt y Valdivia 2006: 143).

Una decisión se considera justa, desde la perspectiva indígena, cuando se logra reparar el daño causado a la víctima (Brandt y Valdivia 2006: 90). "Un aspecto del derecho indígena es devolver la armonía quebrantada, recuperar las relaciones, y si es posible, la reconciliación" (Vintimilla y otras 2007: 150). En la gran mayoría de conflictos se resuelve con la conciliación (Brandt y Valdivia 2006: 203, 211).

Tanto el procedimiento como las sanciones tienen profundos significados comunitarios, encaminados a encontrar el equilibrio y la cohesión social: mantiene o restablece la paz comunal, garantiza la vigencia de la autoridad y el orden en la comunidad, los infractores rectifican su conducta (se comprometen a no volver a cometer el mismo error y piden disculpas), inclusión de las personas involucradas en el conflicto (salvo los casos de expulsión, en los que se considera que el infractor es incorregible), previenen y disuaden efectivamente (Brandt y Valdivia 2007: 92-96; 2006: 148-150). Un ejemplo que refleja la idea del equilibrio e inclusión es el del caso de la Cocha en el año 2002. La persona que había dado muerte a un comunero, después de haber cumplido la pena dentro de la comunidad, cuatro años más tarde fue elegida dirigente de la comuna (Brandt y Valdivia 2007: 92).

6. La privación de la libertad en el mundo indígena

La privación de la libertad es una pena sin sentido porque rompe con el principio básico de convivencia que obliga a no ser ocioso (Padilla 2008: 172). Sin embargo, esta pena existe, es corta (no dura más de siete días) y es realmente excepcional (Brandt y Valdivia 2006: 147). En un caso conocido por la Corte Constitucional de Colombia, en el que la comunidad impuso una pena de privación de libertad de ocho años y luego la revisó e impuso la pena de 20 años, en base a estudios antropológicos, la Corte constató el hecho de que "en la cárcel… no se ve a la familia y se fuma marihuana, bazuco, se aprende de homosexual, se aprende fechorías y los castigos son muy largos. Cuando la persona sale no se ha rehabilitado, llega vicioso, llega homosexual, llega corrompido. Así, la pena de cárcel no corrige, antes daña…" (Corte Constitucional 1996) y se estableció que la comunidad había impuesto una sanción ajena a sus normas ancestrales, que preveía, para hechos similares, tres años de trabajos comunitarios y tiempos cortos de cepo.

Además, resulta interesante resaltar, no existe la lógica de sospechoso, procesado o condenado; la persona es parte de la comunidad y el problema es de la comunidad no exclusivamente de la persona victimaria (Brandt y Valdivia 2006: 197); la persona que comete una infracción "distorsiona severamente el orden socio-económico, ritual y celebrativo, y por tanto el orden holístico" (Esterman 1998: 204). Luego, el conflicto de la víctima y del victimario es de toda la comunidad. Por ello, la privación de libertad como castigo retribucionista no tiene sentido ni tampoco como pena rehabilitadora.

La justicia indígena tiene problemas como cualquier administración de justicia. Uno de ellos, son los excesos en relación a violación de derechos humanos, cuando ya no hay significados de purificación en el ejercicio de la violencia o incluso en algunos linchamientos. Pero estos casos de violencia son apenas de un 4,1% (Brandt y Valdivia 2006: 146) y se afirma que un buen 90% no hay incompatibilidad con los estándares de derechos humanos (Brandt y Valdivia 2006: 147). Otro problema es el relacionado con la violencia intrafamiliar, que no es adecuadamente resuelto y de alguna manera es tolerado (Valdivia y González 2009: 166).

7. Excepcionalmente represivo

Como represión estamos entendiendo como uso de la exclusión social mediante el encierro, que es una medida extrema y a primera vista irracional. Una consecuencia obvia, después de haber analizado los efectos del funcionamiento represivo del sistema penal, de constatar su inutilidad y de concluir su inconstitucionalidad, es que debemos alejarnos del paradigma represivo. Resulta fácil decirlo pero en la práctica es sumamente difícil. Pero no por difícil hay que dejar de predicarlo, particularmente cuando a esta conclusión acompañan evidencias científicas y razones jurídicas.

Pero, ¿se justifica en algún caso? Gargarella ejemplifica la inutilidad del encierro en un caso que considera extremo, relacionado al enjuiciamiento penal y el correspondiente encierro de algunos de los dirigentes de la organización ETA. En este caso, el uso del sistema penal promovió la simpatía de jóvenes afines a los ideales de la organización y a acciones de lucha en la calle contra un estado que se consideró ilegítimo y opresor. Al final concluye que es injustificable y que los problemas graves hay que resolverlos con la intervención de todos (Gargarella 2008: 242).

En el caso en mención, no existían vínculos directos entre la dirigencia del grupo armado y acciones violentas que ocasionen daños tangibles. Creo que las reacciones y el análisis fuesen distintos si es que se hubiesen detenido y juzgado a las personas que pusieron una bomba que hubiese ocasionado decenas de muertos en una vía pública. ¿Qué hacer con aquella persona que cree decididamente –y a pesar de cualquier intervención social– en la violencia? ¿Qué respuesta debe darse en los casos de responsables de genocidio, delitos de lesa humanidad o criminales de guerra? ¿Qué se puede hacer con una persona psicópata, que es responsable de asesinatos o violaciones en serie?

La explicación a estos casos no se encuentra en las deficiencias de la democracia, la exclusión o la marginalidad, como sucede en la mayoría de nuestros usuales habitantes de nuestras cárceles.

Me atrevo a pensar que en estos casos, que algunas personas llaman el núcleo duro del derecho penal, el sistema represivo debe persistir, pero bajo tres condiciones: (1) Debe ser absolutamente excepcional. Las personas encerradas por estos hechos seguramente no son ni el 1% de nuestra población carcelaria. Debe demostrarse que el uso del sistema penal genera menos violencia de la que se produciría si no interviniera; sin el encierro, por ejemplo, la persona acusada de un genocidio, moriría a manos de sus víctimas sobrevivientes. (2) Las personas deben ser juzgadas en estricto apego a sus derechos (garantías, debido proceso y ser juzgadas por un juez independiente e imparcial). (3) Las condiciones de vida durante el encierro deben ser dignas y estar sujetas a control judicial.

8. Justicia social como forma de prevención de delitos

En el sistema de justicia de Rawls, el trato diferenciado sólo se justifica cuando está destinado a favorecer a los menos aventajados de la sociedad (Gargarella 1999: 39). Y esto vale tanto para los pobres de nuestra sociedad como para los pobres del sistema penal. La protección del más vulnerable y la promoción de su dignidad admite mayores cargas a las personas más privilegiadas. Una sociedad que distribuye inequitativamente recursos y oportunidades no es constitucional, democrática ni justa.

A estas personas vulnerables, que actualmente son las usuarias del sistema penal, las identificamos mediante la institución denominada reincidencia. La reincidencia en los sistemas represivos es una causal para agravar las penas y justificar un uso intensivo del sistema penal. La política del "*three strikes*" (Castiñeira 2008: 189) o de las "ventanas rotas" o "cero tolerancia", que focalizaba la represión en los delitos menores y en la delincuencia juvenil, han demostrado su fracaso total para disminuir la delincuencia y la violencia (Waller 2008: 106; Benito 2009: 152; Carrión 2009: 117). Desde la perspectiva preventiva, la reincidencia demuestra el fracaso del sistema represivo y fortalece el círculo vicioso de la violencia. "Enfrentar la violencia con más violencia no resuelve el problema, por el contrario, más temprano que tarde la incrementa..." (Carrión 2009: 14).

En un estudio realizado por la Facultad de Salud Pública de Harvard en Chicago, en el que se hizo seguimiento a 7.000 niños y jóvenes durante ocho años, se observó el desarrollo de factores que predisponen a algunas personas a la violencia. Los adolescentes que reinciden, en general, provienen de un núcleo familiar negativo caracterizado por la pobreza y por una vivienda inadecuada, de un sistema educativo inconsistente, descuidado y violento, de la vivencia de una cultura de violencia en la televisión y el barrio, de ser hijos de padres desempleados o con ingresos limitados (Waller 2008: 53). Estos problemas, efectivamente, se solucionan con inversión en educación, salud, vivienda, trabajo. Es decir, la inversión en derechos sociales es la única forma de combatir la pobreza y la violencia. Se requieren escuelas y centros de salud en lugar de cárceles. Los niños y niñas que estudian y acaban la universidad tienen más probabilidades de conseguir trabajo y de integrarse positivamente en la sociedad (2008: 57). Waller sostiene que invertir en prevención reduce un 60% la violencia y cuesta mil dólares por familia; en cambio, la represión aumenta la violencia y cuesta 13.500 dólares por familia (2008: 63). ¿Por qué persistir en el encierro que provoca exactamente lo contrario, es caro, inútil y pervierte a la persona?

La justicia social, que se manifiesta en la garantía de los derechos sociales y la distribución equitativa de la riqueza y de los chances sociales, es la solución. En el siguiente acápite se pueden apreciar ejemplos de políticas sociales utilizadas en lugar de políticas de represión penal.

9. La prevención

Waller analiza los lugares donde se ha incrementado y reducido la violencia. En los primeros, se ataca a las personas y se utiliza la justicia represiva para combatir la violencia y se aumentan policías, abogados, jueces y cárceles. En los segundos, en cambio, se ataca a la violencia y se trata con las personas, que son elementos propios de la justicia restauradora, y aumentan profesores, trabajadores sociales, psicólogos, médicos. Como ejemplos de los segundos, Waller menciona a la ciudad de Bogotá (en las alcaldías de Bromberg, Peñalosa y Mockus), que establecieron un órgano de prevención de la violencia, que recomendaba soluciones en función de factores de riesgo, tales como control de alcohol, droga, retiro de armas, asistencia a víctimas. Solucionaron los problemas identificados (Waller 2008: 148).

Diez ciudades francesas constituyeron un Consejo para prevenir la delincuencia y abordar asuntos como el vandalismo y los saqueos frecuentes por parte de migrantes. Después de un diagnóstico, se discutieron las soluciones en asambleas abiertas al público. En el diagnóstico se descubrió que los castigos penales no reducían la violencia. Las agencias de estado trabajaron juntas para ejecutar el plan social y se redujo la violencia (Waller 2008: 140).

La Federación de Municipios Canadienses encontró que las causas de la violencia eran la pobreza, el desempleo, la falta de vivienda, el crecimiento de grupos marginales por falta de oportunidades, la desintegración de familiar y comunidades, el abuso de drogas. Las recomendaciones que hicieron los municipios, con la participación ciudadana, no fue reprimir a las comunidades donde se producía la violencia. Al contrario, se invirtió en atención temprana a niños, los jóvenes tuvieron programas de atención educativa, los empleadores debían ofrecer oportunidades de empleo a los jóvenes, los municipios combatieron la violencia doméstica por medio de oficinas especializadas, los agentes de represión fueron capacitados para promover la solución de conflictos (Waller 2008: 142). Planes parecidos fueron acogidos y reproducidos por algunas ciudades norteamericanas, tales como Fort Worth, San Antonio, Austin, Arlington.

Birmingham, la ciudad más grande de Inglaterra y Gales, en 2004, ganó el premio de prevención europeo del delito. Lo que hizo la ciudad fue reducir de modo significativo el asalto y robo en ocho barrios de alta criminalidad. La ciudad, con participación ciudadana, determinó ocho problemas y actuó. Las políticas se dirigieron hacia la infancia temprana, los jóvenes, a quienes se les entrenó para el trabajo y la creatividad, y la familia (Waller 2008: 147).

Al final, una profunda y significativa reforma penal sólo tendrá sentido en el contexto de una reforma social. Sólo la distribución de riqueza, recursos, oportunidades, chances sociales puede alterar nuestra realidad de exclusión y de violencia (Cole 1999: 183).

10. La legitimidad del derecho y el estado

En uno de los últimos ensayos publicados por Ferrajoli (2010: 145), el jurista sostiene que el derecho sólo tendrá legitimidad si evita el dolor. Agregando a este concepto, se podría considerar que, además, es llamado a favorecer la integración comunitaria (Tedesco 2009: 572). Como hemos visto, el derecho penal como está configurado actualmente hace exactamente lo contrario: aumenta el dolor y favorece a la exclusión. Creo que la conclusión obvia es que el derecho penal y el estado son ilegítimos y debe enrumbarse hacia la construcción de su legitimidad.

Revertir el sistema social inequitativo y excluyente es sumamente difícil, como difícil también es plantear una reforma penal sensata y profunda. Pero la dificultad no nos excusa para proponerlo e intentarlo implantar. Otra sociedad y otro derecho penal tienen que ser posible.

Bibliografía

ABRAMOVICH, Víctor (2009), "De las violaciones masivas a los patrones estructurales: nuevos enfoques y clásicas tensiones en el Sistema Interamericano de Derechos Humanos", en: *Sur Revista Internacional de Derechos Humanos*, Red Universitaria de Derechos Humanos, V. 6, N. 11.

ALEXY, Robert (2010), "Derechos fundamentales, ponderación y racionalidad", en: Miguel Carbonell y Leonardo García Jaramillo (eds.), *El canon neoconstitucional*. Colombia, Universidad Externado de Colombia.

—— (2008), "La fórmula del peso", en: Miguel Carbonell (ed.), *El principio de proporcionalidad y la interpretación constitucional*. Ministerio de Justicia y Derechos Humanos, Serie Justicia y Derechos Humanos, N. 6. Quito, V&M Gráficas.

—— (2008b), *Teoría de los derechos fundamentales*. Madrid, Centro de Estudios Políticos y Constitucionales.

ALSTON, Philip (2011), *Informe del Relator Especial sobre las Ejecuciones Extrajudiciales*. Sumarias o arbitrarias. Adición - Misión al Ecuador, A/HRC/17/28/Add.2.

—— (2010), *Informe Provisional del Relator Especial del Consejo de Derechos Humanos sobre las Ejecuciones Extrajudiciales*. Sumarias o arbitrarias, A/65/321.

AVILA SANTAMARÍA, Ramiro (2009), "Los derechos sociales en la jurisprudencia de la Corte Suprema de los Estados Unidos", en: Christian Courtis y Ramiro Avila Santamaría, *La protección judicial de los derechos sociales*. Ministerio de Justicia y Derechos Humanos, Serie Justicia y Derechos Humanos, N. 11. Quito, V&M Gráficas.

—— (2009b), "La penalización de lo irrazonable", en: Juan Pablo Morales y Jorge Paladines, *Entre el control social y los derechos humanos. Los retos de la política y la legislación de drogas*. Ministerio de Justicia y Derechos Humanos, Serie Justicia y Derechos Humanos, N. 9. Quito, V&M Gráficas.

—— (2008), "La rehabilitación no rehabilita", en: Carolina Silva Portero, *Ejecución penal y derechos humanos. Una mirada crítica a la privación de libertad*. Ministerio de Justicia y Derechos Humanos, Serie Justicia y Derechos Humanos, N. 5. Quito, V&M Gráficas.

BARATA, Alessandro (2004), *Criminología crítica y crítica al derecho penal. Introducción a la sociología jurídico penal*. Buenos Aires, Siglo Veintiuno.

BENITO DURÁ, Mauricio (2009), "Sistemas penitenciarios y penas alternativas en Iberoamércia. Análisis a partir de la situación de la criminalidad y las políticas criminológicas". COMJIB-Secretaría General Iberoaméricana-AECID. Valencia, España, Tirant lo blanch.

BERISTAIN, Carlos Martín (2009), *Diálogos sobre la reparación. Qué reparar en los casos de violaciones de derechos humanos*. Ministerio de Justicia y Derechos Humanos, Serie Justicia y Derechos Humanos, N. 10. Quito, V&M Gráficas.

BERNAL PULIDO, Carlos (2007), *El principio de proporcionalidad y los derechos fundamentales*. Madrid, Centro de Estudios Políticos y Constitucionales, 3ra. edición.

BOBBIO, Norberto (1997), "La era de los derechos", en: *El Tercero Ausente*. Madrid, Ediciones Cátedra.

BRANDT, Hans-Jürgen y Rocío Franco VALDIVIA (2007), *Justicia comunitaria en los Andes: Perú y Ecuador. Normas, Valores y Procedimientos en la Justicia Comunitaria. Estudio cualitativo en comunidades indígenas y campesinas en Ecuador y Perú*. Lima, Instituto de Defensa Legal, Forma e Imagen.

—— (2006), *Justicia comunitaria en los Andes: Perú y Ecuador. El tratamiento de conflictos. Un estudio de actas en 133 comunidades*. Lima, Instituto de Defensa Legal, Forma e Imagen.

BUSTOS RAMÍREZ, Juan (2009), "Análisis crítico y propuestas en torno a la legislación regulatoria del consumo y tráfico de drogas ilícitas", en: Juan Pablo Morales y Jorge Paladines, *Entre el control social y los derechos humanos. Los retos de la política y la legislación de drogas*. Ministerio de Justicia y Derechos Humanos, Serie Justicia y Derechos Humanos, N. 9. Quito, V&M Gráficas.

Capella, Juan Ramón (2007), *Entrada en la barbarie*. Madrid, Editorial Trotta.

Capote, Truman (1993), *In cold blood*. New York, Vintage.

Carranza, Elías (2007), "Criminalidad, política criminal y participación de la sociedad", en: Elsie Rosales y Lola Aniyar de Castro, *Cuestión criminal y derechos humanos. La perspectiva crítica*. Caracas, Universidad Central de Venezuela.

—— (2007b), "Sobrepoblación penitenciaria en América Latina y el Caribe", en: Elías Carranza (coord.), *Justicia penal y sobrepoblación penitenciaria. Respuestas posibles*. México, Siglo XXI-ILANUD.

Carrión, Fernando Jenny Pontón y Blanca Armijos (2009), *120 estrategias y 36 experiencias de seguridad ciudadana*. FLACSO Ecuador y Municipio Metropolitano de Quito.

Castiñeira, María Teresa y Ramón Ragués (2008), "Three Strikes. El principio de proporcionalidad en la jurisprudencia del Tribunal Supremo de los Estados Unidos", en: Miguel Carbonell (ed.), *El principio de proporcionalidad y la interpretación constitucional*. Ministerio de Justicia y Derechos Humanos, Serie Justicia y Derechos Humanos, N. 6. Quito, V&M Gráficas.

Castro, Martín (comp.) (2002), *Proceso penal y derechos humanos*. Comisión Andina de Juristas, Quito.

Coba Mejía, Lisset (2008), "'Rehabilitación', el verdadero castigo", en: Carolina Silva Portero, *Ejecución penal y derechos humanos. Una mirada crítica a la privación de libertad*. Ministerio de Justicia y Derechos Humanos, Serie Justicia y Derechos Humanos, N. 5. Quito, V&M Gráficas.

Cole, David (1999), *No equal justice. Race and Class in the American Criminal Justice System*. New York, The New Press.

Comisión de la Verdad (2010), *Informe de la Comisión de la Verdad, Ecuador 2010. Sin verdad no hay justicia. Resumen ejecutivo*. Quito, Edicuatorial.

Defensa de los Niños Internacional (DNI) (2010), *Adolescentes detenidos por la policía y proceso de internamiento. Informe de investigación*. Ministerio de Justicia y Derechos Humanos. Quito, Graphus.

Doworkin, Ronald (2010), "Igualdad, democracia y Constitución: nosotros, el pueblo, en los tribunales", en: Miguel Carbonell y Leonardo García Jaramillo (eds.), *El canon neoconstitucional*. Colombia, Universidad Externado de Colombia.

Dufour, Gilbert (2009), *Sospechas en Ecuador. Infernal injusticia*. Ministerio de Justicia y Derechos Humanos. Quito, Trama.

Esterman, Josef (1998), *Filosofía Andina. Estudio intercultural de la sabiduría autóctona andina*. Quito, Abya Yala.

Ferrajoli, Luigi (2005), *Derecho y Razón. Teoría del garantismo penal*. Séptima Edición. Madrid, Editorial Trotta.

García Ramírez, Sergio (coord.) (2008), *La jurisprudencia de la Corte Interamericana de Derechos Humanos*. México D.F., Universidad Autónoma de México.

Gargarella, Roberto (2008), *De la injusticia penal a la justicia social*. Bogotá, Siglo del Hombre Editores, Universidad de los Andes.

—— (1999), *Las teorías de la justicia después de Rawls. Un breve manual de filosofía política*. España, Paidos Estado y Sociedad.

Iturralde, Manuel (2010), *Castigo, liberalismo autoritario y justicia penal de excepción*. Bogotá, Siglo del Hombre Editores, Universidad de los Andes.

Larrandart, Lucila (2007), "Política criminal y Estado de Derecho. ¿Tolerancia cero?", en: Elsie Rosales y Lolia Aniyar de Castro, *Cuestión criminal y derechos humanos. La perspectiva crítica*. Caracas, Universidad Central de Venezuela.

Martínez, Mauricio (2007), "La política criminal antidrogas y el control constitucional en Colombia. El fracaso del populismo punitivo, el éxito del negocio de las drogas ilícitas y el desastre humanitario y ecológico en la región andina", en: Elsie Rosales y Lolia Aniyar de Castro, *Cuestión criminal y derechos humanos. La perspectiva crítica*. Caracas, Universidad Central de Venezuela.

Mathiesen, Thomas (2003), *Juicio a la prisión*. Buenos Aires, Ediar.

Mora, Luis Paulino (2007), "Sobrepoblación penitenciaria y derechos humanos: la experiencia constitucional", en: Elías Carranza (coord.), *Justicia penal y sobrepoblación penitenciaria. Respuestas posibles*. México, Siglo XXI-ILANUD.

O'Donnell, Daniel (2007), *Derecho internacional de los derechos humanos. Normativa, jurisprudencia y doctrina de los sistemas universal e interamericano*. Oficina Regional para América Latina y el Caribe del Alto Comisionado de las Naciones Unidas para los Derechos Humanos. Chile, Salesianos impresores, segunda edición.

Padilla, Guillermo (2008), "La historia de Chico. Sucesos en torno al pluralismo jurídico en Guatemala, un país mayoritariamente indígena", en: Rudolf Huber y otros, *Hacia sistemas jurídicos plurales. Reflexiones y experiencias de coordinación entre el derecho estatal y el derecho indígena*. México, Honrad Adenauer Stiftung.

Paladines, Jorge (2008), "¿Fiscal General o General Fiscal?", en: Santiago Andrade y otros, *La Transformación de la Justicia*. Serie Justicia y Derechos Humanos, N. 7. Quito, V&M Gráficas.

—— y Juan Pablo Morales (2009), *Entre el control social y los derechos humanos. Los retos de la política y la legislación de drogas*. Ministerio de Justicia y Derechos Humanos, Serie Justicia y Derechos Humanos, N. 9. Quito, V&M Gráficas.

Pavarini, Massimo (2009), *Castigar al enemigo. Criminalidad, exclusión e inseguridad*. FLACSO-Municipio Metropolitano de Quito. Quito, Crear Imagen.

Pogge, Thomas (2007), "Propuesta para un dividendo sobre recursos globales", en: *Sur Revista Internacional de Derechos Humanos*, N. 6, Año 4. Brasil.

—— (2005), *World Poverty and Human Rights. Cosmopolitan Responsabilities and Reforms*. UK, Polity Press.

Poveda, Carlos (2010), "La Cocha: 2002-2010, retrocesos en un estado constitucional de derechos y justicia social, democrático, soberano, independiente, unitario, intercultural, pluricultural y laico", en: *Novedades jurídicas*, Año VII, N. 19. Quito, Ediciones Legales.

Ramm, Alejandra (2005), *Imputados. Primerizos y reincidentes: un registro testimonial*. Colección Ciencias Sociales. Chile, Universidad Diego Portales.

Rodríguez Garavito, César (coord.) (2010), *Más allá del desplazamiento. Políticas, derechos y superación del desplazamiento forzado en Colombia*. Bogotá, Universidad de Los Andes, Nomos Impresores.

Rosales, Elsie (2007), "Sistema Penal y Estado Constitucional en Venezuela", en: Elsie Rosales y Lolia Aniyar de Castro, *Cuestión criminal y derechos humanos. La perspectiva crítica*. Caracas, Universidad Central de Venezuela.

Silva Portero, Carolina (2008), *Ejecución penal y derechos humanos. Una mirada crítica a la privación de libertad*. Ministerio de Justicia y Derechos Humanos, Serie Justicia y Derechos Humanos, N. 5. Quito, V&M Gráficas.

Santos, Boaventura de Sousa (2004), *Democracia y participación*. Quito, FES-Abya Yala.

Tedesco, Ignacio (2009), "Hacia la civilización del Derecho Penal. En homenaje al pensamiento de Edmundo S. Hendler", en: Gabriel I. Anitua e Ignacio F. Tedesco, *La cultura penal. Homenaje al Profesor Edmundo S. Hendler*. Buenos Aires, Del Puerto Editores.

TIDBALL-BINZ, Morris (2007), "Atención de la salud y sobrepoblación penitenciaria: un problema de todos", en: Elías Carranza (coord.), *Justicia penal y sobrepoblación penitenciaria. Respuestas posibles*. México, Siglo XXI-ILANUD.

VALDIVIA, Rocío Franco y María Alejandra GONZÁLEZ LUNA (2009), *Justicia comunitaria en los Andes: Perú y Ecuador. Las mujeres en la justicia comunitaria: víctimas, sujetos y actores*. Lima, Instituto de Defensa Legal, Forma e Imagen.

VILHENA VIEIRA, Oscar (2007), "Desigualdad y Estado de Derecho", en: *Sur Revista Internacional de Derechos Humanos*, N. 6, Año 4. Brasil.

VINTIMILLA SALDAÑA, Jaime; Milena ALMEIDA y Remigia SALDAÑA (2007), *Justicia comunitaria en los Andes: Perú y Ecuador. Derecho indígena, conflicto y justicia comunitaria en comunidades Kichwas del Ecuador*. Lima, Instituto de Defensa Legal, Forma e Imagen.

WALLER, Irvin (2008), *Menos represión, más seguridad. Verdades y mentiras acerca de la lucha contra la delincuencia*. México, Instituto Nacional de Ciencias Penales-ILANUD, Ubijus Editorial.

WALSH, Catherine (2003), "Interculturalidad, reformas constitucionales y pluralismo jurídico", en: Judith Salgado (comp.), *Justicia indígena. Aportes para el debate*. Quito, UASB, Abya Yala.

ZAFFARONI, Eugenio Raúl (2009), "Consideraciones acerca del reconocimiento del pluralismo cultural en la ley penal", en: Carlos Espinosa y Danilo Caicedo, *Derechos Ancestrales. Justicia en contextos plurinacionales*. Serie Justicia y Derechos Humanos, N. 15. Quito, V&M Gráficas.

—— (2007), "Buscando al enemigo: de satán al derecho penal cool", en: Elsie Rosales y Lolia Aniyar de Castro, *Cuestión criminal y derechos humanos. La perspectiva crítica*. Caracas, Universidad Central de Venezuela.

—— (1998), *Criminología. Aproximación desde el margen*. Bogotá, Temis.

—— (1993), *Muertes Anunciadas*. Bogotá, Temis.

—— (1993b), *Hacia un realismo jurídico penal marginal*. Caracas, Monte Avila Editores Latinoamericanos.

—— (1986), *Sistemas penales y derechos humanos en América Latina*. Argentina, Depalma.

Jurisprudencia

COMISIÓN INTERAMERICANA DE DERECHOS HUMANOS (2008), "CIDH publica observaciones preliminares de visita a Jamaica", comunicado de prensa N. 59/08, en: http://www.cidh.org/comunicados/Spanish/2008/59.08sp.htm.

CORTE CONSTITUCIONAL DE COLOMBIA (2004), Sentencia T-025.

CORTE CONSTITUCIONAL DE COLOMBIA (1998), Sentencia T-153.

CORTE CONSTITUCIONAL DE COLOMBIA (1997), Sentencia T-523.

CORTE CONSTITUCIONAL DE COLOMBIA (1996), Sentencia T-349.

CORTE INTERAMERICANA DE DERECHOS HUMANOS (2006), *Caso del Penal Miguel Castro c. Perú*.

CORTE INTERAMERICANA DE DERECHOS HUMANOS (2006), *Caso Baldeón García c. Perú*.

CORTE INTERAMERICANA DE DERECHOS HUMANOS (2005), *Caso Gutiérrez Soler c. Colombia*.

CORTE INTERAMERICANA DE DERECHOS HUMANOS (2004), *Caso Tibi c. Ecuador*.

CORTE INTERAMERICANA DE DERECHOS HUMANOS (2004), *Caso del Instituto de Reeducación del Menor c. Paraguay*.

CORTE INTERAMERICANA DE DERECHOS HUMANOS (1997), *Caso Suárez Rosero c. Ecuador*.

CORTE INTERAMERICANA DE DERECHOS HUMANOS (1995), *Caso Caballero Delgado y Santana c. Colombia*.

Desigualdad, delito y seguridad en la Argentina

~ Gabriel Bouzat ~

En este *paper* analizaré algunos dilemas prácticos y morales que plantea la política de seguridad en un país como la Argentina, que combina una gran injusticia social y altos niveles de pobreza e indigencia con un sostenido crecimiento de los delitos violentos contra las personas. En primer lugar, revisaré algunos indicadores económicos que dan cuenta de la pobreza, la indigencia y la desigualdad que caracterizan a la estructura social argentina. En segundo lugar, evaluaré el crecimiento de los delitos violentos contra las personas. En tercer lugar, analizaré las relaciones entre pobreza, desigualdad y delito. En cuarto lugar, discutiré si está justificada la persecución penal de personas indigentes y marginadas del sistema político. La tesis que defenderé es que el Estado tiene el deber de proteger a las personas contra delitos violentos mediante la aplicación de penas, a pesar de la situación de injusticia y marginalidad en la que se pueden encontrar quienes los cometen. Sin desconocer que la solución del problema de la seguridad es estructural y exige la implementación de políticas de largo plazo en materia económica, de distribución del ingreso, educación e inclusión social, intentaré justificar por qué la situación de exclusión y marginalidad no constituye una excusa válida para desligar de responsabilidad penal a quienes cometen delitos violentos contra las personas.

— I —
Algunos datos sobre pobreza y desigualdad en la Argentina

La Argentina es un país con altos índices de pobreza, indigencia y desigualdad[1]. Durante la crisis económica del año 2002 el porcentaje

1. Se considera pobre a toda persona cuya familia no alcanza un ingreso por adulto que les permita cubrir las necesidades básicas de alimentación, vivienda,

de hogares bajo la línea de pobreza alcanzó el 45,7% y el porcentaje de población bajo esa línea el 55%. Asimismo, el porcentaje de hogares bajo la línea de indigencia alcanzaba el 19,5% y el de personas el 25,8%. Ello indica que más de la mitad de la población no contaba con los recursos necesarios para cubrir sus necesidades básicas y un cuarto de la población carecía de ingresos para cubrir la canasta alimentaria básica. El índice de desigualdad (coeficiente de Gini) llegó a alcanzar 0,534, lo que da cuenta de una sociedad muy desigual.

En el año 2002 el 10% más rico de la población recibía el 39,3% del ingreso nacional mientras el 10% más pobre el 0,7%. Ello significa que los más ricos tenían ingresos 54 veces superiores a los más pobres.

Entre los años 2003 y 2008 la economía argentina creció a tasas superiores al 7% anual, la pobreza disminuyó al 31% de la población y la indigencia al 7,8%. A pesar de ello los niveles de desigualdad se mantuvieron altos con un coeficiente de Gini de 0,513[2].

La Argentina en los últimos 35 años incrementó notablemente sus niveles de pobreza y desigualdad. Se trata de un proceso relativamente reciente porque estamos frente a un país que llegó a alcanzar, en la década de 1920, el séptimo lugar en el mundo en cuanto a ingreso per cápita, que tuvo una alta movilidad social y que mantuvo relativamente estable la distribución del ingreso durante las décadas de 1950, 1960 y comienzos de 1970. Largos períodos de alta inflación, la última dictadura militar, la hiperinflación de finales de la década de 1980, el debilitamiento del Estado de Bienestar durante el gobierno del presidente Ménem, la corrupción y la crisis económica de los años 2001/2002 son datos señalados como las causas principales de esta regresión[3].

La pobreza en la Argentina no constituye un fenómeno pasajero causado por la disminución de ingresos y el incremento de la desocupación. Existe un núcleo duro de pobreza estructural que se mantiene estable a pesar del crecimiento económico. La manifestación más evidente de esta pobreza estructural es la dimensión y el crecimiento

---

educación y salud. Se considera indigente a toda persona cuya familia no alcanza un ingreso por adulto que les permita cubrir las necesidades básicas de alimentación.

2. A modo de ejemplo, los países europeos tienen un coeficiente de Gini en torno a 0,32, Chile 0,54, Brasil 0,57 y México 0,55. El promedio de 122 países es de 0,405.

3. Ver, Gasparini, Marchionni y Sosa Escudero (2001) donde se desarrolla un análisis general sobre las cuestiones distributivas en la Argentina y se afirma que existe evidencia que señala que el aumento de la pobreza ha estado más vinculado al aumento de la desigualdad que a la caída del ingreso per cápita.

de los denominados "asentamientos informales" (villas miseria) en los grandes centros urbanos, en especial en el Área Metropolitana de Buenos Aires (AMBA).

Aproximadamente el 17% de la población del AMBA habita en más de 1.000 asentamientos o villas miseria. La población de las villas se incrementó de 327.930 personas en 1981 a más de un millón en 2006[4]. En los últimos cuatro años la población de las villas se duplicó llegando a los dos millones de personas[5].

Las villas miseria constituyen tramas urbanas irregulares organizadas a través de intrincados pasillos donde, por lo general, no pueden pasar vehículos. Son el resultado de prácticas individuales de sus pobladores y no de una planificación estatal. Las viviendas tienen altos grados de precariedad y de deficiencias sanitarias. Las villas poseen una alta densidad poblacional (hacinamiento) y suelen contar con una buena localización cercana a centros de producción o consumo donde escasea la tierra. La gran mayoría de los habitantes no cuenta con títulos de propiedad sobre su vivienda. Si bien los habitantes de las villas las consideran un hábitat transitorio estas terminan convirtiéndose en un lugar de residencia permanente para la mayoría de sus pobladores. Quienes las habitan son desocupados o trabajadores poco calificados e informales y albergan a pobladores antiguos, nuevos migrantes (del interior y de algunos países limítrofes) y sectores pauperizados. Existe una alta deserción escolar, los jefes de familia tienen poca educación y los hogares cuentan con una baja relación miembros activos/miembros inactivos. En general, sus habitantes son estigmatizados por amplios sectores de la sociedad.

El hacinamiento y la precariedad en un contexto de extrema escasez dificultan el desarrollo de prácticas sociales virtuosas. La pobreza estructural genera un círculo vicioso en el que se pierde toda esperanza de ascenso social mediante el estudio y el trabajo. Encuestas realizadas en villas del AMBA muestran que muchos jóvenes carecen de proyectos y ambiciones y no son capaces de imaginar un futuro[6]. La falta de proyectos agrava el círculo vicioso de la pobreza y suma

4. Ver, Cravino, del Río y Duarte (2008).

5. La información surge del Ministerio de Desarrollo Social de la Provincia de Buenos Aires y se fundamenta en un estudio de la Universidad Nacional de General Sarmiento. De acuerdo a esta información, a partir de 2006 la población del AMBA se incrementó un 6,6% y la de las villas un 57,5%.

6. En una encuesta realizada en una villa del AMBA (Localidad de Virreyes), la mayoría de los jóvenes de entre 15 y 20 años de edad no pudieron dar ninguna respuesta a la pregunta sobre cómo se imaginaban en cinco o 10 años.

a las limitaciones objetivas de la realidad un componente subjetivo y cultural. Las relaciones familiares tienden a debilitarse, proliferan las drogas y el alcoholismo y la vida se desarrolla en un ambiente de desconfianza y hostilidad. Los escasos bienes públicos que el Estado brinda muchas veces terminan no siendo aprovechados por las propias limitaciones que causa la pobreza. La deserción escolar y los problemas de salud responden tanto a la limitación de los recursos públicos como a la falta de aprovechamiento de los recursos existentes.

Después de 25 años de consolidada la democracia, la pobreza estructural en la Argentina es su mayor fracaso colectivo. A pesar de que los distintos gobiernos intentaron implementar, de manera limitada, medidas para reducir la pobreza, los resultados objetivos muestran que las mismas han fracasado. Más allá de que pueda considerarse que la pobreza constituye un resultado no querido de las políticas públicas y de la acción colectiva, los niveles de pobreza e injusticia violan el principio moral de que las personas deben ser tratadas con igual consideración y respeto (Dworkin) y de que la cooperación social debe organizarse de manera equitativa y en beneficio de quienes menos tienen (Rawls).

— II —
Algunos datos sobre crímenes violentos contra las personas en la Argentina

Según las principales encuestas de opinión, la inseguridad frente al delito se ha convertido en los últimos años en la mayor preocupación de los argentinos superando a problemas tales como la desocupación, la inflación y la corrupción. Esta preocupación se corresponde con los datos de la realidad que dan cuenta de un incremento importante de los delitos.

Las estadísticas sobre delitos en la Argentina no son demasiado confiables. Son elaboradas por el Ministerio de Justicia y Seguridad sobre la base de las denuncias presentadas. El problema es que muchos afectados, en particular los más pobres, no realizan denuncias cuando son víctimas de un delito. Por otro lado, las comisarías desalientan la realización de denuncias pues aspiran a mostrar mejores estadísticas en la prevención del delito en su jurisdicción[7].

7. Se ha calculado que el porcentaje de delitos denunciados en la Ciudad de Buenos Aires alcanzó el 35% en 1997 y el 40% en 1998. Ver, Fajnzylber, Lederman y Loayza (2000).

Los datos oficiales revelan que desde el año 1991 a 2007 el incremento de los delitos fue del 245%. El mayor número de delitos se produjo en el año 2002, en medio de la mayor crisis económica, cuando los índices de pobreza e indigencia alcanzaron también su máximo porcentaje. Desde la crisis del año 2002 los delitos se redujeron en aproximadamente un 10% para volver a crecer a partir de que la crisis económica internacional de 2008 impactara en la Argentina.

Mi interés en este trabajo se centra en los delitos violentos contra las personas, más precisamente, los homicidios y las lesiones dolosas, las violaciones y los delitos sexuales, los secuestros y los robos con armas. De un total de 1.218.243 delitos denunciados en el año 2007, los delitos violentos contra las personas fueron 518.269. Aproximadamente 380 personas por día son asesinadas o heridas en forma intencional, 29 son violadas o abusadas sexualmente y más de 1.000 son víctimas de robo[8]. Estas cifras serían sustancialmente mayores si se computaran los hechos realmente ocurridos y no sólo los denunciados.

En muchos casos de robo la violencia utilizada contra las personas excede la necesaria para desapoderarlas de sus bienes. En 2010 en la Provincia de Buenos Aires ha muerto una persona cada dos días en robos de autos. Numerosas personas fueron asesinadas por resistirse a ser asaltadas sin que se termine consumando el robo. Cada vez son mayores los casos de asesinatos o lesiones en ocasiones de robos de bienes sin mayor valor económico, como teléfonos celulares, zapatillas o sumas mínimas de dinero.

El problema de la seguridad tiene una gran importancia en la agenda pública, en especial en la de los gobiernos locales. Se han agravado las penas y se incrementaron los recursos policiales. No obstante ello, el porcentaje de sentencias condenatorias en relación con los delitos denunciados es muy bajo. Alcanza el 19% en los casos de homicidios, el 1,78% en el resto de los delitos contra las personas, el 4,14% de los robos y el 12,76% de las violaciones y otros delitos sexuales. Desde 1991 hasta 2007 la población carcelaria se incrementó en un 55%, lo que constituye un porcentaje significativamente menor al del crecimiento de los delitos denunciados[9].

8. En el derecho argentino el robo incluye el desapoderamiento de bienes con fuerza en las cosas o violencia física en las personas. Las estadísticas públicas no distinguen los diferentes tipos de robos.

9. Los porcentajes de sentencias condenatorias y de población carcelaria surgen de datos oficiales del Ministerio de Justicia y Seguridad de la Nación.

— III —
Relaciones entre pobreza, desigualdad y delito

Las relaciones entre pobreza, desigualdad y delito son complejas. La insuficiencia de la evidencia empírica, la existencia de relaciones multi-causales y los distintos factores que impactan sobre la tasa de delitos determinan que cualquier conclusión a la que se arribe deba ser considerada provisoria. Las investigaciones se basan en correlaciones estadísticas entre ciertos factores y determinados resultados y las relaciones de causalidad son muy difíciles de identificar. Además, las diferencias entre los distintos delitos determinan que los factores que pueden favorecer el crecimiento de ciertos delitos son distintos a los que pueden favorecer el crecimiento de otros.

En general los estudios sobre el tema son económicos, se focalizan en algunos delitos (homicidios y robos) y se centran en los incentivos para cometerlos[10]. Las investigaciones económicas dejan de lado cuestiones que escapan a los análisis costo-beneficio, tales como el género (en la Argentina el 94% de los delitos violentos son cometidos por varones) y los efectos devastadores que causan la ignorancia, el consumo de ciertas drogas, la humillación y las injusticias desatendidas.

La relación entre delitos y ciclo económico no es del todo clara. Está en discusión si la tasa de delitos es contra-cíclica y se incrementa en tiempos de recesión, como así también si el crecimiento del desempleo aumenta el delito. Investigaciones realizadas en los EE.UU. muestran que los robos se incrementan durante las recesiones mientras que la tasa de homicidios es insensible a los ciclos económicos. Desde un punto de vista económico se considera que el desempleo contribuye al crecimiento del delito por disminuir el costo de oportunidad del tiempo dedicado al delito. Mientras que desde una perspectiva psicológica se hace hincapié en el "stress" o la "frustración" que genera el desempleo como causa del incremento de delitos (Cook y Zarkin 1985).

No obstante, se coincide en que las recesiones también reducen las oportunidades de robo por la mayor propensión de las personas a

10. De acuerdo al marco teórico desarrollado por Gary Becker, los índices de criminalidad dependen de los riesgos y castigos asociados con la detención y con la diferencia entre las potenciales ganancias del delito y los costos de oportunidad asociados. Ver, Becker (1968).

defender su propiedad y la disminución de la demanda de cosas robadas. En los EE.UU. se ha detectado cierta correspondencia estadística entre el crecimiento de los robos y el del desempleo, aunque no así respecto de los homicidios[11]. Sin embargo, los investigadores dudan sobre la interpretación de la evidencia empírica y la dirección de las relaciones de causalidad. No resulta claro si las actividades criminales desincentivan la búsqueda de empleo, con el consiguiente resultado de que los delincuentes son en su mayoría desocupados, o si es la desocupación la que incentiva el crimen. Asimismo, los resultados pueden variar por causa de otros factores que influyen en los índices de delitos, como el consumo de alcohol, drogas y el acceso a armas, que tienden a disminuir en los períodos de mayor desocupación.

La mayoría de los estudios coinciden en que los crímenes violentos contra la propiedad encuentran su principal causa indirecta en una mala situación económica sumada a cierto entorno demográfico y al grado de posibilidad de sufrir castigos. En este sentido se ha indicado que el crecimiento de la desigualdad de ingresos aumenta el índice de criminalidad, que el delito tiende a ser contra-cíclico y que la inercia criminal es significativa[12].

Algunos autores sostienen que la desigualdad social tiene efectos similares a los conflictos étnicos en relación con el incremento del delito, especialmente cuando se produce la denominada polarización de ingresos (Fajnzylber, Lederman y Loayza 2000). Se entiende por polarización de ingresos aquella situación en la que las diferencias de ingresos determinan una importante separación económica entre grupos grandes e internamente homogéneos, en este caso entre ricos y pobres. Desde un análisis costo-beneficio se ha considerado que la desigualdad incrementa los incentivos para delinquir y reduce su costo de oportunidad (Kelly 2000). La circunstancia de que la mayoría

---

11. Consultar, Raphael y Winter-Ebmer (2001), donde se constató que en los EE.UU. la disminución de un punto porcentual en la tasa de desempleo se relaciona con una disminución de los delitos contra la propiedad entre el 1,6 y 2,4%.

12. Ver, Fajnzylber, Lederman y Loayza (2002a). En este trabajo se realiza un estudio empírico de varios países desarrollados, de Europa del Este, América Latina y Asia, y se estima que un crecimiento del 1% del GDP estaría asociado a una reducción del 2,4% de la tasa de homicidios y que un incremento de un punto porcentual en el índice de Gini a un crecimiento del 1,5% de la tasa de homicidios. Asimismo, se indica que un crecimiento del 1% del GDP está asociado a una disminución del 13,7% de la tasa de robos y que el crecimiento de un punto porcentual del índice de Gini se asocia a un crecimiento del 2,6% de la tasa de robos. En un comentario al *paper* publicado en la misma revista se cuestionan estos índices.

de los delitos sean cometidos por pobres contra pobres no cuestiona la relevancia de la desigualdad, porque las características de las víctimas no dependen sólo de su riqueza relativa sino también de la distribución de los recursos de seguridad (Fajnzylber, Lederman y Loayza 2002b).

La desigualdad de ingresos está generalmente asociada a una desigualdad de educación. Esta última tendría tanta importancia como la primera en el crecimiento del índice de delitos (Fajnzylber, Lederman y Loayza 2000). Asimismo, la educación insuficiente reduce el "capital social" que favorece la disminución de los delitos porque tiene el efecto positivo de facilitar los acuerdos entre las personas y la resolución pacífica de los conflictos. En este sentido se indica que si bien los efectos de la educación en la reducción del crimen están en discusión, se han detectado relaciones positivas entre el número de años de escolaridad y el índice de delitos contra la propiedad (Fajnzylber, Lederman y Loayza 2000). El mismo estudio indica que existe también una relación positiva entre la concurrencia a las iglesias y una disminución del delito en jóvenes pobres.

Se ha indicado que el incremento del delito responde a la falta de "capital social" y a una suerte de conducta imitativa que determina que la proclividad individual a cometer delitos se incrementa cuando sus pares cometen delitos. Quienes viven en áreas con altas tasas de personas que delinquen perciben una menor probabilidad de ser detenidos (Sah 1991). Una vez que se comienza a delinquir los incentivos para hacerlo se incrementan. Los ex convictos son discriminados en el mercado laboral, lo que reduce sus oportunidades de obtener ingresos por medios lícitos, y los delincuentes aprenden mediante la experiencia lo que les disminuye la apreciación de los riegos y las inhibiciones morales. La existencia de actividades criminales redituables contribuye al crecimiento del delito como lo muestra el tráfico de drogas en ciertos países latinoamericanos.

La incidencia de las políticas de seguridad en la comisión de delitos es una de las principales discusiones en la literatura. Los análisis se centran en las posibilidades de ser detenido y en la severidad de las penas. La ausencia de datos determina que se tome como parámetro la cantidad de personal policial cada 100.000 habitantes. Los estudios indican que el impacto de las políticas de seguridad es difícil de evaluar especialmente en relación al robo (Fajnzylber, Lederman y Loayza 2000).

Los estudios muestran también una relación entre el crecimiento de los delitos violentos y la producción y el consumo de drogas. A este crecimiento contribuye que el tráfico de drogas genera disputas entre bandas sobre territorios y mercados. En este sentido se ha detectado que las bandas de traficantes incrementan los homicidios pero no los robos. Sin embargo, los robos se incrementarían por causa de los consumidores que no cuentan con recursos para adquirir las sustancias.

Los factores que favorecen el crecimiento de los delitos violentos, en especial robos y homicidios, están todos presentes en los entornos sociales en los que viven los sectores más postergados de la Argentina:

1. El tipo de urbanización y la composición de la población de las villas muestran con crudeza la desigualdad y pobreza que padecen esos sectores. Si bien en la Argentina existe una gran dispersión de ingresos, en relación con los sectores indigentes puede considerarse que se da una clara polarización. Esa polarización de ingresos se profundiza por la circunstancia de que las villas suelen instalarse cerca de lugares de altos ingresos. Asimismo, los niveles de desocupación en las villas son muy superiores a los del resto del país. Adicionalmente, las características demográficas, como el hacinamiento, el alto porcentaje de población joven y de familias desestructuradas, constituyen factores que se considera inciden en la tasa de delito[13].
2. La pobreza estructural, la falta de educación y la carencia de una cultura del trabajo contribuyen a la falta de proyectos y de expectativas. La desigualdad no es sólo de ingresos y de recursos sino de oportunidades económicas y de ascenso social. La ausencia de proyectos de vida reduce la aversión al riesgo que conlleva la actividad delictiva. Asimismo, la aversión a ser detenidos disminuye en las áreas que cuentan con altos índices de criminalidad. La circunstancia de que la mayoría de los delitos quedan impunes reduce aun más esta aversión al riesgo.

13. Se calcula que en el AMBA hay aproximadamente 700.000 jóvenes de entre 15 y 25 años que no estudian ni trabajan. Psicólogos entrevistados que trabajan en las cárceles de Buenos Aires señalan que un porcentaje importante de quienes incurren en delitos violentos provienen de familias desestructuradas. Por otra parte, un estudio señala que una de las más importantes explicaciones de la tasa de delitos urbanos en los EE.UU. sería el porcentaje de familias sin padres en las que los hijos están sólo a cargo de la madre. Ver, Glaser y Sacerdote (1999).

3. Los factores analizados se potencian recíprocamente incidiendo en el crecimiento del delito. Se produce una retroalimentación que genera la llamada "inercia criminal". La inercia criminal determina que los mencionados factores provoquen efectos de largo plazo. Las mejoras de los indicadores económicos no necesariamente disminuyen el crimen en el corto plazo porque el delito es mucho menos volátil que la economía. Asimismo, el crecimiento del delito determina que la gente se cuide más y los crímenes terminan siendo más violentos y por menos recursos. El acceso a droga barata y muy adictiva, como lo es el paco, incrementa la violencia[14]. La desigualdad en la distribución de recursos policiales y de seguridad determina que las principales víctimas terminen siendo los pobres.

— IV —
Pobreza y castigo

La justificación del castigo penal en contextos de extrema desigualdad es problemática. Por un lado, los pobres son víctimas de un sistema social y político que los excluye y los margina. Por otro lado, esa marginación sumada a los otros factores analizados, genera incentivos para delinquir. Resulta difícil precisar hasta qué punto la comisión de delitos depende de la voluntad de la persona o de las circunstancias de haber nacido en cierto entorno social y familiar o haber padecido ciertas contingencias condicionantes. Parece claro que si la mayoría de quienes cometen crímenes violentos hubieran nacido en un entorno más favorable o no hubieran padecido ciertas contingencias seguramente no los hubieran cometido.

Los factores que contribuyen al incremento del delito forman parte de la estructura social, por lo que su erradicación exige políticas que ataquen esas causas. La sanción penal tiene impacto en la disminución del delito, pero no ataca sus causas profundas. La circunstancia de que el castigo constituya la privación de un bien tan importante como la libertad, y que les cause sufrimiento a quienes ya son víctimas de la injusticia social, plantea un arduo problema de justificación. Máxime cuando las cárceles no cumplen con el deber de ser sanas y limpias y

14. El paco (pasta base de cocaína) genera efectos similares al *crack*. En los EE.UU. se ha comprobado que los índices de delitos han crecido significativamente en las zonas urbanas donde se consume *crack*. Ver, Groger y Willis (1998).

para la seguridad y no para el castigo de los detenidos en ellas, según lo establece la Constitución[15].

Las políticas adecuadas para poder superar las causas que inciden sobre la tasa de delitos sólo pueden generar resultados en el mediano o largo plazo. El carácter estructural de las mismas, las interacciones sociales que generan y la inercia criminal difícilmente permitan que el problema pueda resolverse en el corto plazo. Más aún, la ausencia de políticas públicas adecuadas dirigidas a dicho fin indica que probablemente la situación perdure en el tiempo y se agrave en caso de una nueva crisis económica.

La pregunta que surge es la de si podemos justificar el castigo de personas cuyos delitos se encuentran estrechamente vinculados con las injusticias que padecen. El Código Penal Argentino, salvo alguna consideración en relación con la graduación de la pena, no le otorga relevancia a los factores sociales que inciden en la comisión de delitos[16].

En relación con esta cuestión, mi interés se centra en la justificación del castigo de prisión a quienes cometen delitos violentos contra las personas (homicidios, robos, delitos sexuales) y no de delitos menos graves (hurtos) o de actos de protesta social (piquetes, cortes de calle o rutas). Entiendo que cuando se trata de delitos que no ponen en peligro la vida y la integridad física de las personas, los derechos en juego y el interés público comprometido en la sanción penal pueden protegerse por medios alternativos a la prisión.

Los delitos menos graves, como el hurto, no generan los dilemas morales y prácticos de los delitos graves. En la Argentina el hurto es excarcelable, lo que determina en principio que quienes lo comenten no sean enviados a prisión. Asimismo, cuando se trata de hurtos cometidos para satisfacer necesidades básicas (ejemplo, hurto famélico), el propio derecho penal permite esgrimir la defensa de estado de necesidad.

15. El artículo 18 de la Constitución Argentina establece que "Las cárceles de la Nación serán sanas y limpias, para seguridad y no para castigo de los reos detenidos en ellas". Dicho precepto constitucional no se cumple en la Argentina y las cárceles, salvo algunas pocas excepciones, son ámbitos infrahumanos en los que lejos de re-socializar a los detenidos se los somete a todo tipo de sufrimiento. Asimismo, terminan siendo escuelas de delincuencia, tal como lo indica el alto índice de reincidencia.

16. El artículo 41 inciso 2 del Código Penal establece que para graduar el monto o tiempo de la pena se tendrá en cuenta, entre otras consideraciones, "la calidad de los motivos que lo determinaron a delinquir, especialmente la miseria o la dificultad de ganarse el sustento propio necesario y el de los suyos".

La enorme diversidad de actos a través de los cuales se puede canalizar la protesta social impide un análisis simplificado. No obstante ello, los actos de protesta más comunes en la Argentina –piquetes y cortes de calle o rutas– no generan un problema de seguridad. Dado que se trata de acciones realizadas públicamente, cuando esos actos exceden límites razonables y afectan gravemente derechos de terceros, existe siempre la posibilidad de actuar preventivamente, con la menor violencia posible y sin que resulte necesario recurrir al castigo penal.

La raíz del problema analizado se presenta en relación con los delitos violentos contra las personas. Los argumentos que se esgrimen en contra del ejercicio del poder coactivo del Estado a personas marginadas se fundan en el peligro de que se utilice dicho poder para mantener una estructura social injusta, en la circunstancia de que no resulta moralmente aceptable la aplicación de normas coactivas a personas marginadas que no participaron genuinamente en los procesos políticos en los cuales se establecieron dichas normas y que los sectores marginados no están en condiciones de ejercer plenamente el derecho de defensa en juicio (Gargarella 2010).

La complejidad del problema exige un análisis que incorpore la evidencia empírica, los juicios normativos y las consecuencias previsibles de los distintos cursos de acción posibles. La cuestión de la legitimidad de la coacción no debe limitarse al plano legislativo sino que debe incluir también el judicial y el de la ejecución de la pena.

La concepción democrática de la legitimación se basa en la idea de que una norma es legítima cuando surge de un proceso de discusión y construcción de consensos mayoritarios en el cual los involucrados hayan podido participar en igualdad de condiciones. Es por eso que la legitimación se da a través de un procedimiento colectivo tendiente al establecimiento de un interés común a partir de una preocupación recíproca por el punto de vista individual de las personas involucradas.

El grado de exclusión o marginación política en que se encuentran los sectores marginados en la Argentina es una cuestión fáctica difícil de evaluar. Más allá de que a estos sectores se les reconocen los derechos políticos y votan, la situación social en la que se encuentran les limita la capacidad de influir en las políticas públicas. J. Rawls (1993) explica que una de las "cargas de la razón" que hay que asumir en la discusión de principios de moralidad social, es la indeterminación provocada por diferentes experiencias vinculadas a distintos contextos sociales. En este sentido indica que, en cierta medida, la forma en que apreciamos la prueba y sopesamos valores morales y políticos está prefigurada por nuestra experiencia total, nuestro curso completo de vida y nuestras experiencias que seguramente difieren. La abismal diferencia de experiencias vitales que existe en relación con los sectores marginados seguramente determina que sus experiencias y puntos de vista puedan terminar no siendo tenidos en cuenta en el debate democrático. Asimismo, las limitaciones de la representación política permiten, muchas veces, que los derechos e intereses de los sectores marginados sean postergados en las decisiones sobre políticas públicas.

La importancia de la participación e inclusión democrática se fundamenta en los valores de la igualdad y la autonomía presupuestos en los procedimientos democráticos. Se trata de valores constitutivos de la práctica democrática porque no se los puede desconocer sin negar la democracia misma.

Los valores de la autonomía y la igualdad incorporados al proceso democrático dan forma a una idea regulativa que favorece la adopción de decisiones que promuevan la libertad y la igualdad. Esto es así porque esos valores exigen el reconocimiento recíproco de las personas como libres e iguales. En otras palabras, el ideal de concebir a la sociedad como una asociación de personas libres e iguales requiere de la democracia para dejar de ser un mero postulado y concretarse en la práctica.

La circunstancia de que la Argentina sea una sociedad injusta y que su democracia no haya promovido la igualdad no priva de justificación a las normas jurídicas que castigan los delitos violentos contra las personas. Estos delitos vulneran el presupuesto más básico del sistema de valores que es la dignidad de la vida y de la integridad de las personas. El valor de la vida es un presupuesto de los valores de la igualdad y la autonomía. Ello determina que nadie puede alegar razonablemente haber sido excluido del sistema político, o tratado injustamente, para justificar un atentado contra la vida o la integridad física de otra persona. La violencia contra las personas no sólo es moralmente inaceptable sino que es incompatible con la práctica democrática y con aquellas políticas orientadas por la idea regulativa de la igualdad.

La circunstancia de que los sectores marginados hayan sido excluidos del debate democrático no agota el problema de la justificación de la coacción estatal contra esas personas. En este sentido, debe reconocerse que el valor de la igualdad no se satisface plenamente en las discusiones políticas acerca de cuál es la norma correcta para resolver determinada cuestión. Más aun, en relación con los sectores marginados, no sólo puede considerarse que no fueron genuinamente parte del proceso político sino que en este proceso pudo no haberse previsto la situación de privación en que se encuentran. La igualdad exige que se tengan en cuenta todas las circunstancias relevantes del caso y ello difícilmente ocurra en las discusiones democráticas por el grado de generalidad en que suelen desarrollarse.

En virtud de esta limitación del debate democrático, entiendo que la justificación del ejercicio de la coacción estatal debe concretarse en la sentencia judicial que ordena el acto coactivo particular. Es en el proceso judicial donde pueden evaluarse todas las circunstancias relevantes del caso. Se trata de una instancia en la que la persona sometida a un proceso tiene la posibilidad de cuestionar la decisión democrática plasmada en la ley alegando que resulta incompatible con los presupuestos valorativos que justifican la democracia misma. En esa instancia, el derecho de defensa debe ser concebido como complementario de los derechos políticos. Mediante su ejercicio las personas pueden plantear la revisión de la decisión democrática acreditando que el legislador no ha contemplado de manera imparcial sus intereses o derechos en virtud de las particulares circunstancias del caso concreto. En particular, que no se ha tenido en cuenta su marginación del sistema político o la situación de privación e injusticia en que se encuentra.

El proceso judicial, en sus aspectos más generales, puede ser visto como una suerte de ampliación del debate democrático en el que los jueces y defensores deben revisar en el caso concreto si el ejercicio de la coacción estatal es compatible con los valores que justifican la democracia y legitiman las decisiones legislativas.

La tesis que defiendo considera que existen diferencias entre el razonamiento justificatorio de normas generales y el que justifica la aplicación de una norma a un caso determinado. Dado que las normas son justificadas de acuerdo a criterios generales, abstraídos en buena medida de las particulares circunstancias en que ellas van a ser aplicadas, en especial cuando se trata de los sectores más desfavorecidos, debe garantizarse una instancia en la cual se pueda incorporar el punto de vista ignorado en el debate democrático y donde se puedan exponer las particularidades propias de la situación en que se encuentra la persona objeto de un proceso.

El deber de los jueces es el de visualizar sobre la base de las particularidades del caso concreto las precondiciones de imparcialidad necesarias para una aplicación correcta de la norma. Ello puede implicar, en ciertos casos, la declaración de inconstitucionalidad de la ley para garantizar que las decisiones legislativas no afecten derechos constitucionales. En este sentido, se puede concebir al proceso judicial como un complemento del proceso político, que amplía la discusión permitiendo a quienes se consideran afectados por una ley que expresen su punto de vista y discutan la aplicación de dicha ley a la luz de las particularidades de su caso[17]. Asimismo, el proceso judicial permite hacer justicia en casos concretos teniendo en cuenta las particularidades del hecho. De esta manera se abre una instancia más de debate sobre la legitimidad de la coacción estatal.

Así como cuando alguien participa en un discurso justificatorio de normas generales debe intentar mostrar que su postura es aceptable desde el punto de vista de todos los involucrados, al decidir la aplicación de una medida coactiva los jueces deben revisar si el punto de vista general receptado en la norma es aceptable desde el punto de vista de la persona que la cuestiona en el caso concreto, a la luz de los valores presupuestos en los principios constitucionales.

Lo expuesto no debe llevarnos a pensar que la justificación de una medida coactiva particular deba exigir el consentimiento de quien resulta coaccionado. El proceso de legitimación a través del diálogo democrático y su complemento judicial presupone algunos consensos y certezas. La persona razonable no tiene ciertas dudas y no puede ignorar los valores presupuestos en dicha práctica argumentativa. El propósito del debate que concluye con la orden coactiva no es acreditar la verdad de ciertos principios, sino mostrar que la posición de quien resulte coaccionado no es razonable y debe ser descartada. Es decir, se debe llevar la justificación de las medidas coactivas al punto en el cual la persona que es coaccionada no puede argumentar nada razonable en contra de la coacción.

En este sentido, mi intuición es que quien comete delitos violentos contra las personas difícilmente pueda esgrimir argumentos convincentes para justificar que no se le aplique la sanción prevista para ese tipo de actos. La circunstancia de que a esa persona se la haya

17. El argumento de que los sectores marginados no están en condiciones de ejercer plenamente su derecho de defensa no me resulta convincente. Si bien como en toda actividad institucional pueden existir deficiencias y errores, la estructura del proceso judicial garantiza a los sectores marginados una mayor imparcialidad que el proceso político. El punto de vista del acusado resulta indispensable para el dictado de la sentencia, la independencia del juez está garantizada, el derecho de defensa y las garantías constitucionales se respetan, los defensores oficiales están generalmente bien preparados y la garantía de la doble instancia permite corregir errores.

tratado injustamente y se le hayan negado sus derechos sociales más elementales no resulta justificación suficiente para violar los derechos de la vida o la integridad personal de otros. Resulta claro que el valor de la vida y de la integridad personal es tan fundamental que los cuestionamientos que puedan hacerse del proceso democrático mediante el que se sancionan las leyes que castigan su violación no pueden ser suficientes para tornar a estas últimas injustificadas. Como explica P. Soper (1984), cuando se proponen argumentos suficientemente plausibles que conectan la situación en la que uno se encuentra con la demanda de obediencia y con los propios valores, se podría admitir la autoridad, no porque se reconoce consentimiento personal, sino porque se admite la racionalidad del argumento y el compromiso normativo compartido.

Desde una perspectiva más general se llega a la misma conclusión. Como sostienen H. Hart y A. Sacks (1958), las condiciones de interdependencia en las que se desenvuelve la convivencia social generan indefectiblemente la necesidad de dar respuestas a cuestiones de interés común. Si ello no ocurre la convivencia es imposible. Permitir que las cuestiones sean resueltas a través de la violencia privada es una salida inviable para que la vida social pueda desarrollarse civilizadamente. La igualdad como idea regulativa que debe orientar la vida en sociedad no podrá concretarse en la realidad de los hechos si no se prohíbe la violencia privada. La circunstancia de que en la práctica social no puede haber prohibición efectiva sin sanción determina la necesidad de castigar los delitos violentos contra las personas. Nos encontramos frente a una decisión trágica y debemos optar por el mal menor.

Entiendo que el castigo constituye un mal y que la pena debe ser la mínima necesaria para evitar nuevos delitos[18]. La evidencia empírica en la Argentina es prácticamente inexistente para determinar el efecto disuasorio de las penas[19]. No obstante ello, el hecho de que la detención de una persona impide que la misma pueda seguir delinquiendo es un dato objetivo de la realidad. Asimismo, dada la existencia de una gran inercia criminal resulta necesario romper ese

---

18. Los límites de este trabajo impiden entrar en la discusión sobre la justificación del castigo. Mi idea es que el castigo sólo puede justificarse en términos utilitarios con propósitos preventivos y socializantes de quienes cometieron delitos.

19. En un estudio realizado en los EE.UU. se habría determinado que un incremento del 100% de la población carcelaria causaría una reducción del 40% de los crímenes violentos y del 29% de los delitos contra la propiedad. Ver, Levitt (1996 y 1998).

círculo vicioso del delito mediante el castigo de quienes cometen crímenes violentos.

A la función disuasoria de la pena debe sumarse la circunstancia de que la evidencia empírica indica en la Argentina que las mayores víctimas de los delitos violentos son los propios sectores marginados[20]. La desigualdad social genera una distribución desigual de los recursos de seguridad que termina desplazando el crimen del sector más rico de la sociedad al más pobre. En este sentido se ha señalado que los gastos y recursos en seguridad de los ricos, tanto públicos como privados, generan una externalidad negativa para los pobres que se convirtieron en las mayores víctimas del delito (Di Tella, Galiani y Schargdrosky 2009).

La circunstancia de que los pobres terminen siendo desprotegidos por el Estado los coloca en una posición de mayor exclusión que afecta aun más la situación de desigualdad en que se encuentran. La realidad de los hechos muestra que el delito termina siendo, en la mayoría de los casos, un problema de pobres contra pobres. El deber de brindarles seguridad a los más pobres determina que la justificación del castigo en este contexto no afecta la igualdad.

— V —
Conclusión

La justificación de la coacción penal en sociedades injustas nos coloca ante decisiones trágicas cuando quienes terminan siendo castigados son personas marginadas. Más allá de que no resulta razonable considerar que dicho castigo implique usar a los pobres como medios para satisfacer los intereses de otros, la experiencia indica que posiblemente no sea la agresividad personal la que genere el delito violento sino que las injusticias sociales son las que desencadenan la agresividad.

El castigo a quienes delinquen como consecuencia de la situación de injusticia y marginación en la que se encuentran adiciona un daño a quien ya sufre graves privaciones ajenas a su responsabilidad. Asimismo, no castigar los delitos violentos contra las personas resulta moralmente inaceptable e incompatible con una vida civilizada. Todo

20. Ver, Di Tella, Galiani y Schargdrosky (2009) donde se indica que las estadísticas oficiales en la Argentina muestran que el índice de delitos contra los pobres creció 1,5 veces más que contra los ricos. Este desplazamiento determinó que todo el crecimiento del delito que se produjo fue absorbido por los pobres.

indica que muchos jóvenes varones de los sectores marginados van a continuar cometiendo delitos violentos mientras se mantenga la injusticia y privación que sufren. A su vez, ninguna política tendiente a revertir esas injusticias puede resultar exitosa si no se termina con la inercia criminal, se reprimen los delitos violentos y se educa y socializa a los delincuentes.

En este tipo de situaciones dilemáticas las decisiones prácticas deben ser el resultado de la integración de la evidencia empírica, los juicios normativos y las consecuencias previsibles de los distintos cursos de acción posibles. A la luz de estos factores, debe concluirse que el proceso político que permita la liberación de los sectores marginados de las privaciones e injusticias que sufren exige el uso de la coacción estatal para prevenir y castigar la violencia privada entre las personas. La idea regulativa de la justicia no puede concretarse en la práctica si no se previenen los delitos violentos. La democracia y el desarrollo de políticas públicas tendientes a superar la situación de pobreza y desigualdad fracasarán si el Estado no interviene con su poder coactivo para proteger la vida e integridad de las personas. La vida civilizada no es posible si el Estado no previene los actos violentos entre las personas.

Dado que entiendo que la función de la pena debe limitarse a la prevención del delito y a la reinserción social de quienes lo comenten, considero que la duración de las condenas puede ser revisable. En virtud del alto índice de reincidencia que se da en la Argentina dicha revisión debe tener en cuenta tanto la supresión de los factores sociales que contribuyen al crecimiento del delito como las posibilidades concretas de reinserción de la persona detenida.

Al respecto, existe un antecedente exitoso en Uruguay, donde se sancionó una ley que estableció un régimen de libertad provisoria y anticipada[21]. La crisis económica del año 2000 determinó un crecimiento importante de la delincuencia en ese país. Mediante la referida ley dictada en el año 2005, una vez superada la crisis, se estableció un sistema de reducción de penas. Asimismo se estableció, entre otros beneficios, que los pliegos de licitaciones de las contrataciones del Estado debían exigir que los contratantes cuenten en su planilla de trabajadores con al menos un 5% de personas liberadas para tareas de peones o similares. De acuerdo a la información disponible, los

21. Ley Nº 17.897 de libertad provisional y anticipada más conocida como “ley de humanización de cárceles”.

índices de reincidencia de las personas beneficiadas por ese régimen se redujeron notablemente[22].

Otro antecedente destacable es el del Centro Universitario que funciona en Buenos Aires en la cárcel de Villa Devoto. La experiencia indica que los índices de reincidencia de quienes realizaron estudios universitarios estando detenidos también se redujeron sustancialmente[23].

Los ejemplos señalados nos brindan evidencia empírica que muestra que cuando se superan los factores sociales que contribuyen al delito o se capacita a las personas detenidas el mantenimiento de las detenciones puede tornarse injustificable.

La complejidad moral y práctica que plantea la responsabilidad penal de quienes delinquen en virtud de la situación de injusticia en que se encuentran exige un tratamiento también complejo. La cuestión no puede ser resuelta centrándonos sólo en lo que sucede en el debate democrático, sino que el análisis debe incluir también el proceso judicial y la ejecución de la pena. Asimismo, el problema no debe ser pensado en términos puramente teóricos o morales, sino también prácticos. Si en el análisis no se incluyen la evaluación de la evidencia empírica y las consecuencias sociales que se pueden derivar de los distintos cursos de acción, tendremos una visión parcial e incompleta de la complejidad del tema.

22. Según información pública de la Presidencia del Uruguay la reincidencia de los beneficiados por este régimen legal fue del 18% frente a un índice de reincidencia general del 55%.

23. El porcentaje de reincidentes de los estudiantes del Centro Universitario Devoto es del 3% frente a un índice de reincidencia general del 70% según informa el Ministerio de Educación de la Nación.

Bibliografía

BECKER, G. (1968), "Crime and Punishment: An Economic Approach", en: *76 Journal of Political Economy*.

COOK, P. y G. ZARKIN (1985), "Crime and the Business Cycle", en: *The Journal of Legal Studies*, Vol. 14, N. 1 (Jan. 1985).

CRAVINO, M.; J.P. DEL RÍO y J. DUARTE (2008), "Magnitud y crecimiento de las villas y asentamientos en el Área Metropolitana de Buenos Aires". (S/d).

DI TELLA, R.; S. GALIANI y E. SCHARGDROSKY (2009), "Crime Distribution and Victim Behavior During a Crime War". (S/d).

FAJNZYLBER, P.; D. LEDERMAN y N. LOAYZA (2002a), "What causes violent crime?", en: *European Economic Review* 46.

——; —— y —— (2002b), "Inequality and Violent Crime", en: *Journal of Law and Economics*, XLV. Chicago, University of Chicago.

——; —— y —— (2000), "Crime and Victimization: An Economic Perspective". ECONOMIA, Fall.

GARGARELLA, R. (2010), "La coerción penal en contextos de injusta desigualdad". Borrador *paper* Sela.

GASPARINI, L.; M. MARCHIONNI y W. SOSA ESCUDERO (2001), "Distribución del Ingreso en la Argentina". (S/d).

GLASER, E. y B. SACERDOTE (1999), "Why Is There More Crime in Cities?", en: *Journal of Political Economy* 107.

GROGER, J. y M. WILLIS (1998), "The Introduction of Crack Cocaine and the Rise in Urban Crime Rates". Working Paper 6353. Cambridge, Mass. National Bureau of Economic Research.

HART, H. y A. SACKS (1958), "The Legal Process: Basic Problems in the Making and Application of Law", 10th edn. Manuscrito consultado en la Yale Law School Library.

KELLY, M. (2000), "Inequality and Crime", en: *82 Review of Economic and Statistics*.

LEVITT, S. (1998), "Why Do Increased Arrest Rates Appear to Reduce Crime", en: *Economic Enquiry* 36.

—— (1996), "The Effect of Prison Population Size on Crime Rates: Evidence from Prison Overcrowding Litigation", en: *Quaterly Journal of Economics* 111.

RAPHAEL, S. y R. WINTER-EBMER (2001), "Identifying the effect of unemployment on crime", en: *XLIV Journal of Law and Economics*. Chicago, The University of Chicago.

RAWLS, J. (1993), *Political Liberalism*. Nueva York, Columbia University Press.

SAH, R. (1991), "Social Osmosis and Patterns of Crime", en: *Journal of Political Economy* 99.

SOPER, P. (1984), *A Theory of Law*. Cambridge, Harvard University Press.

Injusticia penal, justicia social

~ Roberto Gargarella ~

— I —
Introducción

Este artículo trata acerca de la dificultad teórica que existe para justificar el uso de la coerción penal en circunstancias caracterizadas por una fuerte e injustificada desigualdad social. La intuición que se encuentra detrás del texto indica que, en contextos tales, la justificación de la coerción penal se torna compleja de sostener, muy en particular frente a los miembros más desaventajados de la sociedad. La afirmación requiere de muchos matices, que trataré de abordar a lo largo de este escrito. De todas formas, y ante todo, quisiera dejar demarcado el problema que asumo, con algún detalle mayor.

En primer lugar diría que no hay una discusión más importante en la filosofía política actual, que aquella referida al uso legítimo del poder coercitivo del Estado. Dicha reflexión es, simplemente, la más significativa en algunos de los principales trabajos producidos por la disciplina en el último siglo (Rawls 1971). De allí el valor que adquieren preguntas como las referidas a por qué obedecer a la autoridad política, si uno disiente con ella; por qué pagar impuestos que se destinan a financiar una guerra; o cuándo se justifican la desobediencia civil o la objeción de consciencia (acciones que, cabe notarlo, reconocen la validez general del derecho penal).

Asumo entonces, y como supuesto de este trabajo, la centralidad de la reflexión sobre la coerción estatal legítima. Y en relación con este supuesto, propongo introducir dos precisiones. En primer lugar, diría que si el uso de la coerción estatal resulta difícil de justificar, en general, dicha justificación se torna más difícil aún cuando nos referimos a la coerción penal. Una vez que definimos el castigo como un sufrimiento impuesto de modo intencional, a raíz de la acción indebida cometida por algún individuo (ver, por ejemplo, Hart 1968), o cuando aceptamos, al menos, que el daño impuesto es un elemento esencial del castigo (Bedau 1991), entonces puede comprenderse mejor por qué es tan difícil justificar esta extendida práctica. Tal y como lo ha manifestado Nicola Lacey, el castigo "coloca la carga de la justificación sobre el Estado" porque es una práctica que es "costosa tanto en términos humanos como financieros, además de una práctica cuyas ventajas prácticas y morales son usualmente inciertas" (Lacey 2001: 12, 1995).

La segunda precisión que quiero introducir es la más importante para este trabajo, y es la siguiente: los problemas generales que encontramos para justificar el uso de la coerción estatal (1) se agravan cuando nos ocupamos de la coerción penal (2) y –éste es el punto– se tornan de muy difícil resolución cuando lo que queremos es justificar dicha práctica de coerción penal en situaciones de profunda injusticia social (3). En este estadio (4) la justificación pierde sustento, por una diversidad de razones que analizaré más abajo, pero aquí –tempranamente– quisiera referirme a un problema particular.

En contextos de fuerte e injustificada desigualdad social, existe un riesgo serio de que los medios coercitivos del Estado sean utilizados a los fines de preservar las desigualdades que les dan marco. El debate que requiere esta afirmación es, en parte, empírico (aunque éste no será el centro de mi atención). Es habitual que se diga, por caso y razonablemente, que en tiempos de crisis económica las sociedades devienen menos tolerantes y castigan a los ofensores de un modo más duro (Carlen 1989:12). El centro de mi atención, sin embargo, tiene que ver con la teoría. Ocurre que i) si concebimos a la democracia –como aquí lo hacemos– como un sistema que se justifica por su propensión a generar decisiones imparciales; ii) entendemos –como en este caso– que la imparcialidad se relaciona íntimamente con la posibilidad de cada individuo y grupo de expresarse y ser tomado en cuenta en el foro público (Nino 1996); y iii) partimos del supuesto que existen amplios sectores de la población real o virtualmente excluidos de la vida pública; luego iv) contamos con razones para presumir que el ordenamiento vigente va a comenzar a sesgarse a favor de aquellos que cuentan con más influencia sobre el sistema de toma de decisiones (en definitiva, sobre la escritura, aplicación e interpretación del derecho). En dicho marco, entonces, la ya compleja tarea de la justificación de la coerción (penal en este caso), se torna especialmente ardua. Son este tipo de situaciones aquellas sobre las cuales me interesa reflexionar[1].

---

1. Mi escrito no incluirá, entonces, reflexiones particulares sobre cuáles reproches podrían ser justificados en una comunidad "bien ordenada". He hecho algunas reflexiones al respecto en otros textos (*i.e.* Gargarella 2008).

— II —
Injusticia penal e injusticia social

La mayoría de los autores inscriptos en el área de la justicia penal han reconocido explícitamente la importancia de la referida conexión entre la justicia penal y la justicia social, y han demostrado sus preocupaciones sobre la misma. En las últimas décadas, este esfuerzo por conectar ambas esferas de reflexión (justicia penal, justicia social) se ha tornado más evidente, al menos desde la publicación del influyente libro *Doing Justice* (1976) (*Haciendo Justicia*) de Andrew Von Hirsch, cuyo último capítulo está dedicado al tema del "merecimiento justo en un mundo injusto"[2]. La mayoría de los autores asociados con este punto de vista han reconocido, además, los problemas propios de esta conexión injusticia penal-injusticia social y la manera en que ellos podrían socavar la justificación del castigo.

Notablemente, en la última oración del libro de Von Hirsch, él sostiene que "mientras que a un segmento sustancial de la población se le nieguen oportunidades adecuadas para su sustento, cualquier esquema para castigar debe ser moralmente defectuoso" (1976). Esta es una afirmación muy fuerte, pero, sorprendentemente o no, una que muchos otros doctrinarios influyentes dentro del área parecen compartir.

Autores como Jeffrie Murphy (1973) han llegado a conclusiones similares. Murphy apoya, en principio, una visión retributiva del castigo, pero finalmente concluye que, "en buena medida, las sociedades modernas carecen del derecho moral de castigar" (*ibíd.* 221), por lo cual "en ausencia de un cambio social significativo" las instituciones del castigo deben "ser resistidas por todos quienes toman los derechos humanos como moralmente serios" (*ibíd.* 222). Distinguidos filósofos del derecho como H. L. Hart parecen compartir tal visión. En opinión de este autor, "debemos incorporar como condición de disculpa más profunda la presión de las formas groseras de la necesidad económica" (1968: 51). Otros escritores ilustres en la materia, incluyendo a Andrew von Hirsch y a Ted Honderich, parecen persuadidos también por esta clase de afirmaciones (Tonry 1994: 153).

---

2. Desde hace un tiempo, también, han aparecido conocidos intentos destinados a mostrar las continuidades existentes entre los principios que rigen la justicia distributiva y los que rigen la justicia retributiva y, así, la relevancia de las consideraciones de justicia social a la hora de pensar sobre la responsabilidad penal (Rawls 1955, 1971; Sadurski 1985, 1989).

Todos estos autores, según entiendo, parecen estar realmente preocupados por lo que Antony Duff ha llamado las *precondiciones de la responsabilidad delictiva* (1998, 2001). En palabras de este autor,

> *...cualquier explicación del castigo que le dé un lugar central a la justicia del castigo al ofensor debe enfrentar el problema de si podemos castigar de modo justo a sujetos cuyas ofensas se encuentran estrechamente vinculadas con injusticias sociales serias que han sufrido* (1998: 197)[3].

Esto sería así porque la mayoría de los individuos y grupos que comparecen ante la justicia criminal "han sufrido formas de exclusión tan severas que las precondiciones esenciales de la responsabilidad criminal no resultan suficientemente satisfechas" (*ibíd.* 196). Entonces, y en la medida en que esas condiciones injustas siguen intocadas, los delincuentes no podrían ser juzgados justamente, condenados, o castigados.

— III —
Derechos y democracia

En lo que sigue, quisiera examinar dos líneas argumentativas que confluyen para dar fundamento a nuestra crítica sobre la justificación del ejercicio de la coerción penal en sociedades desiguales. Se trata de dos visiones que considero (por razones que iremos discutiendo) las más plausibles y fructíferas en la materia, y que aparecen implícitas en los trabajos de autores como los citados en la sección anterior. Una de estas líneas argumentativas se basa en la idea de derechos y la siguiente en la idea de democracia. La primera de estas líneas argumentativas se relaciona, más específicamente, con una posición de tipo *contractualista*, mientras que la segunda nos refiere a una concepción particular –*dialógica*– de la democracia.

Derechos. La línea de argumentación principal a la que apelaba Jeffrie Murphy, en el trabajo citado, se vinculaba con el contractualismo –en una versión del contractualismo que remite tanto a Kant como a la noción rousseauniana de la "voluntad general"–. El punto

3. Duff ha asumido esta visión en los últimos años, después de un largo período en donde –según su testimonio– no se animaba a dar semejante paso. Ver Duff (2001), Cáp. 5.3.

de partida de esta postura nos dice que el castigo puede justificarse, frente a cada individuo, si el mismo puede considerarse plausiblemente como un producto del propio consentimiento de cada uno –si la decisión del Estado de castigarme puede ser reconstruida, plausiblemente, como mi propia decisión (Murphy 1973)–. Murphy reconstruye entonces la teoría kantiana sobre el castigo, basándola en la noción de "ventaja indebida" (*unfair advantage*): la idea es que la ley debe garantizar que los que la desobedecen no obtengan una ventaja injusta sobre aquellos que voluntariamente deciden obedecerla. Desde este punto de vista, el papel del castigo es el de restablecer un balance apropiado entre beneficios y obediencia. El castigo es visto, entonces, como una deuda que se le debe a todos los demás miembros de la comunidad, en su condición de sujetos respetuosos de un derecho justificado. En dicho marco se torna posible sostener, al menos en principio, que el propio sancionado consiente las penas que se le imponen: él no puede quejarse, entonces, del reproche que recibe, porque sabía que era lo que le correspondía luego de haber tomado o tratado de tomar una ventaja indebida. De este modo, diría Kant –como dice Murphy–, las ideas de coerción y autonomía vuelven a ir de la mano.

A los fines de este trabajo, no pretendo suscribir a una visión como la de Murphy en tanto fundamento y justificación del castigo. Me interesa, en cambio, la apelación que allí se hace a la lógica del contractualismo para pensar sobre los límites en el uso del aparato coercitivo estatal. El problema que este aparato conceptual nos ayuda a identificar es, entonces, el siguiente: en nuestras sociedades, muy habitualmente, y al menos en relación con extensos sectores de la población, es difícil reconocer beneficios producidos por el accionar estatal, como los que la teoría contractualista supone. Lo que suele ocurrir, más bien, es que los sectores más postergados de la comunidad son colocados en una situación de grave desventaja por el Estado, quien los abandona a su suerte o directamente los agrede, a través del derecho penal. Luego (y en la medida en que la descripción anterior tenga alguna plausibilidad) no queda claro qué es lo que aquellos deben devolverle al Estado. Esto es, precisamente, lo que se pregunta Murphy: ¿qué es lo que tales personas –que viven en condiciones paupérrimas– deben reciprocarle al Estado? Él retoma, entonces, la sugerencia marxista según la cual la teoría retributiva es formalmente correcta, pero materialmente inadecuada. Y concluye, por lo tanto, diciendo que "las sociedades modernas carecen de un derecho moral al castigo" (Murphy 1973: 221).

De modo similar, Nicola Lacey –quien ha realizado trabajos muy importantes en un área en la que confluyen las nociones de castigo, comunidad y justicia social– ha sostenido que

> *...si [es cierto que] una larga proporción de ciertos grupos de ofensores está constituida por individuos cuyos derechos de ciudadanía básicos –tales como el derecho a la integridad física y sexual– han sido violados por abusos respecto de los cuales el Estado no los ha protegido, entonces éste debe ser un factor relevante a la hora de determinar la naturaleza, sino el mismo hecho, de su castigo. Así también, y en un nivel todavía más básico, el hecho de que un ofensor haya recibido menos de lo que justamente le corresponde de los recursos públicos, por ejemplo en educación, debe afectar... otros aspectos relevantes de su sentencia* (Lacey 2001: 14).

Democracia. La segunda línea de argumentación que quiero explorar se relaciona con las nociones de democracia, procedimientos institucionales y "voz"; como la anterior, exhibe ecos lejanos del pensamiento rousseauniano. La idea principal, en tal sentido, es que las normas justificadas son aquellas respecto de las cuales puedo considerarme razonablemente su autor. En una comunidad integrada, auto-gobernada, cada persona puede mirar las normas vigentes y ver reflejadas en ellas, como en un espejo, las marcas de su propio rostro. El derecho aparece, entonces, como expresión viva de las propias convicciones de aquellos sujetos sobre los cuales se aplica. No resulta un contrasentido, en ese contexto, sostener que alguien gana libertad convirtiéndose en "esclavo" del derecho. En el extremo opuesto de dicha situación ideal –situaciones a las que describiría como de *alienación legal*– lo que deberíamos esperar es lo contrario, esto es, situaciones en las que algunas personas empiezan a leer o escuchar el derecho imposibilitadas de reconocer allí su propia voz. Lo que estas personas escuchan es una voz diferente, que les resulta ajena, incomprensible, extraña. Pero esa voz extraña, sin embargo, es la que cuenta con el respaldo de la fuerza estatal, lo cual le permite imponerse contra la voluntad de aquellos que no comprenden, no adhieren, o directamente rechazan lo que ella dice.

La siguiente descripción que hace Antony Duff recupera lo que hemos dicho en el párrafo anterior, a través de una idea de alienación como la que citáramos, o como la que está presente –no casualmente–, en el análisis de Murphy. Dice Duff:

Si existen individuos o grupos dentro de la sociedad que (en los hechos, aún si de un modo no buscado) se encuentran excluidos de modo persistente y sistemático de la participación en la vida política, y de los bienes materiales, normativamente excluidos en cuanto a que el tratamiento que reciben por parte de las leyes e instituciones existentes no reflejase un genuino cuidado hacia ellos como miembros de una comunidad de valores, y lingüísticamente excluidos en tanto que la voz del derecho (la voz a través de la cual la comunidad le habla a sus miembros en el lenguaje de los valores compartidos) les resulta una voz extraña que no es ni podría ser de ellos, luego la idea de que ellos se encuentran, como ciudadanos, atados a las leyes y que deben responder a la comunidad, se convierte en una idea vacía. Las fallas persistentes y sistemáticas, las fallas no reconocidas o no corregidas en lo que hace al trato de los individuos o grupos como miembros de la comunidad, socava[n] la idea de que ellos se encuentran atados por el derecho. Ellos sólo pueden sentirse atados como ciudadanos, pero tales fracasos les niegan, implícitamente, su ciudadanía, al negarles el respeto y [la] consideración que se les debe como ciudadanos (Duff 2001: 195-6)[4].

Como en la aproximación rousseauniana, Duff también vincula el valor de la ley con la intervención decisiva de cada ciudadano en la creación de la misma. Y como Rousseau, asume que existe un problema mayúsculo cuando los individuos sobre los cuales cae el derecho con toda su fuerza no pueden considerarse, en un sentido relevante, autores de él.

Los párrafos anteriores esbozan los contornos de una cierta idea de la democracia, a la que asociaría con (lo que hoy se llama) una concepción deliberativa de la democracia (Elster 1998). Según una reconstrucción posible de la misma, las normas democráticas se justifican sólo y en la medida en que ellas puedan ser reconocidas como el producto de una *discusión inclusiva*, esto es, una discusión de la que han tomado parte "todos aquellos potencialmente afectados" (Habermas 1996). Los lazos entre esta lectura de la democracia y la visión que presentábamos en los párrafos anteriores parecen claros. Princi-

4. Para él, "[n]o podemos decir, al menos sobre muchos criminales, que ellos se han apropiado de modo indebido de ciertas ventajas, por medio de sus crímenes". En muchos casos, los castigos no pueden ser vistos como un modo de "restablecer un balance equitativo de cargas y beneficios, pero ese balance no existía de antemano" (Duff 1986: 229).

palmente, ambas ponen un acento muy especial en la intervención de los propios afectados en la creación del derecho, como condición para la aceptabilidad y respetabilidad de las normas. No resulta extraño, por lo tanto, que el propio Duff haya hecho explícitas, en los últimos tiempos, las conexiones que existen entre sus trabajos sobre la justificación del castigo y la teoría deliberativa de la democracia (Duff y Marshall 2007; Duff, Farmer *et al.* 2007). Su acercamiento a dicha teoría, en fin, es consistente con el que han hecho varios otros autores interesados teóricamente en la problemática del castigo, y con una mirada también crítica sobre el mismo (de Greiff 2002; Nino 1996 y 1996b; Pettit y Braithwaite 1990 y 1994).

La teoría deliberativa de la democracia vincula la imparcialidad de las normas con procesos de discusión inclusivos y, por eso mismo, considera que en situaciones que ofenden alguno de esos básicos compromisos (decisiones que son el mero producto de la presión de grupos de interés; decisiones que se toman en el marco de sociedades fuertemente excluyentes) aumenta enormemente el riesgo de que las políticas públicas resulten sesgadas a favor de quienes controlan el proceso de decisiones, o en contra de quienes son más ajenos al mismo. Y ello, no a resultas de alguna teoría conspirativa, ni necesariamente como producto de la mala fe de los funcionarios de turno, sino como resultado de la natural dificultad que cada uno de nosotros tiene para ponerse en el lugar de los demás, conocer lo que resulta importante para ellos, o sopesar debidamente el valor que ellos le asignan a aquello que les importa.

El tema tiene una significación obvia en el marco de este trabajo, porque dicha teoría nos ayuda a predecir que en esta área, relacionada con los modos del ejercicio de la coerción penal, los niveles de exclusión social existentes y la falta de debate público sobre la materia van a redundar en un ejercicio fuertemente sesgado e injustificado de esta coerción.

Lo dicho, lamentablemente, parece encontrar un fuerte respaldo empírico cuando –por caso, y de modo relevante– prestamos atención a la deplorable situación que caracteriza a las prisiones en la mayoría de nuestros países. En ellas, inequívocamente, podemos reconocer de qué modo sociedades de composición social heterogénea producen sistemas carcelarios de composición homogénea, en donde los grupos más desaventajados de la sociedad se encuentran claramente sobrerepresentados. Este resultado inaceptable se debe a muchas razones, pero sin lugar a dudas, también, a los modos en que el derecho se escribe (cuáles son las faltas que son seleccionadas como delitos y cuáles no), se aplica y se interpreta[5]. Finalmente, la pretensión del Estado de hacer uso de la violencia que controla resulta decisivamente cuestionable cuando quienes son más afectados por esa violencia representan a aquellos que menos involucramiento han tenido en el diseño, aplicación e interpretación de esas políticas de violencia.

— IV —
Una presunción negativa

En la práctica, las dos líneas argumentativas exploradas en la sección anterior marchan juntas, a pesar de que tenga sentido examinarlas por separado. Cada una de ellas nos refiere a ejemplos demasiado comunes en nuestras sociedades. Situaciones como las del *apartheid* sudafricano; violaciones masivas de los derechos humanos como las practicadas por la mayoría de las dictaduras latinoamericanas, durante los años setenta; discriminaciones raciales extremas, como las sufridas por la comunidad afroamericana en los Estados Unidos; representan ejemplos muy visibles de situaciones de violencia grave y sistemática sobre algunos grupos, que implicaron una ofensa enorme sobre sus derechos, imputables al Estado en control del monopolio de la fuerza. Por ello mismo, los mencionados ejemplos ilustran bien la que fuera nuestra primera línea teórica, relacionada con los derechos. Sin embargo, y al mismo tiempo, tales ejemplos ejemplifican –como suele ocurrir– nuestra segunda línea de investigación, relacionada con la democracia, en general, y la democracia deliberativa, en particular. Al respecto, podríamos decir que los grupos entonces afectados –la comunidad negra en Sudáfrica; la de los afroamericanos en los Estados Unidos; la de las víctimas de las dictaduras latinoamericanas– se encontraban sistemáticamente privados de voz, en sus respectivas comunidades, y que por dicha razón el Estado no podía reclamar autoridad penal coercitiva sobre ellos.

Es decir, cualquiera de las dos vías teóricas exploradas al comienzo –la de los derechos o la de la democracia– nos habilita para llegar

5. En efecto, parece que, o bien estamos eligiendo castigar crímenes que son primordialmente cometidos por personas desfavorecidas, y/o que, dentro de esos crímenes seleccionados, el sistema penal se encuentra sistemáticamente sesgado contra los derechos e intereses de los desfavorecidos, porque son ellos los que aparecen sistemáticamente seleccionados por el aparato represivo del Estado.

al mismo resultado, en relación con ciertas situaciones extremas: la pérdida de autoridad justificada por parte del Estado, para ejercer la coerción penal en los modos en que lo ha venido haciendo. O también podríamos decir, como dijeran otros, que dicha pérdida de autoridad se relaciona con agravios producidos por la autoridad al frente del gobierno, y derivados de graves violaciones sustantivas (de derechos) y procedimentales (democráticas) efectuadas por esa autoridad. Ésta fue, por ejemplo, la estrategia seguida por Thomas Jefferson y parte de la dirigencia revolucionaria norteamericana, a la hora de escribir la Declaración de la Independencia[6].

En el caso aquí bajo estudio, de todos modos, no me interesa (como sí podía interesarle a Jefferson) hacer referencia a los modos en que ciertas fallas sustantivas y procedimentales pueden poner en cuestión las mismas bases jurídicas de la comunidad. El caso sobre el que me concentro es jurídicamente más específico, ya que me refiero a la justificación del uso de la violencia penal por parte del Estado en condiciones socialmente extremas, relacionadas con la existencia de radicales índices de exclusión.

Mi examen tampoco pretende sugerir la existencia de relaciones automáticas del tipo exclusión social = disolución del Código Penal. La idea en la que pienso es diferente, más estrecha. Lo que afirmo es que, en circunstancias sociales tan extremas como las descriptas, tenemos razones para ser mucho más exigentes respecto de los modos en que el Estado ejerce la violencia penal. En lugar de presumir, como lo hacemos hoy, que el ejercicio del poder punitivo se justifica en todos los casos, tenemos que cambiar la presunción y obligar al Estado a que nos justifique por qué quiere hacer lo que viene haciendo, dado el contexto social que existe, y del que es directo responsable. Uno podría decir que, en tal contexto, la presunción debe invertirse hasta tanto el Estado no demuestre que está haciendo esfuerzos genuinos y visibles para cambiar la situación que hasta hoy mantiene y que comporta masivas y graves violaciones de derechos. Resistiendo las reducciones al absurdo en las que suele incurrir el poder, en estos casos (cuando reclama, por ejemplo, "el Estado aumentó el salario mínimo, entonces el poder punitivo hoy se justifica"), lo sugerido implica mantener una presunción negativa respecto de la justifica-

6. Se trató, en dicha ocasión, de listar la "larga cadena de abusos" cometidos por las autoridades inglesas, en ofensa de los derechos básicos de los norteamericanos, contra su fundamental derecho al auto-gobierno. Dichos abusos, se alegaba, privaban al gobierno británico de su autoridad jurídica sobre los nuevos territorios.

ción del accionar estatal, hasta tanto el cambio de actitud estatal sea manifiesto para todos, oficialistas y opositores: debe resultar claro para cualquiera que el Estado está dirigiendo todas sus energías a poner fin a las injusticias que hasta hoy ha auspiciado, a través de sus acciones y omisiones.

— V —
Objeciones

En esta sección quisiera examinar algunas críticas posibles, ya conocidas, sobre posiciones como las que aquí se mantienen.

Las condiciones de la obligación política. Una observación habitual hecha por quienes desconfían de esta línea de análisis dice que la alegada exclusión que se toma como base para señalar la falta de autoridad del derecho no es tal. Ello, por caso, debido al significativo punto de que ricos y pobres, privilegiados y desaventajados, cuentan todos con un idéntico derecho al voto, que les permite influir de un modo no irrelevante sobre el sistema de toma de decisiones[7]. A ello se suma la circunstancia de que, en todas nuestras democracias, los más postergados están investidos de un derecho a la queja: ellos pueden salir a la calle, manifestarse y hacerles conocer a los demás sus puntos de vista. Asimismo, se alega, la propia historia de nuestros países ratifica lo observado, porque nuestros parlamentos cuentan habitualmente con representación obrera, así como hay representación de partidos que asumen como propios los intereses de los grupos más postergados. Del mismo modo, podría decirse, los medios de comunicación no escatiman imágenes o referencias a la situación de los grupos más postergados, razón por la cual no resultaría veraz sostener que ellos se encuentran invisibilizados, ausentes de la escena pública.

En mi opinión, la línea de argumentación anterior resulta difícil de sostener. En primer lugar, ella parte de una idea demasiado débil o poco exigente de la obligación política. En las décadas de "separados pero iguales"[8], por ejemplo, los afroamericanos en los Estados Unidos

7. Una lectura crítica, significativa, sobre la obligación política se encuentra en Simmons (1996).

8. Cuando regían las más severas discriminaciones contra los afroamericanos y se les impedía, legalmente, tener acceso a las mismas facilidades que se habilitaban para los blancos. Este régimen diferenciado fue reconocido constitucional,

podían contar con el derecho al voto, pero ello no negaba la presencia de ofensas gravísimas inducidas desde el Estado y que implicaban, en los hechos, un tratamiento como "ciudadanía de segunda clase". Sistemáticamente, y por razones ajenas a su responsabilidad, los miembros de la comunidad afroamericana tenían entonces acceso a servicios de educación, salud o aún de transporte de mucha peor calidad en comparación con aquellos que se reservaban para la mayoría blanca. Y el hecho de que ellos pudieran votar no disminuía la gravedad de las faltas del Estado, ni su eventual derecho a desafiar o desconocer la autoridad del Estado.

En tal sentido, podría agregarse, el sistema representativo en una mayoría de democracias occidentales sufre fallas graves, que hacen difícil que los ciudadanos puedan ganar control sobre el proceso de toma de decisiones y hacer responsables por sus omisiones o faltas a los principales artífices de las políticas públicas que se adoptan. De allí que tales sistemas puedan convivir con situaciones de marginación extremas u ofensas gravísimas sobre ciertas secciones de la comunidad. Nada de ello es desmentido por la existencia de algún fallo judicial favorable a algún individuo de bajos recursos; por la presencia, en el Congreso, de algún diputado identificado con los intereses de quienes están peor; o por algunas imágenes televisivas solazándose con las quejas o miserias de algunos pobres.

Finalmente, la objeción bajo examen fracasa por asumir que el único caso serio capaz de justificar una ruptura en los deberes de obediencia es el que se deriva de situaciones de máxima exclusión política –*i.e.*, la aparición de una dictadura–. Contra dicho criterio, aquí me interesó decir que la pérdida de autoridad política puede derivarse no sólo de la "ausencia de voz" de los marginados, o de la ruptura democrática (la llegada de una dictadura), sino también, y de modo especial, a partir de la presencia de graves y sistemáticas violaciones de derechos.

Decir lo anterior no implica desconocer que, en una sociedad decente, el respeto de los derechos puede resultar imperfecto; que pueden darse violaciones de derechos ocasionales, sobre algún individuo o grupo. Una sociedad decente es compatible con tales fallas eventuales. Entiendo, sin embargo, que ella es incompatible con la presencia de violaciones de derechos sistemáticas y graves. En esos casos, pierde sentido la afirmación según la cual "los más desaventaja-

por la Corte Suprema norteamericana, en 1896, en el caso *Plessy v. Ferguson*, 163 U.S. 537.

dos están participando del sistema institucional, así que no hay razones para tratarlos como excluidos". El cuestionamiento que realizamos no depende, exclusivamente, de la mayor o menor inclusión política de los desaventajados (aunque aquí no concedería, de todos modos, que la existencia del derecho al voto, típicamente, elimina las razones que tienen los marginados para considerarse excluidos del sistema político). Nuestro cuestionamiento a la autoridad coercitiva se sostiene si es que podemos considerar, razonablemente, que los miembros más débiles de la sociedad se encuentran afectados por graves y sistemáticas violaciones de derechos.

Los más desaventajados necesitan del orden legal. Una variante del argumento anterior diría que, si bien alegaciones como las que hemos hecho son verosímiles, ellas no son suficientes para probar lo que pretendemos probar. Así, puede ser cierto lo que dijimos, esto es, el hecho según el cual sistemas políticos imperfectos tienden a generar graves violaciones de derechos. Sin embargo, también parece serlo que alternativas institucionales como las que aquí parecen quedar disponibles sólo prometen agravar las violaciones de derechos de las que nos quejábamos. Según esta crítica, la puesta en cuestión de la autoridad coercitiva sólo puede traer consigo consecuencias desastrosas, sobre todo para quienes están peor. Este previsible resultado –se nos dice– sólo terminaría empeorando la suerte de aquellos a quienes más nos interesa proteger. En efecto, en un contexto en donde comienza a resultar habitual la desobediencia del derecho, o el desconocimiento de la autoridad jurídica de los decisores, ¿qué puede esperarse sino el caos, la violencia social y –peor aún– la violencia o venganza privada hacia los grupos sobre quienes existen mayores prejuicios?

Una variante de esta línea de argumentación ha sido explorada por autores muy reconocidos en el ámbito local, como el profesor italiano Luigi Ferrajoli (o, con matices diferentes, el argentino Raúl Zaffaroni), quienes consideran que la justicia debe comprometerse con la aplicación moderada/limitada de castigos, debido a una serie de premisas relacionadas, de modo muy directo, con las consecuencias trágicas que se seguirían en ausencia del derecho penal. El profesor italiano, en particular, hace referencia a dos razones especiales. Por un lado, él se refiere a la necesidad de favorecer el fin de prevención general negativa, que busca maximizar la utilidad de la mayoría (Ferrajoli 1997: 332). En segundo lugar, alude al servicio que puede prestar la pena en tren de minimizar el "malestar necesario de los desviados" (*sic*) –lo que convierte en injusta toda pena "agravada más allá de lo necesario para quienes deben sufrirla"–. Allí aparece otro criterio al que denomina "el segundo y fundamental fin justificador del derecho penal", que es el de impedir "la mayor reacción –informal, salvaje, espontánea, arbitraria, punitiva pero no penal– que a falta de penas podría provenir de la parte ofendida o de fuerzas sociales o institucionales solidarias con ella" (*ibíd.*). La pena aparece, entonces, como una forma de minimizar la "reacción violenta al delito" (*ibíd.*)[9].

Lo dicho resulta, sin embargo, problemático por varios motivos. Por un lado, Ferrajoli en ningún momento nos ofrece una evidencia empírica (o referencias a ella) que sea capaz de fundar la conexión causal que establece entre ausencia de penas –que no es lo mismo que ausencia de reproche estatal– y venganza privada[10]. Por otro lado, si lo que se quiere es evitar los riesgos de la venganza privada ¿por qué no diseñar entonces estrategias protectivas sobre los acusados o responsables de ciertas ofensas, en lugar de encerrar a estos últimos, privándolos de sus libertades más básicas?[11]. De manera muy

9. Finalmente, Ferrajoli ve a su proyecto justificatorio como "histórica y sociológicamente" relativo. Para él, "la gravedad y cantidad de las penas ha de ajustarse en suma a la gravedad y cantidad de la violencia que se expresa en la sociedad y al grado de su intolerabilidad social" (*ibíd.* 344). Y, concluye, "bajo este aspecto es indudable que la sociedad contemporánea es incomparablemente menos violenta" que sociedades pasadas.

10. Enfatizo este aspecto de la justificación dada por Ferrajoli para la pena, dado que él mismo admite –en la sección de su libro dedicada a la justificación de la pena– que "es dudosa la idoneidad del derecho penal para satisfacer eficazmente" su primer objetivo, el de prevenir el delito, dadas las "complejas razones sociales, psicológicas y culturales de los delitos, ciertamente no neutralizables mediante el mero temor a las penas" (*ibíd.* 334).

11. De modo similar, Zaffaroni señala que si los jueces no aceptaran aplicar ciertas dosis mínimas de represión penal "las restantes agencias y, en especial, el formidable aparato de propaganda del sistema penal con su invención de la realidad... se ocuparían de aniquilar a la agencia (al acusado del caso) y a sus legítimas tentativas limitadoras, apuntalando su ejercicio de poder deslegitimado y poniendo en peligro toda la empresa judicial de limitación de la violencia" (Zaffaroni 2003: 284; también Zaffaroni 2006). Pueden verse las consecuencias nefastas de este tipo de visiones en casos recientes resueltos por la Corte Suprema de nuestro país –y con el claro aval del jurista argentino–, como el de "García Méndez", en donde se justificó el encierro de menores en situación de calle bajo la idea de que de ese modo se los protegía. Como dijera la jueza Carmen Argibay, luego de aparecido el fallo, "No podíamos mandar [a] estos chicos a la calle sin averiguar qué pasa. Si hacíamos eso, estaríamos ofreciendo blancos móviles. No se olviden de que en la Argentina existe el gatillo fácil". http://www.lanacion.com.ar/nota.asp?nota_id=1077242.

especial, quienes asumen visiones tan críticas de la pena requieren de justificaciones extraordinarias, si es que pretenden demostrar que la misma, a pesar de todo, es una herramienta necesaria, susceptible de ser justificada en contextos tan dramáticos como los que vivimos[12].

Y qué decir frente a quienes sostienen que un cuestionamiento como el que ofrecemos implica poner en cuestión a todo uso posible del aparato coercitivo estatal (dando lugar, entonces, a una sociedad con un Estado virtualmente ausente, una sociedad en donde rige la "ley del más fuerte")[13].

Dicha pregunta, según entiendo, es compleja, pero presupone que aquí se hacen afirmaciones que en este texto no se hacen, o directamente se rechazan. En primer lugar, debería aclarar que el objetivo de este escrito es el de examinar críticamente la justificación del uso de la coerción en ciertas condiciones contextuales, y no el de elaborar propuestas de política pública acerca de cómo debiera ejercerse dicho poder. Para tornar más comprensible lo que digo, pensemos en el siguiente ejemplo. Imaginemos que un Estado tuviera a la tortura como práctica habitual contra sus detenidos, y dijera –como suele decirse en esos casos– que utiliza la tortura porque es el único medio realmente efectivo para asegurar ciertos beneficios urgentes y deseables para todos (*i.e.*, evitar inminentes actos terroristas)[14]. Frente a dicha práctica la afirmación de un principio incondicio-

12. La falta de apoyatura empírica que señalábamos se torna más seria cuando vemos las conexiones existentes entre su propia defensa del minimalismo, y el maximalismo penal que atribuye al accionar mayoritario. Finalmente, y como viéramos, Ferrajoli presenta al "garantismo penal" como contracara de la "democracia política". En tal sentido, si fuera cierto, por caso, el vínculo que Ferrajoli señala entre neopunitivismo y decisión mayoritaria, luego, él tendría un mejor apoyo para avanzar en su propuesta. Sin embargo, el nexo que aquí se establece tiene al menos dos problemas serios. En primer lugar, Ferrajoli no ofrece ningún apoyo empírico serio para su propuesta. Bien podría ser, por caso, que dicha conexión entre mayoritarismo y neopunitivismo fuera más azaroza, o más compleja, o menos unidireccional de lo que él alega. Pero ocurre además, y en segundo lugar, que hay buenos estudios empíricos que socavan sus dichos, y que muestran, por ejemplo, que la mayor intervención popular en el área penal y la deliberación democrática sobre la cuestión no terminan necesariamente en un apoyo a propuestas consistentemente más punitivistas, sino más bien lo contrario. En todo caso –y aún asumiendo lo que no asumo, es decir el carácter polémico de estos últimos estudios– lo que resulta claro es que Ferrajoli no puede seguir sosteniendo su defensa del minimalismo penal de la manera en que lo hace: ella falla en su base empírica, tanto como en su apoyatura teórica.

13. Una lúcida discusión al respecto en Hudson (1995: 68).

14. Ver Posner y Vermeule (2007).

nal de no-tortura (basado, por caso, en el respeto de la igual dignidad humana, o en los compromisos internacionales asumidos por el Estado, en materia de respeto de derechos humanos), no merecería ser respondido con ideas polémicas y empíricamente cuestionables del tipo "haciéndole caso a Ud. la persecución del terrorismo se torna imposible"; ni mucho menos con acusaciones del tipo "Ud. entonces está a favor del terrorismo". Nuestro cuestionamiento inicial parte de un punto filosófico, que requiere ser respondido filosóficamente. Por otro lado, respuestas como la citada –si es que quieren tener algún peso en la argumentación general– deben ser respaldadas mejor, en términos empíricos: no basta con proclamar simplemente "así se termina con la posibilidad de perseguir al terrorismo"; o "con lo que Ud. propone cae todo el sistema de persecución penal". Por lo demás, el cuestionamiento a ciertos aspectos centrales de una política penal (la tortura; el uso de penas de privación de libertad en contextos de fuerte desigualdad), no implica, necesariamente, un cuestionamiento a todos los demás aspectos de dicha política. De modo análogo podemos decir, frente a una política económica de fuerte intervención estatal, que la expropiación sin debido proceso no se justifica. Ello no implica sostener, sin embargo, que todos los demás aspectos del plan económico vigente sean igualmente cuestionables. Tal vez lo sean, tal vez no, y deberá pensarse sobre cada uno de esos casos por separado.

Más aún, existe un problema, sobre el cual ahora no profundizaré, en considerar que quien hace una crítica de principios a una cierta práctica abusiva debe –si es que quiere actuar de modo responsable– contar con propuestas acabadas acerca de las mejores alternativas políticas, capaces de reemplazar la práctica criticada. Nuevamente, quien sostiene que no debe perseguirse al terrorismo a través de la tortura no necesita contar con un plan alternativo, viable, sobre cómo combatir exitosamente al terrorismo para poder avanzar en su crítica.

Finalmente, existen razones especiales para concentrar nuestra crítica sobre los modos en que el Estado hace uso de la coerción penal (en lugar de, directamente, iniciar un cuestionamiento global al Estado). Ello, debido a los riesgos extraordinarios que implica dicha práctica coercitiva, en materia de violación de derechos. Y todavía más cuando, cotidianamente, nos encontramos frente a una práctica de violaciones masivas y graves de derechos (*i.e.*, de los detenidos y procesados), que son en parte un producto directo de los modos en que se ejerce la coerción penal. Por supuesto, decir esto en absoluto niega el valor de examinar todos los demás abusos que cometa el Estado, o de iniciar un examen crítico más global sobre los modos en que el Estado ejerce su autoridad.

La responsabilidad penal. Una pregunta crucial, a responder en este contexto, sería la siguiente: ¿Supone la discusión anterior una afirmación según la cual los pobres y marginados ya no debieran ser considerados penalmente responsables de sus crímenes, dado el tipo de padecimientos que han sufrido –según se alega– a manos del Estado? La respuesta breve frente a tal interrogante es que no. Existe, al respecto, una discusión larga y no demasiado alentadora, que ha llevado adelante parte de la doctrina penal. En el ámbito anglosajón, el debate se vio subrepticiamente impulsado luego de un fallo de mediados del siglo anterior, en donde –de modo inesperado– un juez puso en cuestión la posibilidad de responsabilizar a un acusado de crímenes horrendos, a resultas del origen social tan trágico ("*rotten social background*") del que provenía. Se trataba del juez Bazelon, y el caso en cuestión era uno que involucraba un doble asesinato cometido por un individuo negro, absolutamente desposeído, a quien le gritaron insultos racistas en la entrada de un bar. El juez, frente al caso concreto, se inclinó por adoptar un principio de irresponsabilidad muy amplio, que incluyera no sólo la discapacidad mental, sino también los efectos de situaciones de desventaja social extremas. En su sentencia, y también en algunos escritos que la siguieron, Bazelon llamó la atención sobre la importancia de tomar en cuenta las condiciones socio-económicas del acusado. Y, además, se refirió a la conexión que encontraba entre crímenes violentos y la distribución de la riqueza. En sus palabras "existe una conexión causal significativa entre el crimen violento y un origen social de extrema pobreza". Es por ello que propuso la adopción de medidas redistributivas (a favor de aquellos que no recibían su parte correspondiente en la distribución económica), a la vez que sostuvo el valor de una defensa basada en ese origen social. Bazelon recibió entonces sólo unos pocos respaldos, en medio de críticas numerosas y filosas (Bazelon 1976, 1976b; Delgado 1985; Green 2009; Hudson 1995, 1995; Moore 1985; Morse 1976, 1976b, 2000; Tonry 1995).

Entre los defensores y continuadores de la postura de Bazelon se destaca el trabajo de Richard Delgado, quien investigó sobre en qué crímenes podía aplicarse una defensa como la sugerida por Bazelon. Él exploró, además, qué opciones podían quedar al alcance del juez, en esos casos. De todos modos, y a pesar de escritos como los de Delgado, las objeciones recibidas por la presentación del juez se multiplicaron. Entre ellas, se destacan las que presentara el reconocido teórico penal Michael Moore. Para este ultimo, enfoques como el propuesto por Bazelon implicaban tratar a los miembros de los sectores desaventajados como "menos que humanos" ("*as less than human*", Moore 1985). Para Moore, por lo demás, dicha mirada sobre los desaventajados implica habitualmente "elitismo y condescendencia"[15].

La discusión anterior, según entiendo, ha quedado encallada en un lugar de difícil salida. Las respuestas al problema planteado, por lo demás, prometen no ser nunca satisfactorias, al mismo tiempo, para las dos partes en disputa. En parte por ello, he preferido dejar entre paréntesis la cuestión de la responsabilidad penal de los pobres. Ocurre que el análisis que aquí se presenta no es dependiente de una previa respuesta a esta compleja cuestión. Como dijera Antony Duff, uno no necesita negar la responsabilidad de los marginados por los crímenes que cometen, para insistir con la misma pregunta frente al Estado: "¿Quién es Ud. para reprocharme algo?".

En ciertas ocasiones, alguien podrá seguir ensayando, en defensa de los más postergados, alguna defensa afirmando que sus acciones pueden ser en parte *excusadas* como consecuencia de la "coacción propia de las circunstancias, por ejemplo, o la falta de oportunidades para adquirir artículos normalmente disponibles por medios no criminales"; o aún *(parcialmente) justificadas*, si el crimen puede ser visto como una manera de remediar la injusticia (Duff 2004: 258)[16]. En su importante trabajo *Malign Neglect*, Michael Tonry explora esta línea de reflexión, para sostener que los jueces deben, en todo caso, introducir mitigaciones al momento de pronunciar su sentencia, y no al definir la culpabilidad del ofensor. De ese modo, podrían dar una cabida apropiada a sus preocupaciones por las circunstancias que

15. Michael Tonry objeta la idea de Moore conforme a la cual el derecho no debería tener en cuenta la simpatía que podemos sentir por aquellos criminales cuyo crimen fue causado por factores tales como la adversidad social o el abuso psicológico durante la infancia. Para Tonry, estas consideraciones de Moore sobre las desventajas sociales son contradictorias con lo que Moore ha escrito, en general, sobre el castigo. Para él, "parece inconsistente el hecho de que esté preparado para confiar en las intuiciones punitivas, e invocarlas como bases para sus argumentos sobre la justicia de los esquemas retributivistas penales, mientras que desconfía de las intuiciones de simpatía y las rechaza como base para argumentos sobre la justicia de los esquemas punitivos basados en la empatía" (Tonry 1995: 143).

16. Sobre la diferencia entre la justificación y las excusas, ver Fletcher (1978).

llevaron al ofensor a cometer el crimen –rechazando, de este modo, la idea tradicional de "merecimiento justo" y, al mismo tiempo, sin necesidad de iniciar reflexiones sobre la (no) responsabilidad penal de los desaventajados (Tonry 1995: 127; McCoy 1997: 604)–.

Sin embargo, el punto que me interesa afirmar es que, a la hora de pronunciarse en un caso, los jurados o jueces deben no sólo determinar si hay pruebas suficientes para definir si alguien es culpable o inocente, y reflexionar sobre los límites posibles de la responsabilidad penal de los más desaventajados (discusión que, como viéramos, presenta extraordinarias complicaciones). En esas situaciones debe determinarse, también, y de modo significativo, si quienes juzgan tienen o carecen del "*standing* legal o moral" para juzgar al delincuente. La pregunta, en términos más generales, debe ser si nosotros, como miembros del sistema de gobierno que hoy debe decidir en este caso,

> *...no hemos tratado al delincuente como a un ciudadano. Las dramáticas condiciones sociales que afectaron el derecho de alguien de vivir una vida decente, no necesariamente exculpan al delincuente, pero pueden condicionar la posición del Estado para condenarlo*[17].

Para Duff, "nosotros mismos, que mantenemos o toleramos un sistema social y legal que perpetra groseras injusticias, difícilmente podemos alegar el derecho de castigar a aquellos que actúan injustamente" (1986: 229)[18].

La cuestión de la transición. Otro tema importante, siempre presente cuando se tratan cuestiones como las que aquí tratamos, tiene que ver con el "mientras tanto", es decir, con la pregunta de la transición. El crítico sugiere entonces, habitualmente, que reconoce aspectos centrales de argumentaciones como las que hemos presentado pero

17. Hay una discusión importante aquí, respecto de si estas justificaciones o excusas cubren solamente a aquellos más directamente ofendidos por el Estado, o también a aquellos que actúan en su nombre, afirmando (razonablemente) que también se consideran ofendidos por la actitud irrespetuosa del Estado.

18. Para desarrollar su opinión sobre el tema, Duff utiliza el concepto de "Desestimación". La idea es que hay un "*trial-barring plea*" ("declaración juicio - prohibir"), de acuerdo con el cuál, "la conducta previa del acusado limita la capacidad legal para poder juzgarlo" (*ibíd.*, El 250). Este concepto ha sido usado dentro del Derecho Civil con el fin de impedir ciertas demandas (ejemplo: si prometiera a mi inquilino que no le exigiré pagarme el alquiler entero que me debe, entonces terminaría el derecho de demandarlo por el alquiler completo). Duff trata de trasladar este concepto al área del Derecho Penal.

que, sin embargo, necesita saber qué es lo que vamos a hacer en el tránsito "de aquí hacia allí", de la actualidad de la injusticia penal y hasta el momento en que lleguemos a un estadio de justicia social más plena. ¿Es que vamos a dejar libres a todos los que están detenidos? ¿Es que no vamos a perseguir más a ningún criminal?

En parte, mi respuesta sigue a la que diera Antony Duff en su libro *Punishment, Communication and Community*. Allí, el profesor Duff da cuenta de que, tiempo atrás, él aceptaba la sugerencia según la cual debía suspenderse el recurso a una teoría tan exigente (sobre las precondiciones de la responsabilidad penal) hasta tanto no estuviéramos más cerca de satisfacer tales condiciones. Ello, por ser una teoría "demasiado alejada de la vida humana como para servir de guía o finalidad para nuestras propias prácticas" (Duff 2001: 198). Sin embargo, en el libro citado, Duff opta por no dar ese paso y mantenerse en la defensa de una teoría exigente. Las razones de este cambio de postura son varias, incluyendo su convicción de que "cualquier teoría plausible sobre el castigo debe reconocer que su legitimidad se encuentra seriamente afectada por la no satisfacción [de requerimientos básicos] que es propia de nuestras sociedades" (*ibíd.*).

De mi parte, agregaría a dichas razones algunas otras. i) Ante todo, la actitud de "dar luz verde" al poder punitivo estatal en condiciones de extrema desigualdad no es, claramente, una manera de "seguir haciendo que se respeten los derechos, a pesar de todo". Por el contrario, y por razones como las señaladas más arriba, en tales contextos, el ejercicio del poder punitivo tiende a ser, inequívocamente, arbitrario, sesgado, inaceptablemente selectivo –selectivo de maneras tales que la fuerza se ejerce solamente sobre los más débiles–. Debemos ser conscientes, entonces, que frente al grupo de los más vulnerables, la *continuidad* de ese ejercicio híper-sesgado del poder punitivo es una causa crucial en la preservación de una situación violadora de derechos, y no lo contrario. ii) En segundo lugar, no debemos perder tampoco de vista que, en la práctica, el sistema penal tiende a castigar un porcentaje ínfimo de los crímenes que se cometen en la sociedad. Es decir, no es cierto que con la resistencia al poder punitivo que aconsejamos, la situación en cuanto a los crímenes castigados vaya a cambiar radicalmente: más del 90 o 95% de los crímenes producidos seguirán quedando impunes. iii) En tercer lugar, tampoco debe olvidarse que nuestra crítica a los modos en que se ejerce la justicia penal no pretende extenderse inmediatamente a otras áreas del actuar estatal. Como sostuviéramos ya, la gravedad de la violencia que se ejerce en el área penal amerita una revisión crítica más urgente y por separado. Por lo dicho, el Estado podría seguir ejerciendo, en estos contextos, tareas preventivas y de protección básicas, en honor de (lo que, por caso, John Rawls denominara) los "deberes naturales" de cada uno, de respeto hacia los demás. El Estado, entonces, podría seguir teniendo el deber de protegernos contra la violencia doméstica o custodiarnos frente a la presencia de un asesino serial. iv) En cuarto lugar, nuestra crítica a los injustificados modos en que se ejerce la violencia estatal abre un espacio para la búsqueda de formas alternativas de resolución de conflictos penales, más respetuosas de los derechos de las personas involucradas (*i.e.*, a través del encuentro entre víctima y victimario). v) En quinto lugar, es bueno recordar que todo el derecho penal se encuentra montado sobre la idea de la *ultima ratio*, es decir, sobre la presunción negativa que dice que el derecho penal no debe ser utilizado nunca... salvo en casos absolutamente extremos. Lo que ocurre es que, con el correr de los años, las autoridades estatales tanto como los doctrinarios han comenzado a distender sus preocupaciones al respecto, para aceptar la aplicación del derecho penal (contra el principio de la *ultima ratio*), indiscriminadamente, en cualquier caso, y con absoluta ligereza[19].

Por supuesto, el tránsito por estas zonas difíciles del derecho torna muy compleja la tarea de todos los miembros de la comunidad jurídica: ¿Hasta dónde actuar justificadamente? ¿Qué es lo mejor que podemos hacer, en situaciones tan complicadas como las descriptas, para no caer en acciones u omisiones indebidas? Nadie niega la importancia y gravedad de este tipo de interrogantes. Sin embargo, no debemos utilizar estas dificultades –como habitualmente ocurre– como excusa para seguir justificando o avalando lo inaceptable. La presencia de casos muy difíciles nos da razones para pensar más crítica y detenidamente y no, en cambio, para seguir actuando de formas injustificadas, dada la complejidad de los problemas planteados por esos casos difíciles.

19. De modo más radical, parte de lo más importante de la doctrina penal de nuestro tiempo defiende posturas cercanas al denominado "minimalismo penal", que procura tomar más en serio aquel compromiso con la *ultima ratio* (Ferrajoli 2008; Zaffaroni 2006). Entiendo, sin embargo, que esta saludable iniciativa tampoco ha sido mantenida de un modo debidamente consistente.

Bibliografía

ALSCHULER, A. (1991), "The Failure of Sentencing Guidelines: A Pleafor Less Aggregation", en: *The University of Chicago Law Review*, Vol. 58, N. 3 (summer), 901-951.

ASHWORTH, A. (1991), *Principles of Criminal Law*. Oxford, Criminal Law.

BAZELON, D. (1988), *Questioning Authority: Justice and the Criminal Law*. New York, Alfred Knopf.

—— (1976a), "The Morality of the Criminal Law", en: *Southern California Law Review* 49, 385-405.

—— (1976b), "The Morality of the Criminal Law: A Rejoinder to Professor Morse", en: *Southern California Law Review* 49, 1269.

BEDAU, H. (1991), "Punitive Violence and Its Alternatives", en: J. Brady and N. Garver (eds.), *Justice, Law, and Violence*. Philadelphia, Temple University Press, 193-209.

BOTTOMS, A.E. (1995), "The Philosophy and Politics of Punishment and Sentencing", en: C. Clarkson and R. Morgan (eds.), *The Politics of Sentencing Reform*. Oxford, Clarendon Press.

BRAITHWAITE, J. y P. PETTIT (1990), *Not Jut Deserts: A Republican Theory of Criminal Law*. Oxford, Clarendon Press.

CARLEN, P. (1992), "Criminal women and criminal justice: the limits to, and potential of, feminist and left realist perspectives", en: R. Matthews and J. Young (eds.), *Issues in Realist Criminology*. London, Sage.

—— (1989), "Crime, Inequality and Sentencing", en R. Duff and D. Garland, *A Reader on Punishment*. Oxford, Oxford University Press, 306-32.

CLARKSON, C. y R. MORGAN (eds.) (1995), *The Politics of Sentencing Reform*. Oxford, Clarendon Press.

DE GREIFF, P. (2002), "Deliberative Democracy and Punishment", en: *Buffalo Criminal Law Review*, Vol. 5, N. 2, 373-403.

DELGADO, R. (1985), "Rotten Social Background: Should the Criminal Law Recognize a Defense of Severe Environmental Deprivation?", en: *Law and Inequality*, 3, 9-90.

DUFF, A. (2008), "Authority and Responsibility en International Criminal Law", to appear in S. Besson and J. Tasioulas (eds.), *Philosophy of International Law*. Oxford, Oxford University Press.

—— (2004), "I Might me Guilty, But You Can't Try Me: Estoppel and Other Bars to Trial", en: *1 Ohio St. J. Crim. L.* 245.

—— (2001), *Punishment, Communication, and Community*. Oxford, Oxford University Press.

—— (1998), "Law, Language and Community: Some Preconditions of Criminal Liability", en: *18 Oxford Journal of Legal Studies*, 189-206.

—— (1986), *Trials and Punishments*. Cambridge, Cambridge University Press.

DUFF, A. y D. GARLAND (1994), *A Reader on Punishment*. Oxford, Oxford University Press.

DUFF, R.A. y S. MARSHALL (1996), *Penal Theory and Practice*. Manchester, U.K., Manchester University Press.

DWORKIN, R. (2006), *Justice in Robes*. London, Belknap Press.

—— (1997), *Freedom's Law*. Cambridge, Harvard University Press.

ELSTER, J. (1998), *Deliberative Democracy*. Cambridge, Cambridge University Press.

—— (1986), "The Market and the Forum", en: J. Elster. and A. Hylland (eds.), *Foundations of Social Choice Theory*. Cambridge, Cambridge University Press.

ELY, J. (1991), *Democracy and Distrust*. Cambridge, Harvard University Press.

—— (1981), "Democracy and the Right to be different", *56 N.Y.U. Law Review*, 397-405, part. N. 5.

FABRE, C. (2000), *Social rights under the Constitution. Government and the Decent life*. Oxford, Oxford University Press.

FERRAJOLI, L. (2008), *Democracia y garantismo*. Madrid, Trotta.

—— (1997), *Derecho y razón*. Madrid, Trotta.

GARGARELLA, R. (2008), *De la injusticia penal a la justicia social*. Bogotá, Siglo del Hombre.

GEWIRTH, A. (1978), *Reason and Morality*. Chicago, Chicago University Press.

GREEN, S. (2009), "Hard Times, Hard Time: Retributive Justice for Unjustly Disadvantaged Offenders". Manuscript available at [http://ssm.com/abstract=1511732].

HABERMAS, J. (1996), *Between Facts and Norms*. Cambridge, MIT Press.

HART, H. (1968), *Punishment and Responsibility*. Oxford, Oxford University Press.

HEFFERNAN, W. (2000), "Social Justice/ Criminal Justice", en: W. Heffernan and J. Kleinig (eds.), *From Social Justice to Criminal Justice: Poverty and the Administration of Criminal Law*. Oxford, Oxford University Press.

HEFFERNAN, W. y J. KLEINIG (2000), *From Social Justice to Criminal Justice: Poverty and the Administration of Criminal Law*. Oxford, Oxford University Press.

HONDERICH, T. (1985), "Punishment, the New Retributivism, and Political Philosophy", en: A.P. Griffiths (ed.), *Philosophy and Practice*. CUP.

HOUTZAGER, P. (2007), "El movimiento de los sin tierra, el campo jurídico, y el cambio social en Brasil", en: B. Santos and C. Rodríguez Garavito, *El Derecho y la Globalización desde Abajo*. Barcelona, Anthropos.

HUDSON, B. (1995), "Beyond Proportionate Punishment: Difficult Cases and the 1991 Criminal Justice Act", en: *Crime, Law and Social Change* 22, 59-78.

—— (1993), "Racism and Criminology: Concepts and Controversies", en: D. Cook and B. Hudson (eds.), *Racism and Criminology*. London, Sage.

LACEY, N. (2001), "Social Policy, Civil Society and the Institutions of Criminal Justice", en: *Australian Journal of Legal Philosophy*, 26, 7-25.

—— (1988), *State Punishment*. London, Routledge.

LACEY, N. y L. ZEDNER (1995), "Discourses of Community in Criminal Justice", en: *Journal of Law and Society*, Vol. 22, N. 3, 301-325.

MCCOY, C. (1997), "Sentencing (and) the Underclass", en: *Law and Society Review*, Vol. 31, N. 3, 589-612.

MICHELMAN, F. (1979), "Welfare Rights in a Constitutional Democracy", en: *Washington U. Law Quarterly*, 659-693.

MOORE, M. (1985), "Causation and the Excuses", en: *California Law Review* 73.

MORSE, S. (1976a), "The Twilight of Welfare Criminology: A Reply to Judge Bazelon", en: *Southern California Law Review*, 49, 1247.

—— (1976b), "The Twilight of Welfare Criminology: A Final Word", en: *Southern California Law Review*, 49, 1275.

MURPHY, J. (1973), "Marxism and Retribution", en: *Philosophy and Public Affairs* 2, 217-43.

NINO, C. (1996), *The Constitution of Deliberative Democracy*. Conn, Yale U.P.

—— (1973), *Introducción al análisis del derecho*. Buenos Aires, Astrea.

PETTIT, P. (1997b), *Republicanism*. Oxford, Oxford University Press.

POSNER, E. y A. VERMEULE (2007), *Terror in the Balance*. Oxford, Oxford University Press.

RAWLS, J. (1991), *Political Liberalism*. New York, Colombia University Press.

—— (1971), *A Theory of Justice*. Harvard, Cambridge University Press.

—— (1955), "Two Concepts of Rules", en: *The Philosophical Review* 64 (1), 3-32.

REIMAN, J. (2007, 8th edition), *The Rich Get Richer and the Poor Get Prison*. Boston, Library of Congress.

ROBERTS, J. *et al* (2003), *Penal Populism and Public Opinion*. Oxford, Oxford University Press.

RYAN, M. (1999), "Penal Policy Making Towards the Millennium: Elites and Populists; New Labor and the New Criminology", en: *International Journal of the Sociology of Law* 27, 1-22.

SADURSKI, W. (1989), "Theory of Punishment, Social Justice and Liberal Neutrality", en: *Law and Philosophy* 7, 351-3.

—— (1985), "Justice and the Theory of Punishment", en: *5 Oxford Journal of Legal Studies* 47.

SCANLON, T. (2007), "When Does Equality Matter?", manuscript originally presented at the John Kennedy School of Government, Harvard University.

SIMMONS, J. (1996), "Associative Political Obligations", en: *Ethics*, Vol. 106, N. 2, 247-273.

SUNSTEIN, C. (2002), *Designing Democracy: What Constitutions Do*. Oxford, Oxford University Press.

—— (2001), *One Case at a Time: Judicial Minimalism on the Supreme Court*. Cambridge, Harvard University Press.

—— (1985), "Interest Groups in American Public Law", en: *Stanford Law Review*, Vol. 38, 29-87.

THAYER, J. (1893), "The Origin and Scope of the American Doctrine of Constitutional Law", en: *Harvard Law Review* 7, 129, 151-56.

THOMPSON, D. (1999), "Democratic Theory and Global Society", en: *The Journal of Political Philosophy*, Vol. 7 (2), 111-125.

TONRY, M. (1995), *Malign Neglect. Race, Crime, and Punishment*. New York, Oxford University Press.

—— (1994), "Proportionality, Parsimony, and Interchangeability of Punishments", en: R.A. Duff and D. Garland, *A Reader on Punishment*. Oxford, Oxford University Press.

TULLOCK, G.; J. BUCHANAN y C. KERSHAW ROWLEY (2004), *The Calculus of Consent: Logical Foundations of Constitutional Democracy*. Indiana, Liberty Fund.

TUSHNET, M. (2000), *Taking the Constitution Away from the Courts*. Princeton, Princeton University Press.

VON HIRSCH, A. (1998), "Penal Theories", en: M. Tonry (ed.), *The Handbook of Crime and Punishment*. New York, Oxford University Press, 659-682.

—— (1976), *Doing Justice*. New York, Hill and Wang.

WALDRON, J. (2000), "Why Indigency is Not a Justification", en: W. Heffernan and J. Kleinig (eds.), *From Social Justice to Criminal Justice: Poverty and the Administration of Criminal Law*. Oxford, Oxford University Press.

—— (1999a), *The Dignity of Legislation*. Cambridge, Cambridge University Press.

—— (1999b), *Law and Disagreement*. Oxford, Oxford University Press.

—— (1993), *Liberal Rights*. Cambridge, Cambridge University Press.

ZAFFARONI, R. (2006), *El enemigo del derecho penal*. Buenos Aires, Ediar.

—— (2003), *En busca de las penas perdidas*. Buenos Aires, Ediar.

Democracia + Garantías

~ Juan F. González Bertomeu[1] ~

> *But then they took him to the jailhouse Where they try to turn a man into a mouse.*
> Bob Dylan, *Hurricane*

— I —
Introducción

Las protecciones constitucionales frente al poder punitivo estatal son necesarias[2]. Defenderlas puede ser impopular. También, controversial: como sucede con otros temas, su contenido no siempre queda definido en detalle por la Constitución y, por ende, los órganos democráticos podrían reivindicar para sí esta función. La Corte Suprema argentina ha adoptado en los últimos años una interpretación relativamente generosa de tales protecciones constitucionales. La cuestión central es si esto debe ser motivo directo de celebración o es, en cambio, un buen resultado al que se llega de la peor manera.

En este ensayo me interesa analizar este punto: qué justificación debe adoptar el académico preocupado simultáneamente por reforzar el proyecto democrático y por proteger los derechos de los más débiles (como en buena parte lo son quienes están sometidos al aparato punitivo estatal). Quienes en el ámbito normativo –con algún nivel de refinamiento abstracto– sostenemos que los poderes políticos pueden

---

1. Agradezco muy especialmente a Marcelo Alegre, Fernando Basch, Marcelo Ferrante, Roberto Gargarella, Margarita Maxit, Hiram Meléndez-Juarbe y María Paula Saffon por su lectura atenta de una versión anterior de este trabajo, y por sus comentarios generosos. Una versión anterior de este artículo fue publicada en Barreto Rozo (2011: 64-86).

2. En este ensayo no me ocupo de ofrecer una conceptualización de estas protecciones, aunque más adelante brindo ejemplos de ellas. Me refiero, entre otras cuestiones, a las facultades de la policía para la detección e investigación de delitos; a las condiciones para arrestar personas y detenerlas durante el proceso; a las exigencias sobre obtención de pruebas y validez de la evidencia recogida irregularmente; al derecho a contar con una defensa jurídica eficaz, a apelar una sentencia de condena y a que el proceso no se alargue excesivamente; a que el estado de las cárceles y la situación de las personas privadas de libertad cumplan ciertos estándares, etc.

ser respetuosos de los derechos, podríamos tener algún resquemor frente a la posibilidad de que estos pierdan el monopolio sobre decisiones importantes de planificación penal. Dejar esta definición en manos de unos pocos, sean estos pocos jueces o técnicos, puede tener un aroma elitista. Pero al mismo tiempo, si valoramos las decisiones protectoras de los derechos, podríamos encontrar muy problemático el hecho de que las elecciones de la mayor parte del cuerpo político difieran –o puedan diferir– de ellas.

La discusión tiene relación con cuestiones normativas y empíricas, pero adopta también un giro metodológico. ¿Cuáles son los peligros y cuáles las ventajas de confiar exclusivamente en la democracia a la hora de tomar decisiones en temas relativos a las garantías penales? Más puntualmente, ¿cómo se comienza a responder esta primera pregunta sin contar con un estándar para medir esos peligros, pero también para medir la operatividad práctica del concepto "democracia"? El ensayo, entonces, gira en torno a posibles relaciones y tensiones entre "garantismo", populismo penal y democracia. En definitiva, es otra manifestación de la vieja discusión sobre constitucionalismo y control judicial. Pero lo es en un área especialmente sensible, y que plantea implicaciones y desafíos particulares para quienes pugnamos por la defensa de los derechos de los más débiles en sociedades que, pese a ser democráticas, presentan todavía grandes deficiencias.

Mi planteo podría suscitar una reacción automática: ¿Quién puede hoy cuestionar que los jueces tengan un lugar destacado en el resguardo de las garantías penales? Después de todo, buena parte del pensamiento penal moderno (desde autores clásicos como Beccaria[3] hasta contemporáneos como L. Ferrajoli[4]) se ha preocupado por enfatizar la necesidad de proteger un núcleo de valores individuales frente a los esfuerzos por endurecer el castigo. Y en muchos casos estos esfuerzos han provenido de los propios poderes políticos. Sucede, sin embargo, que esta respuesta no es obvia, incluso para gente genuinamente preocupada por promover (cierta idea de) la igualdad. Esto es lo que me interesa: reflexionar acerca de si, al menos en países con características y padecimientos como los de nuestra región, podemos tenerlo todo: democracia + garantías. Y cuando los jueces avanzan, preguntarnos si la reacción apropiada debe ser un mero sentimiento de nostalgia o –en cambio– uno de reivindicación.

3. Véase César Bonesana, Marqués de Beccaria (1993).

4. De este autor véase, por ejemplo, Luigi Ferrajoli (1995). Véase también su libro *Garantismo, una discusión sobre derechos y democracia* (2009).

La crítica a una posición como la que defiendo puede adoptar al menos dos perspectivas, similares pero no idénticas. Las denominaré las perspectivas de la "apuesta democrática" y de la "democracia genuina". La primera se inspira en una de las posibles lecturas de las teorías críticas del control judicial, como la de Jeremy Waldron[5]. Que esta lectura del trabajo de Waldron sea en sí correcta importa menos que su contenido: hay muchos otros autores que defienden argumentos similares. Como sabemos, Waldron ha enfatizado el hecho de que las comunidades políticas contemporáneas padecen desacuerdos radicales sobre cuestiones normativas[6]. Pero hay dos posibles interpretaciones sobre las implicaciones de esta proposición. Según una de ellas (la que él mismo ha defendido inicialmente), el hecho del pluralismo debería mantener a los jueces fuera de este espacio. No les pertenece. El desacuerdo debe ser zanjado por la propia comunidad votando; así se honran las diferencias. Cuando intervienen, los jueces típicamente reproducen ese desacuerdo puertas adentro de los tribunales. Para los fines de la discusión que me interesa, voy a descartar esta interpretación. Si bien no está obligada conceptualmente a aceptar la tesis del escepticismo valorativo, adopta un sesgo hostil frente a la idea de que existe un núcleo de valores a los que no queremos renunciar, una idea como la que defiendo en este ensayo y sobre la cual vuelvo hacia el final. Por más que podamos discrepar respecto del contenido preciso de estos valores, aceptamos que muchas interpretaciones posibles caerán fuera del ámbito de lo admisible.

La segunda lectura de la teoría de Waldron difiere de la anterior en un aspecto relevante[7]. La cuestión no es ya tanto que el desacuerdo sea intratable, y que como tal deba ser zanjado votando. El desacuerdo sigue existiendo. Pero esta lectura insiste en que el sistema político está en tan buenas condiciones como –o incluso en mejores condiciones que– los jueces de honrar un compromiso con los derechos (incorporados por fuera del sistema legislativo), y de llegar a buenas respuestas sobre su contenido preciso. Esto es resultado de una combinación de herramientas para limitar el poder de las mayorías y además potenciar la deliberación. Pero también es resultado de la propia función legislativa; del tipo de argumentación al que los legisladores suelen apelar (una argumentación menos técnica que la de los jueces,

5. Para profundizar véase Waldron (2005).

6. *Ídem.*

7. Esta parece ser la posición que Waldron defiende en "The Core of the Case against Judicial Review" (2006).

lo que facilita atacar directamente el problema sustantivo en juego), y de la posición especial que ocupan frente al electorado. Cuando se saltea a los órganos políticos, se ignora la voz de quienes cuentan con mayores credenciales democráticas y, con ello, la de quienes tienen buenas posibilidades de llegar a soluciones aceptables.

Esta lectura (de la "apuesta democrática") representa la primera posición hostil a la idea de que los jueces tengan un rol especial en temas penales. La segunda posición está representada en la región por el trabajo de Roberto Gargarella. En varios de sus escritos, Gargarella denuncia las carencias democráticas del derecho penal[8]. Lo hace con una preocupación subyacente que comparto, sobre la necesidad de encontrar soluciones alternativas al castigo. Justamente, sugeriré que una posición semejante podría obligar a rechazar la conclusión del autor. Según Gargarella, la creación del derecho penal en nuestros países ha oscilado entre el péndulo del populismo y el del elitismo respetuoso de las garantías. De hecho, el autor niega una distinción tajante entre estos dos fenómenos. En ambos casos, el problema es que una élite política adopta decisiones de espaldas a la democracia. Cuando la élite está comprometida con la protección de las garantías individuales, la creación del derecho penal se deja en manos de "expertos gubernamentales y profesionales litigantes –el producto de 'conocimiento experto e investigación empírica'–". Pero ni siquiera cuando el péndulo se inclina hacia el extremo opuesto se abandona el elitismo. Así, el populismo sería producto de una minoría selecta, políticamente conservadora, "que actúa o reclama actuar en el nombre de la mayoría", una supuesta mayoría que es, a la vez, alentada por los medios de comunicación[9]. Gargarella propone eludir la trampa del elitismo, abrazando una concepción deliberativa de la democracia (en lo que aquí identifico como una búsqueda de la "democracia genuina"):

> *[Las normas populistas] [s]on creadas en ausencia de... una discusión colectiva equitativa; y emergen en un contexto caracterizado por la fragmentación social y la desigualdad económica, lo que implica normalmente un proceso de comunicación pública que resulta dependiente del dinero. [A]un si las encuestas de opinión fueran verdaderas, indicando una convergencia entre las políticas criminales 'duras' y la voluntad mayoritaria, todavía tendríamos frente a nosotros un largo camino por transitar antes de poder*

8. Véase, en particular, Roberto Gargarella, *De la injusticia penal a la justicia social* (2008).

9. Gargarella, *supra*, pp. 56-57.

decir... que dichas normas son expresión de la voluntad democrática. Ellas lo son, en todo caso, tomando un sentido extraordinariamente pobre de dicha voluntad, en donde la misma se asimila a lo que... ciertas encuestas de opinión dicen que dice la ciudadanía. Debemos... resistir la invitación de honrar a cualquier norma con el adjetivo democrático; finalmente, resistir la invitación de asimilar democracia con el resultado ocasional de alguna encuesta u alguna otra muestra más o menos azarosa de opiniones[10].

En un texto cuyo blanco es justamente L. Ferrajoli, Gargarella repasa nociones similares a las apuntadas y critica en particular a los jueces, en contra de la defensa que de ellos hace el autor italiano. Para Gargarella, el elitismo y los sesgos se extienden a ellos:

En primer lugar, podríamos decir que las pasiones, los intereses, los raptos de irracionalidad, no son patrimonio exclusivo de ningún grupo. Por caso, no hay razones para pensar que nuestro sistema judicial es más o menos invulnerable frente a sesgos de clase, género, religión o raza que queremos ver ajenos a la decisión de conflictos sobre derechos... Nuestros planteles judiciales se muestran claramente sesgados en tales términos, conforme a lo que nos dicen los pocos estudios sociológicos con los que contamos (la mayoría de los jueces son blancos, de clase media alta, católicos, conservadores, etc.), a la vez que parece haber una alta correlación entre dichos sesgos y los resultados de sus sentencias. La evidencia empírica sobre este último aspecto no resulta, por lo menos, desdeñable... Las cosas se complican aún más cuando reconocemos que... los jueces deben involucrarse en la interpretación de los derechos en juego, para definir sus contornos, alcances, contenidos. Y allí, esperablemente, sesgos como los señalados comienzan a operar, normalmente de modo indebido[11].

En este ensayo sugeriré que tanto la versión de la "apuesta democrática" como la de la "democracia genuina" son erróneas. La primera, por los costos altos que podría obligar a aceptar en nombre de la democracia. La segunda, porque el concepto de democracia que supone la aleja de la posibilidad de examinar la realidad local, y con ello pierde capacidad operativa. Mi respuesta será finalmente que las protecciones penales –determinadas constitucionalmente– deben ser

10. Gargarella, *supra*, nota 8, pp. 57-58.

11. Véase Roberto Gargarella, "Cuatro problemas en la teoría de Ferrajoli" (2009).

resguardadas por los jueces de manera firme. Y que cuando esto suceda deberíamos celebrar en lugar de –meramente– resignarnos. Esto no implica que debamos dar la espalda a los esfuerzos por mejorar la democracia. Ambas cuestiones no son incompatibles. Mi conclusión sobre la intervención de los jueces variaría si –y cuando– los órganos políticos mostrasen un apoyo sostenido a las garantías.

Al ofrecer esa respuesta, intento evitar el paso retórico de evocar escenarios brutalmente inhóspitos para el caso en que las protecciones quedan en manos de los órganos políticos. Por eso es que recurro a un caso real y no muy excepcional (relacionado con una movilización en Argentina para exigir una reacción punitiva más intensa) que pone en evidencia algunos de los riesgos de una estrategia semejante, sin presentar a esos órganos en su peor luz posible. Y, como diré, para defender a los jueces no es necesario hacer un panegírico de su trabajo. Comparto en buena medida el recelo de Gargarella: no son héroes y fallan en más de un sentido.

Pese a mi constante referencia a ellas, en este ensayo no voy a elaborar una defensa detallada de las garantías o protecciones penales[12]. Ellas no agotan todo el terreno del derecho penal. Hay muchas decisiones de política criminal que quedarán bajo el dominio de los órganos representativos (qué conductas penalizar, cómo estructurar en general el sistema de justicia criminal, etc.) en tanto no se relacionen directamente con esas protecciones. En todo caso, doy por sentado que las protecciones encontrarán un consenso entre la mayoría de la gente, incluso cuando existan diferencias respecto de su contenido exacto ("El consentimiento prestado por el dueño de casa, ¿podría en algún caso excusar la falta de una orden judicial para allanarla?"; "El principio según el cual las pruebas obtenidas ilegalmente no pueden ser usadas contra el imputado, ¿es absoluto o reconoce alguna excepción?"). Pero, desde luego, también presupongo que, como pauta general, creemos necesario que sean los órganos con mayores credenciales democráticas los que definan las políticas públicas de una comunidad. Quien lea este ensayo le encontrará poco sentido si piensa que estoy equivocado en estas suposiciones más bien generales. Pero al menos en esta oportunidad no me interesa convencer a quien descrea de estas premisas.

En la próxima sección (II) expongo el caso argentino mencionado. Primero aludo a la movilización popular y a su suerte en el Parlamento, y luego comento algo sobre la reacción de los tribunales. Cierro la sección con una alusión al proceso de reforma constitucional en Argentina.

12. *Cfr.* nota 2.

Tomando este caso como referencia, en la sección III articulo la discusión recién mencionada. Analizo qué significa en la práctica sostener que la democracia puede ser respetuosa de las protecciones penales y pongo, justamente, de relieve los costos posibles de esta estrategia. La sección IV ofrece una muy breve conclusión.

— II —
Un fenómeno, varias caras

a) En la tarde del jueves 1 de abril de 2004, unas 150 mil personas se reunían frente al Congreso argentino para reclamar por mayor seguridad. Lo hacían en repudio a una ola de secuestros y a lo que percibían como un aumento de la comisión de delitos en contra de la propiedad y la seguridad personal. Respondían a una convocatoria formulada por un espontáneo e improbable líder, erigido como representante informal de las víctimas: Juan Carlos Blumberg, el dolido padre de un joven asesinado como consecuencia de un secuestro. Al finalizar la marcha, Blumberg presentaba al Congreso un petitorio que exigía, entre otras medidas, penas más duras para los delincuentes y límites a la posibilidad de excarcelación[13].

Esta marcha sería seguida por otras cuatro entre 2004 y 2006, en una demostración de fuerza de un movimiento social incipiente y no del todo articulado, pero que tenía como objetivo central reclamar por un endurecimiento de la reacción punitiva del Estado. Las diatribas cotidianas de Blumberg contra los jueces incluían frases coloridas: "No queremos que vengan con una rebaja por buena conducta o por lo que sea. Tenemos jueces que están más a favor de los delincuentes, de los asesinos, que de nosotros, de la sociedad"[14]. O más sintéticamente: "Parece que los derechos humanos son para los delincuentes y no para los ciudadanos como ustedes"[15]. Los medios de comunicación se hacían

13. "Masiva marcha frente al Congreso para pedir seguridad", *Clarín*, 1 de abril de 2004. Disponible en http://www.clarin.com/diario/2004/04/01/um/m-734923.htm; "Multitudinaria marcha contra la inseguridad", *La Nación*, 1 de abril de 2004. Disponible en http://www.lanacion.com.ar/nota.asp?nota_id=588493.

14. *La Nación*, *supra*, nota 13.

15. Jorgelina Vidal y Pablo Abiad, "Otra vez fue masiva la marcha de Blumberg reclamando seguridad", *Clarín*, 27 de agosto de 2004. Disponible en http://www.clarin.com/diario/2004/08/27/elpais/p-00302.htm.

eco del mensaje y lo amplificaban generosamente, convirtiéndolo por meses en un *Leitmotiv* tan sonoro como monótono.

Años después, poco queda de este fenómeno social en cuanto tal. Su ocaso, en parte, fue precipitado por el propio Blumberg, un personaje que a fuerza de ocultamientos[16] y posturas controversiales (mostrando empatía frente a un asesinato cometido por la policía del "gatillo fácil"[17]; defendiendo el voto calificado[18] y la pena de muerte[19]; formulando declaraciones racistas[20]) terminó desinteresando a varios de quienes lo acompañaban.

Esto no significa que este movimiento desde el inicio poco estructurado haya fracasado en el logro de sus objetivos inmediatos. Pues se evaporó (al menos por ahora) dejando detrás algo muy importante: un paquete de leyes sancionadas al calor de la supuesta demanda popular, todas ellas vigentes al momento de escribir estas líneas (año 2010)[21]. Las leyes –conocidas como "leyes Blumberg"– disponen:

16. Blumberg se hacía llamar "ingeniero" pese a no contar con el título profesional correspondiente. Así lo justificó: "Siempre me decían 'ingeniero', 'ingeniero', y uno se acostumbró". "'Siempre me decían ingeniero, ingeniero, y uno se acostumbró'", *Clarín*, 17 de junio de 2007. Disponible en http://www.clarin.com/diario/2007/06/17/elpais/p-00301.htm.

17. Blumberg defendió a la policía de Mendoza, responsable del asesinato de un joven en 1997: "El chico ese se drogaba, ese chico hizo una mala actuación al agredir a un policía". Rafael Morán, "Polémica declaración de Blumberg sobre el crimen de Sebastián Bordón", *Clarín*, 19 de mayo de 2004. Disponible en http://www.clarin.com/diario/2004/05/19/policiales/g-03801.htm.

18. En una entrevista de *Clarín*, Blumberg afirmó lo siguiente: "Una vez le decía a Axel que pienso que aquí debería haber un voto calificado. Que la gente debería votar según su grado de educación y ese voto vale dos o tres".

19. "La gente ve que la política no funciona", *Clarín*, 26 de agosto de 2004. Disponible en http://www.clarin.com/diario/2004/08/26/elpais/p-01101.htm. En una entrevista televisiva, opinó sobre la pena que sería necesaria para el delito de secuestro: "Alguien que mata a alguien tiene que ser muerto. A mí no me vengan con derechos humanos". Disponible en http://www.youtube.com/watch?v=JJl7KI4IRbw.

20. En otra entrevista, Blumberg se defendió de una pregunta que lo asociaba con posiciones racistas: "No, no, de ninguna manera. Yo no tengo ninguna discriminación. Yo inclusive le digo más, tengo amigos en Brasil, que son negros de piel, pero son de alma blanca, ¿me entiende?". *Ídem.*

21. Ley 25.882 (agravamiento de pena del robo con violencia), publicada el 26/04/2004. Ley 25.886 (delitos con armas), publicada el 5/05/2004. Ley 25.892 (restricción de la libertad condicional), publicada el 26/05/2004. Ley 25.893 (agravamiento de los delitos contra la integridad sexual), publicada el 26/05/2004. Ley 25.928 (pena por delitos independientes), publicada el 10/09/2004.

> *Aumentos de penas para la portación y tenencia ilegal de armas, que pasaron a no ser excarcelables, [el registro de] teléfonos celulares, aumentos de penas para delitos como homicidio, secuestro y violación,... límites a la excarcelación y la sumatoria de penas por distintos delitos... elevada a un máximo de 50 años*[22].

La respuesta del Congreso a la primera movilización fue automática: el mismo día de la marcha, la Cámara de Diputados convocó a una sesión especial para tratar una serie de proyectos que aumentaban las penas. En el Congreso, Blumberg encontró unos legisladores permeables a sus planteos, incluso aquellos de quienes se hubiese esperado una mayor oposición (como varios de los representantes de un gobierno que intentaba asociarse a posiciones progresistas)[23]. Una de las razones que podían explicar esta avanzada ante un Congreso relativamente inerme (además del aporte natural de algunos legisladores) era el temor de sus integrantes ante un fenómeno que parecía cobrar popularidad. Poco tiempo antes, a fines de 2001, se había desatado una muy fuerte crisis económica. La crisis tuvo un correlato político: se había desnudado la gran brecha existente entre representantes y representados y, con ello, se había desatado la indignación ciudadana, en demostraciones que en algunos casos habían exigido la renuncia de todos los funcionarios públicos.

Ante este escenario, ningún legislador quería quedar afuera, incluso cuando sus plataformas electorales no incluyeran una postura semejante frente al delito. Esto tal vez explica la pobreza del debate legislativo. Las palabras de la diputada Rosario Romero, del partido gobernante, son elocuentes: "Lo teníamos [a Blumberg] todos los días en la comisión, y a María del Carmen [Falbo] y a mí nos dijo que éramos las abogadas

---

22. Adriana Meyer, "Para pasar más leyes de mano dura el ingeniero tiene menos espacios", *Página 12*, 3 de septiembre de 2006. Disponible en http://www.pagina12.com.ar/diario/elpais/1-72449-2006-09-03.html.

23. La ley 25.892 (restricción de la libertad condicional) recibió en el Senado 58 votos positivos (incluido el de la actual presidenta del país, Cristina Fernández de Kirchner) y uno negativo. En Diputados, 162 votos positivos, 38 negativos y tres abstenciones (todas las votaciones son generales). La ley 25.886 (delitos con armas) recibió en el Senado 48 votos positivos y cuatro negativos. En Diputados, 205 votos positivos, tres negativos y dos abstenciones. La ley 25.928 (pena ante delitos independientes) recibió en el Senado 53 votos positivos, cinco negativos y una abstención. En Diputados, 95 positivos, 18 negativos y 46 abstenciones. El oficialismo acompañó la aprobación de todas las leyes, y solo algunos de sus legisladores votaron en contra.

de los delincuentes; así era muy difícil...”[24]. En el Senado, Diana Conti, una senadora oficialista, intentó denunciar el apoyo a las leyes:

Como no voy a ser funcional, porque ideológicamente estoy en desacuerdo con esa postura fascista que está sosteniendo este Congreso Nacional, no voy a acompañar ninguna mejora que se haga a la locura que avaló la Cámara de Diputados de la Nación. Y tengo la firme esperanza de que si el Presidente... toma debida cuenta de lo que está ocurriendo, aun pagando costos políticos, va a poner el coto de racionalidad necesaria y formará de inmediato una comisión para reformular el Código Penal y darle la racionalidad justa y las penas justas[25].

El jefe del bloque de senadores del oficialismo, M. A. Pichetto, le respondió:

Me gustaría hablar con un lenguaje... más claro. No sé... si la sociedad nos está escuchando, pero si alguien lo está haciendo y no es conocedor del Derecho Penal, la idea es que pueda comprender... [que] estamos tratando de evitar la impunidad en la Argentina,... [para que] ante hechos graves cometidos por delincuentes peligrosos... no se les permita acceder a la libertad con mucha rapidez... Quiero decir que el Senado no tiene un pensamiento fascista[26].

Si mano más dura era lo que se pedía, mano más dura se tendría. Las leyes ya se habían aprobado al sexto mes de la primera convocatoria.

b) Esta es una cara del fenómeno. Hay otra: la actuación de un sector de la justicia antes, durante y después de los embates. El Poder Judicial agrupa a un conjunto de órganos complejos y variados. Me ocupo principalmente de su cabeza, la Corte Suprema, y apenas aporto algún dato adicional sobre los jueces inferiores a ella, lo que invita a ser cautelosos al evaluar su rol. Descriptivamente, podía esperarse que esta –al menos supuesta– demanda popular por mayor dureza frente al delito hiciera mella en el trabajo de los jueces. Los jueces forman parte de la comunidad, y en mayor o menor medida pueden ser influidos por sus valores o reacciones (estén o no convencidos inicialmente de ellos).

---

24. Según informes periodísticos, Romero votó en contra, aunque su partido lo hizo a favor. Véase Adriana Meyer, *supra*, nota 22. Véase también la nota anterior.

25. Versión taquigráfica, sesión del 19/5/2004.

26. *Ídem.*

A contramano del fervor popular y su veloz recepción legislativa, varios jueces inferiores a la Corte sostuvieron que las normas eran inconstitucionales (aunque no lo hicieron de inmediato)[27]. ¿Y la Corte Suprema? La mejor (o única) manera de analizar su trabajo es tomar los casos en los que se ponían en juego las protecciones constitucionales frente al poder punitivo estatal (el tribunal no decidió directamente sobre las "leyes Blumberg"[28]). La composición de la Corte, recordemos, había cambiado en 2003, con la llegada de Néstor Kirchner al poder. En parte para reforzar el respaldo social a un Gobierno que había asumido con solo el 22% de los votos, Kirchner ordenó iniciar juicio político contra varios de los jueces de la denominada "mayoría automática" del ex presidente Carlos Menem. Al cabo de un año y medio, estos jueces, que durante el gobierno de Menem habían respaldado varias medidas que la opinión pública y la comunidad jurídica consideraron ilegales, fueron removidos de su cargo o renunciaron ante una destitución inminente. En paralelo, Kirchner puso en marcha un mecanismo inédito, transparente y participativo, para mejorar la selección de jueces de la Corte. Condujo a la designación, entre 2003 y 2004, de cuatro nuevos jueces (dos mujeres, por primera vez en la historia democrática) mediante un proceso que todos vieron como un salto cualitativo respecto de experiencias anteriores. Para el descontento del Gobierno, en algunos casos expresado de manera muy abierta, los jueces iban pronto a mostrar cierta independencia de él.

El período entre 1994 y 2007 es anterior y posterior a la "nueva" Corte, pero también anterior y posterior al inicio del "fenómeno Blumberg" (veremos luego que 1994 es un año relevante, ya que entonces se reformó la Constitución). Cuando un procesado o condenado entre estos años denunció una violación a una garantía constitucional, el 72% del tiempo la Corte lo acompañó en su reclamo[29]. Luego del

27. La Cámara del Crimen de Buenos Aires (en 2006) y el Tribunal Oral en lo Criminal nº 1 (en 2009) invalidaron (disposiciones de) la ley 25.886, la más controversial de las normas. Véase "Rechazo de la Justicia a una 'ley Blumberg'", *La Nación*, 6 de agosto de 2009. Disponible en http://www.lanacion.com.ar/nota.asp?nota_id=1159093. Véase Adriana Meyer, *supra*, nota 21.

28. La Corte declinó intervenir en un caso en el que se discutía la aplicación de una de las leyes. CSJN, "Lemes", sentencia del 29/09/2009. Tal como se afirma en el texto principal, la Corte tiene la capacidad de rechazar recursos sin justificarlo.

29. Elaboración propia, con base en 241 observaciones. La base incluye todas las decisiones publicadas por la Corte, así como por los buscadores comerciales *La Ley* y *Abeledo Perrot* (antes denominado *Jurisprudencia Argentina* y posteriormente *Lexis*), relacionadas con las garantías penales. Excluye las sentencias

cambio en la Corte, y del ascenso de Blumberg, esta tendencia solo se reforzó: la proporción mencionada subió al 82%, sin bajar del 75% en ningún año[30]. Los números en sí no son categóricos; no sabemos, por ejemplo, cuál de estos planteos merecía mayor protección y cuál fue la respuesta de la Corte en esos casos. Y la base alta de las proporciones esconde cuestiones metodológicas: están calculadas solo sobre casos seleccionados por la Corte (tiene la posibilidad de rechazarlos discrecionalmente) y muchos son similares o idénticos entre sí. Además, como dije, los datos sólo se refieren a la Corte, e ignoran la situación más general de la justicia. Con todo, igualmente son muy relevantes. Por caso, sería muy llamativo que, pese a contar con protecciones constitucionales fuertes, todos los reclamos en estos temas fueran rechazados por la Corte, la máxima instancia judicial en el país.

Este aspecto cuantitativo tiene un correlato cualitativo: durante este lapso, la Corte cambió varios criterios con el mismo fin de aumentar la protección de los individuos frente al poder punitivo. Entre ellos, los relativos a las condiciones de detención y al estado de las cárceles (especialmente en un litigio colectivo –el caso Verbitsky– que involucraba a miles de detenidos sin condena en la provincia de Buenos Aires). La Corte afirmó o reforzó los siguientes derechos: a contar con una defensa legal gratuita y eficaz; a contradecir las pruebas ofrecidas por el fiscal; a la imparcialidad, evitando que el juez que investigue sea el mismo que el que dicte sentencia; a que el proceso penal no tenga una duración excesiva, y que si la tiene deba darse por concluido; a la ilegalidad de las penas de reclusión indeterminada; a que el imputado no se perjudique por su propia apelación; a que no pueda existir condena sin acusación fiscal; y a que las pruebas obtenidas ilegalmente no puedan ser utilizadas en forma válida[31].

Algunos de estos estándares (que, al igual que las "leyes Blumberg", son tanto procesales como sustantivos) podrían estar mejor definidos o ser más robustos. La Corte, por ejemplo, flaqueó en un caso sobre encierro de jóvenes[32]. Y no debería pensarse que la reacción de

---

rechazadas discrecionalmente por la Corte (mediante el empleo del artículo 280 del CPCC) y las rechazadas por defectos técnicos.

30. Elaboración propia, con base en 136 observaciones. Véase metodología en la nota anterior.

31. El lector puede encontrar una reseña de estos avances en Asociación por los Derechos Civiles (2009).

32. Véase, al respecto, Juan F. González Bertomeu (2009).

la Corte en el resto de los casos tuvo un carácter heroico. La imagen no es la de unos jueces hercúleos que resisten los embates de una ciudadanía movilizada. La enorme mayoría de la gente probablemente ignorara que la Corte estaba adoptando estas decisiones en apariencia técnicas e incrementales, con una repercusión mediática muchísimo más baja que el fenómeno apuntado en la sección anterior.

Aun así, la tendencia es incontrovertible. Ella, en parte, se explica por la nueva composición de la Corte (uno de sus nuevos miembros, el juez Zaffaroni, es un influyente penalista que ha abogado por un derecho penal mínimo). Una tentación, por ello, podría ser pensar que las decisiones contaban con el beneplácito del gobierno que había designado a los nuevos jueces. Según esta interpretación, la respuesta de la justicia tenía un significado doble: personificaba la voz de la Corte y con ella también la del gobierno, su posición filosófica, jurídica y política frente al problema del delito.

Si es que existía, esta relación era sumamente débil. La postura del gobierno era, cuando menos, poco clara; podía ser tanto favorable como opuesta a la tendencia reseñada. Una gran mayoría de los legisladores oficialistas había respaldado las "leyes Blumberg". Y algunos de los indicios de la concepción de Néstor Kirchner sobre el delito no son auspiciosos. Según Kirchner "La justicia no solo se equivoca cuando deja en libertad a un criminal pobre sino también a delincuentes de familias bien que tuvieron condena y aun así los dejó en libertad". Esta declaración no implica necesariamente que Kirchner, su gobierno o el de su sucesora (la ex senadora Cristina Fernández de Kirchner) se hallaran en contra de las protecciones constitucionales. Tal vez incluso pueda neutralizarse con otras en sentido opuesto. La explicación más acertada probablemente sea que estas frases altisonantes son lanzadas de manera oportunista al calor de la lucha política, de acuerdo con los vaivenes en la percepción sobre la inseguridad (la misma razón podría haber motivado a Kirchner a recibir varias veces a Blumberg). Pero, si existía, el compromiso del gobierno con las garantías constitucionales no era claro.

El "fenómeno Blumberg" ocurrió al amparo de un gobierno que probablemente no estuviera opuesto a la vigencia de protecciones como las mencionadas. Otros gobiernos en la historia reciente probablemente mostraran un compromiso igual o mayor. Y otros, uno palpablemente menor. A comienzos de la década, por ejemplo, el entonces gobernador de la provincia de Buenos Aires, Carlos Ruckauf, prometía hospitalidad frente a futuros atropellos policiales, al afirmar: "Hay que meter bala a los delincuentes"[33]. La propuesta del actual gobernador Daniel Scioli, tal vez el principal aliado del gobierno nacional, no es muy distinta. Según Scioli: "En estos momentos, ante un clamor popular de más firmeza, dureza, rigor y orden en este sentido, tenemos que hacer todo lo que está al alcance del Estado de Derecho…". Es decir: "Si la policía tiene que abatir a los delincuentes en un enfrentamiento, lo hará. Yo a mi policía la respaldo", agregó Scioli[34].

Expresiones como las apuntadas se formulan en contextos de sobrepoblación carcelaria, especialmente en Buenos Aires, la provincia más grande del país, con una enorme mayoría de presos que están esperando sentencia en condiciones de hacinamiento (este contexto, de hecho, motivaría la intervención de la Corte en el caso sobre cárceles mencionado). Y se refieren a una policía notoriamente disfuncional, con decenas de casos de violencia y abusos sobre sus espaldas.

c) La Constitución Argentina incluye tanto protecciones contra el poder punitivo como obligaciones positivas acerca del fin de la pena y el estado de las cárceles. El texto adoptado en 1853 ya lo hacía, pero dichas disposiciones se reforzaron significativamente como consecuencia de la reforma constitucional de 1994. La reforma otorgó jerarquía constitucional a una serie de pactos internacionales (entre ellos, la Convención Americana y el Pacto Internacional de Derechos Civiles y Políticos) que protegen tales valores con cierto vigor y especificidad[35].

Este cambio fue muy significativo. Por caso, al dictar sentencias en temas como los mencionados, la Corte suele invocar las protecciones constitucionales que se derivan de él. ¿Qué llevó al cambio? Con enorme frecuencia sucede que las reformas constitucionales son disparadas por malas razones; por razones no neutrales (Elster 1995).

---

33. "Ruckauf: 'Le dije a Scioli que se debe encarar una solución a la italiana contra el delito'", *La Nación*, 17 de noviembre de 2009. Disponible en http://www.lanacion.com.ar/nota.asp?nota_id=1200964.

34. Valeria Musse, "Inseguridad: Scioli pide leyes más duras", *La Nación*, 3 de noviembre de 2009. Disponible en http://www.lanacion.com.ar/nota.asp?nota_id=1193766. El vínculo entre Scioli y Ruckauf no es lejano. Véase *La Nación*, *supra*, nota 33.

35. La mayoría de las garantías originales de la Constitución están presentes en el artículo 18. Los tratados incluyen abundantes protecciones. Ellas, especialmente, están contempladas en los artículos 5, 6, 7, 8, 9 y 10 de la Convención Americana de Derechos Humanos, y en los artículos 6, 7, 8, 9, 10, 11, 14 y 15 del Pacto Internacional de Derechos Civiles y Políticos.

El proceso de 1994 no fue una excepción. La Constitución se reformó para hacer posible la reelección del entonces presidente Menem. Sin contar con la mayoría agravada que era necesario reunir para reformar la Constitución, el gobierno amenazaba con medidas desesperadas; entre ellas, la de avanzar violando los requisitos contemplados. Supuestamente para evitar esta última posibilidad, la oposición del partido radical hizo posible el proceso, entregando sus votos a fuerza de arrancarle al gobierno concesiones apuntadas a alivianar el peso del Poder Ejecutivo en el sistema político.

Frente a la posibilidad de que el pacto se incumpliera, la ley que convocó a la reforma introdujo un núcleo de puntos que la convención solo podía aprobar o rechazar en conjunto, pero nunca modificar[36]. En paralelo, habilitó la reforma o incorporación de otras cláusulas. Entre ellas, la posibilidad de crear "institutos para la integración y jerarquía de los tratados internacionales". El debate constituyente no da muchas pistas sobre los motivos que llevaron a la incorporación de los tratados, y sobre qué criterio guió la selección de los que se jerarquizarían. La finalidad principal, probablemente, fue la de marcar un corte simbólico con un pasado violento y autoritario[37]. También se intentaba integrar el país a la comunidad jurídica internacional –regional y global– de los derechos humanos[38]. De lo que no existe evidencia en los debates constituyentes es de qué tanto los miembros de la convención habían podido anticipar las implicaciones concretas de esta incorporación; en particular, de la incorporación de garantías más generosas contra el poder punitivo estatal. La mayor parte del breve debate sobre el tema de los tratados se la llevó la discusión sobre la jerarquización en sí misma, el aborto, el derecho a réplica y (en lo que más cerca nos queda de nuestro tema) la prohibición de la pena de muerte.

El debate contiene dos referencias más o menos específicas. Una es un informe del convencional J. P. Cafiero, quien afirmó que el derecho jerarquizado incluía "los recursos ante la… Justicia Penal; la libertad personal, la integridad de la persona… [y se extendía] a abolir para siempre la pena de muerte, al régimen de cárceles, a la indemnización

36. Ley 24.309, Artículo 2.

37. Véase el debate de la Convención Nacional Constituyente de 1994, Sesión 3º, Reuniones 22 y 23, del 2 y 3 de agosto de 1994, respectivamente. Disponibles en http://www1.hcdn.gov.ar/dependencias/dip/Debate-constituyente.htm. Sobre este tema, véase Filippini (2007). Véase también Rosenkrantz (2007).

38. *Ídem.*

por error judicial"[39]. La otra es una admonición de A. Albamonte, que señalaba que existía una contradicción entre la Convención Interamericana y el derecho local: mientras la primera "establece la doble instancia para los procesos,... el actual Código de Procedimientos fija la instancia única". Albamonte, un aliado del Gobierno de Menem, prometía su apoyo solo si se dejaban "claramente salvaguardadas las actuales garantías consignadas en las Declaraciones, Derechos y Garantías que conforman la primera parte de [la] Constitución"[40]. Es decir, si triunfaba la interpretación más restrictiva de la vieja Constitución. No hay mucho más que esto.

La reforma de 1994, entonces, reforzó las protecciones constitucionales y de este modo convirtió al texto en el más garantista que el país haya tenido desde su fundación[41]. Y lo hizo sin que la ciudadanía decidiera abiertamente sobre este tema, en el sentido básico de conocer de antemano qué era lo que iba a aprobarse o qué implicaciones (al menos, generales) podría llegar a tener esta aprobación, si es que esto podía anticiparse. Esta propuesta específica no estaba clara en el momento en que se eligieron los representantes a la convención reformadora, el 10 de abril de 1994, y probablemente no lo estuviera luego tampoco. La pregunta central es si esto es un gran problema, o qué tipo de problema es.

— III —
Democracia y garantías: lo que está en juego

Una ola de delitos despierta el temor de una porción de la ciudadanía. Los medios se solazan con la situación; se valen del temor y lo retroalimentan generando uno aun mayor. Parte de la clase política está convencida del reclamo. Parte de la que no lo está cede a él de todos modos porque rinde políticamente y porque no quiere exponerse a represalias por no hacerlo.

El caso ofrece una oportunidad para reflexionar sobre temas relevantes para la teoría democrática y constitucional. La oportunidad es buena porque ilustra sobre un tipo de caso relativamente cotidiano en

39. Debate de la Convención Nacional Constituyente, *supra*, nota 37.

40. *Ídem.*

41. Véase, *supra*, nota 35.

nuestras sociedades. La reseña anterior no es ilustración del ejemplo de laboratorio, solo en algunos casos real, en el que una mayoría (en sentido fuerte: de la ciudadanía y de su correlato en el Parlamento) persigue incesantemente a una minoría, violando groseramente sus derechos. Pese a su enorme dramatismo, casos de este último tipo no son tan interesantes desde el punto de vista teórico. Si la violación es demasiado seria, generalizada o estructural, la pregunta no es tanto qué hay que hacer (lo que se pueda para minimizar la violación cuanto antes) ni quién tiene que hacerlo (cualquier institución que pueda). La pregunta es por qué todavía no se lo hizo, aunque en casos semejantes probablemente no pueda esperarse mucho de las instituciones en su conjunto.

El que analizo es un caso más matizado y, probablemente por ello, más relevante. Uno en el que una mayoría de la ciudadanía, acaso circunstancial, acaso no reflejada en la mayoría del Parlamento, se moviliza en pos de medidas cuya validez constitucional es dudosa. Incluso el hecho de que la movilización sea exitosa no indica que las leyes no puedan ser derogadas por el propio Parlamento una vez pasada la tormenta (aunque, como dije, en la Argentina todavía esto no sucedió) o que el escenario no pudiera ser peor. Pese al carácter muy cuestionable de la aprobación de las leyes mencionadas, ninguna de las reformas fue demasiado profunda o radical. Al menos abiertamente, la movilización no pedía medidas extremas pero recurrentes como la pena de muerte (el margen para hacerlo era bajo, pues esta última ya había quedado constitucionalmente prohibida), sino endurecer penas y limitar las salidas de la cárcel (algo probablemente prohibido pero sujeto a la posibilidad de interpretación). Hipotéticamente, alguien podría incluso leer el "fenómeno Blumberg" de una manera alternativa: una que muestra a los legisladores rindiéndose a la presión por mayor persecución penal, pero también conteniendo y amortiguando el pulso de los reclamos.

Casos como este (sin atropellos groseros, minorías incesantemente perseguidas ni instituciones tan deficientes que nada pueda esperarse de ellas) son buenos para repensar el rol de la política y la justicia en un área tan potencialmente sensible como la del derecho penal y la seguridad ciudadana. Sin exagerar las debilidades de una institución ni las fortalezas de otra. La pregunta central, nuevamente, es si se justifica que los sistemas democráticos en la región, encarnados por las comunidades locales y sus instituciones representativas, definan los límites de la persecución penal y las protecciones de los ciudadanos con prevalencia sobre los jueces. Un elemento central en esta indagación es el riesgo que conlleva tal apuesta. Recordemos que seguimos presuponiendo que nos importa defender esas protecciones frente al Estado.

Pese a que existe una manera familiar de tomar al toro por las astas, negando que sea incompatible con la democracia permitir que los jueces tengan preeminencia sobre las instituciones políticas, prefiero no optar por este camino. La pregunta central no es semántica: lo que me interesa analizar es si una comunidad política está en condiciones de decidir de manera definitiva *sin* la presencia de jueces que se puedan oponer. Pero por supuesto que así formulada la pregunta es vaga. Pues no es claro a qué llamamos "democracia", o cómo identificamos las instancias concretas en las que esta se vuelve operativa. Este es un problema conocido para la teoría constitucional, y muy importante en nuestra exploración.

Mi respuesta a la pregunta anterior será negativa. Pero supongamos por ahora que fuera afirmativa. El sistema democrático, así, estaría perfectamente equipado para definir todo el contenido de la política criminal, incluidas las protecciones de los presuntos autores de delitos frente al Estado. Desde luego, una posición semejante debería poder dar cuenta del mundo real; en nuestro caso, del ejemplo que guía la exposición en este ensayo. En la introducción esbocé dos posibilidades. Sugeriré a continuación que ambas son potencialmente problemáticas para nuestra discusión. Sin embargo, al analizarlas, no deberíamos olvidar que en parte son artificiales. Pues en los sistemas que conocemos, los jueces *ya desarrollan* la tarea de custodiar las protecciones constitucionales –aunque no lo hagan con firmeza–, y esta tarea puede ejercer influencia sobre los órganos democráticos restringiendo su ámbito de acción. De todas formas, es importante formular la pregunta.

La apuesta democrática. El primer enfoque, el de la "apuesta democrática" (según dije, una posible interpretación de la teoría de Waldron), comenzaría por reconocer que, en efecto, una movilización como la liderada por Blumberg es expresión del ejercicio democrático. Pero agregaría que los órganos políticos pueden brindar una protección adecuada de los derechos. Si no son capaces de contrarrestar un reclamo por mano más firme frente al delito, al menos podrán debilitarlo. Antes dejé abierta la posibilidad de que la reacción del Congreso pudiera ser interpretada de este último modo (aunque las leyes aprobadas podían significar una limitación *real* de las garantías).

Y aun cuando los órganos políticos no pudieran frenar el cambio en una oportunidad concreta, el futuro siempre brindaría una nueva posibilidad de dejarlo sin efecto. Esta es una posición obviamente atendible. Pese a que en la región lidiamos con instituciones políticas que padecen deficiencias, estas no son tan enormes como para impedir intentos de introspección y cambio semejantes.

Lo que hace problemática tal posición es el costo que supone la transición entre ambos momentos; lo que está en juego en el intervalo. En este escenario, un autor como Waldron podría inclinarse por retirar la apuesta[42]. Pero nada en mi crítica presupone que los órganos políticos hayan siempre de mostrar desapego por las protecciones penales. Mi enfoque intenta basarse en la realidad, pero la realidad podría cambiar. Nuestro compromiso con la democracia exige que hagamos todo lo que esté a nuestro alcance por mejorar el funcionamiento del sistema político. Como el daño que éste puede causar es alto, su margen de error (o nuestro margen de tolerancia) debe achicarse, y nuestros intentos por elevar la calidad de la discusión democrática deberán (al menos por ahora) convivir con el trabajo de los jueces. Pero mi enfoque es dinámico: cuando el sistema político muestre un aumento sostenido en su respeto de las garantías penales, la justicia tendrá menor margen para actuar, incluso cuando ese respeto sea consecuencia de la propia actividad de los jueces (al moldear el debate público, condicionar opciones e ilustrar sobre la justificación de las garantías). El desafío existe a ambos lados de la discusión. El costado garantista del demócrata deberá mostrar por qué su defensa del rol de los jueces contribuye a mejorar el funcionamiento de los órganos políticos, o al menos no lo impide. Pero el costado demócrata del garantista deberá explicar por qué ante los riesgos mencionados no es necesaria una mirada externa, precisamente cuando no es obvio que ella vaya a impedir una mejora del sistema político.

La democracia genuina. El segundo enfoque, el de la "democracia genuina" (un tipo de enfoque inspirado en la propuesta de Gargarella), es más complejo y problemático, y le dedico por eso más espacio. Implica negar que fenómenos como el liderado por Blumberg sean expresión auténtica de un ejercicio democrático. Intentos como

42. En "The Core of the Case...", Waldron sujeta su ataque al control judicial a la satisfacción de ciertas condiciones o suposiciones. Entre ellas, la de que el poder político opere de manera adecuada, y que la comunidad política esté comprometida en general con el respeto de los derechos. No es obvio que para Waldron estas condiciones se satisfagan en la región. Sobre la interpretación de estas condiciones (especialmente la primera), véase González Bertomeu (2011).

estos, sugeriría un defensor de esta posición, son mero populismo. Son equivalentes a acercarle el micrófono a la víctima de un delito minutos después de haberlo sufrido; a permitir que salga a flote su instinto retribucionista (o de venganza) más básico. La verdadera democracia está en otra parte. La pregunta, claro, es dónde. ¿En las propias instituciones políticas? No si ello se refiere a las que *tenemos*. El fenómeno criticado es justamente producto de su funcionamiento. Y es un producto bastante "natural". Es lo que sucede en forma recurrente, tanto en la Argentina como en otros países de la región. Ni siquiera se necesitó una movilización popular para que Ruckauf, ex gobernador de la provincia de Buenos Aires, invitara a "meter bala a los delincuentes".

¿Pero qué hay de las instituciones que *podríamos* tener? Es probable que un sistema político más deliberativo o con mayores filtros a la voluntad mayoritaria muestre respeto por las protecciones frente al poder punitivo. Sin embargo, haciendo a un lado las posibles objeciones de adherir a una concepción semejante (por ejemplo, sobre la pérdida del potencial mayoritario del sistema político), esta estrategia de la "democracia genuina" debe enfrentar dos problemas. Uno es que nos aliena discursivamente. Nos priva de la posibilidad de referirnos a los sistemas que conocemos, aquellos bajo los cuales convivimos diariamente, como democráticos. El problema no es tanto que nuestra concepción de la democracia sea demasiado exigente, sino la consecuencia que esto tiene: que la concepción pierda operatividad práctica. Necesitamos un vocabulario para referirnos a las democracias que tenemos, tan imperfectas como sean.

El segundo problema se deriva del primero. Como sugerí, uno podría moderar sus demandas al sistema político exigiendo no mucho más de lo que hoy tenemos (un poco más de discusión, argumentos de mayor calidad). Pero al no tener un concepto operativo evidente –o una forma de medir objetivamente cuándo la realidad se ajusta a ese concepto– siempre queda latente la tentación de calificar como "democráticas" solo las soluciones que nos parecen aceptables. Esto puede conducir a resultados contraintuitivos. Por ejemplo, afirmar que el "fenómeno Blumberg" no fue democrático aunque sí lo sería una decisión futura de dejar sin efecto sus conquistas. Podemos estar de acuerdo en que las mejores decisiones suelen ser fruto de procesos más discursivos. Pero, por un lado, malas decisiones seguirán existiendo con independencia del nivel de discusión, si es que tenemos un criterio externo para evaluar la corrección de una decisión (más allá del propio procedimiento). Asimismo, el argumento sobre la falta de discusión podrá aplicarse tanto a las "leyes Blumberg" como a las que las reemplacen.

Mientras escribía este artículo, varios sectores de la sociedad civil intentaban incluir en el foro público un conjunto de propuestas sobre seguridad ciudadana y política criminal[43]. Intentaban llamar la atención sobre los patrones y causas estructurales de (buena parte del) delito, y exhortaban a alcanzar un equilibrio entre la protección de la seguridad y el respeto de los derechos. Mi reacción instintiva ante un proyecto semejante es automática: tiendo a pensar que una discusión como esta sería genuinamente democrática. Pero debo refrenar este instinto, pues mi conclusión puede estar influida de maneras obvias: por mi adhesión previa a esas propuestas o por el lugar de donde provienen. El hecho en sí de que ellas generen una aprobación más o menos extendida (si es que esto ocurriera) no puede indicarnos mucho: las "leyes Blumberg" también la habían recibido. Y su contenido aceptable o correcto no debería decir nada sobre sus credenciales democráticas.

El dilema de esta estrategia se vuelve claro. O reconocemos que incluso un sistema con mayores filtros a la voluntad popular o más comprometido con un ejercicio deliberativo puede adoptar decisiones erróneas (y que –debido a lo que está en juego– esto puede ser inaceptable), o adoptamos una definición circular de democracia, según la cual solo es democrático aquello que nos gusta de acuerdo con una posición preconcebida. En tanto demócrata, uno puede tener mucha fe en que las instituciones políticas logren buenos resultados. Lo que no puede suceder es que *solo* aceptemos como democráticos esos buenos resultados. O nos comprometemos con el proceso o con el producto de ese proceso. Y como en el tema penal lo que está en juego es muy valioso, esto último es lo necesario. Si el costo de alcanzar soluciones incorrectas es alto, debemos buscar arreglos institucionales que minimicen el riesgo.

Existe un punto adicional. La exposición previa sobre la posibilidad de que los órganos políticos adopten decisiones adecuadas en política criminal –algo que puedo compartir– parece presuponer la existencia de una Constitución que brinda un marco relativamente claro sobre lo que está permitido. Como dije, en el caso argentino es

43. "Diez puntos de acuerdo por la seguridad democrática", *Página 12*, 29 de diciembre de 2009. Disponible en http://www.pagina12.com.ar/diario/elpais/1-137771-2009-12-29.html.

evidente que la pena de muerte no lo está, y por eso los intentos por instaurarla tienden a sonar como murmullos de poca consecuencia sobre el trabajo cotidiano de esos órganos. Tal vez sea por esta razón que, como antes sostuve, el "fenómeno Blumberg" no la reclamó abiertamente, incluso cuando algunos de sus miembros –y de manera prominente su líder– la apoyaban. Si estos reclamos son solo un epifenómeno, ello es en parte por el efecto gravitacional que ejerce el texto constitucional. Al calificar como "aceptable" una propuesta de política criminal, no perdemos de vista el nivel en que ella respeta ese marco constitucional. Y cuando una propuesta está palmariamente fuera de él, le restamos importancia (en la medida, claro, en que sea políticamente inviable).

El partidario del enfoque de la "democracia genuina" (tal como este quedó expuesto) podría condicionar su posición a que ya existe una Constitución encargada de marcar límites y organizar el debate. Sin esos límites, podría afirmar, los órganos políticos serían menos respetuosos. El enfoque, desde luego, debería justificar por qué estos límites sí serían legítimos, y no los que imponen los jueces al interpretarlos. Más allá de esto, tal vez este sea un escenario artificialmente favorable para el enfoque de la "democracia genuina". Si verdaderamente confiamos en el poder de las instituciones políticas para adoptar decisiones en temas penales, quizás deberíamos animarnos, aunque sea como una herramienta analítica, a dar un paso adicional. Deberíamos pensar en la posibilidad de prescindir de ese marco constitucional por completo. Y aquí dejaría de operar la inercia o la gravedad constitucional. Sin esta referencia (entre otras cosas epistémica), las instituciones políticas tendrían libertad plena, y esa libertad podría ser aplicada a usos distintos. Inicialmente, esto podría interpretarse de manera positiva. Pero si en general confiamos en que las garantías textuales con las que contamos son indispensables (aun cuando podamos tener algún desacuerdo respecto de su contenido), ¿por qué nos arriesgaríamos a renunciar a esta conquista por apostar a una mayor libertad política? Por supuesto que es posible que el sistema político igual nos lleve a ellas. Pero hay caminos más cortos y con riesgos mucho menores.

La posición sobre la "democracia genuina" tiene una última variante, la menos aceptable de todas. Por supuesto –alguien podría afirmar– que el sistema político en su quehacer cotidiano puede producir resultados que estimamos peligrosos o incorrectos. Pero es un error apostar tanto por él. La democracia está, justamente, en la Constitución. No en una mayoría caprichosa o pasajera, sino en el resultado de una reflexión honda y excepcional, en ese conjunto de aspiraciones morales, políticas y sociales de la voz sosegada del pueblo a la que llamamos Constitución.

Emplear este argumento de tono hamiltoniano para justificar que la política criminal quede exclusivamente en manos democráticas –y no en la de los jueces– no puede llevarnos lejos. En primer lugar, aceptarlo hasta sus últimas consecuencias implica que alguien deba velar por que las instituciones políticas honren el acuerdo en su trabajo cotidiano (y ese alguien, si es que pensamos que las instituciones políticas vigentes pueden en efecto desconocerlo, debería ser exógeno a ellas). Pero el argumento tampoco funciona en la Argentina como ilustración de las promesas de la política democrática en el tema. Como vimos, la reforma constitucional de 1994 adoptó una estrategia completamente transformadora (jerarquizar los tratados internacionales) sin que la ciudadanía conociera abiertamente de qué se trataba. Si criticamos la tarea de los jueces por elitista, ¿por qué no lo fue el trabajo de unos representantes que operaban ante el desconocimiento relativo de la ciudadanía? Y si calificamos esta estrategia como democrática solo porque los convencionales habían sido elegidos por el pueblo, ¿por qué entonces no calificar del mismo modo a las "leyes Blumberg"? Después de todo, por repudiables que nos puedan parecer, estas leyes fueron precedidas por una gran movilización social, mientras que ninguna movilización precedió a la reforma constitucional.

Simbólicamente, la reforma fue muy importante. Obtuvo en última instancia el consenso de fuerzas políticas enfrentadas y logró trascender su fin más inmediato de extender la permanencia de un gobierno. Con todo, nuestra aprobación refleja en buena medida un juicio retrospectivo, a la luz de los efectos modestamente positivos que ella ha tenido. Y es producto de los resultados que consideramos más valiosos de la reforma, especialmente la propia incorporación de los tratados. Fuera de esto, sacralizar el momento constitucional como un gran logro democrático sin desnudarlo en sus componentes básicos (unas elecciones y una serie de discusiones) solo puede tener un sentido retórico.

Las protecciones constitucionales en el centro. En suma, mi respuesta a la pregunta anterior sobre si es bueno que las instituciones democráticas definan la política criminal prescindiendo de los jueces es negativa o bien invita a formular una nueva interrogante sobre cuáles son esas instituciones. Podría pensarse que esta posición implica renunciar a las promesas de la democracia y resignarse a la posibilidad de cambio por esa vía. Es justamente lo contrario. Paradójicamente, sostener que el sistema democrático (si entendemos que una parte central de él son las instituciones de representación política) no podrá proteger siempre estos valores implica resguardar nuestro uso del concepto de democracia. Es afirmar que nuestros sistemas, pese a padecer innumerables problemas, siguen siendo democráticos. Y es reconocer que una democracia más robusta podrá minimizar aunque no eliminar los riesgos de que esos valores se vulneren. Mejor que condicionar nuestra definición de democracia en función de los ejemplos concretos con los que nos enfrentemos es reconocer que nuestras instituciones políticas son deficientes. Que la Constitución no es del todo mayoritaria, y que tampoco lo son los jueces. Y que pese a esto es mejor que –en conjunto, por ahora– los últimos intervengan con voz relevante en la definición del contorno de las protecciones constitucionales.

El hecho de que los órganos políticos puedan por momentos ceder a una demanda por castigos más duros –o que muestren su indolencia frente a violaciones de las garantías– no significa que los jueces siempre vayan a resistir o que tengan una visión protectora de esas garantías. Esto no desnaturaliza el argumento. En efecto, los órganos políticos y los jueces pertenecen al mismo sistema institucional, y las diferencias entre ambos no pueden ser radicales. Con frecuencia, los jueces serán parte del problema. Pero cuando sean más restrictivos en la protección que el Poder Legislativo, este podrá insistir con una propuesta más generosa. Solemos reconocer que los derechos más fuertes en contra del Estado se encuentran del lado de quienes son sometidos al aparato punitivo (los derechos de las víctimas de crímenes comunes, pese a su peso, no deberían derrotarlos). Por ende, la justicia no podría responder afirmando que el Legislativo, al ser más generoso con estas protecciones, limita otros derechos igualmente fuertes. Podríamos pensar en un supuesto en el que los jueces mantuvieran tercamente una posición más restrictiva que la de los órganos políticos, incluso cuando estos insistieran enfáticamente en ampliar la protección. Esta no es la situación en la Argentina. A pesar de que los jueces no han ofrecido una protección monolítica, la respuesta de los poderes políticos ha sido aun más deficiente (y como diré, su *falta* de respuesta es parte del problema). Pero en todo caso, en un supuesto semejante, los poderes políticos podrían hacer muchísimo por mejorar la protección de las personas sin pasar por los jueces: desde aumentar el presupuesto de la defensa pública hasta reformar la policía, las cárceles y los procedimientos con el fin de elevar los pobres estándares vigentes. Buena parte de las protecciones penales se refieren a hechos que no ocurren ante la mirada directa de los jueces, y en los que intervienen agencias cuyo presupuesto y gestión ellos no controlan.

¿Por qué es tan importante privilegiar estas protecciones aun a costa de los órganos con credenciales democráticas más directas? Las razones son múltiples y, en su mayoría, obvias. La mayoría de nosotros vive en países con un pasado autoritario, y este se proyecta al presente: los abusos de las autoridades policiales y penitenciarias no son una excepción, como tampoco lo son los procedimientos fraguados en contra de personas inocentes. El maltrato no es solo fruto de la acción represiva del Estado y sus agencias, sino también de su inacción. De su indolencia, por ejemplo, frente a la sobrepoblación y el hacinamiento carcelarios, en casos en que las instituciones no cumplen con estándares mínimos ya no de legalidad, sino de decencia.

Quienes caen en la red punitiva del Estado son, en su mayoría, quienes peor están en términos socioeconómicos. Y esta debilidad en el plano socioeconómico tiene un correlato en el plano político. Los condenados, generalmente, no votan. Hasta hace muy poco, en la Argentina ni siquiera lo hacían los procesados sin condena; si ahora votan, es como resultado de la intervención de la Justicia[44]. No pueden contar con la arena política para vocear sus padecimientos: tienen derechos reducidos a la participación y su posición no es popular. Aunque la impopularidad de una medida no puede ser, en general, un parámetro válido para que se la defienda por fuera de la política (para que se le dé un crédito que no obtendría en esta arena), ello es diferente cuando la medida se relaciona con valores fundamentales como los que describo.

Las personas que entran al sistema de justicia criminal enfrentan un riesgo alto de quedar atrapadas en él. No solo porque su situación las hace más vulnerables frente a la posibilidad de reiterar una conducta delictiva, sino también porque las agencias de persecución penal –al tenerlas ya registradas– las mantienen más fácilmente bajo su radar. Y aunque el cálculo costo-beneficio sea inaceptable cuando están en juego derechos fundamentales, tampoco está demostrado que la restricción de garantías y el aumento de la reacción punitiva logren reforzar significativamente la seguridad ciudadana. No es excepcional que las principales redes delictivas cuenten con protección policial, y que por eso eludan el sistema criminal, y hay delitos para los cuales la prevención simplemente no es eficaz. Lo que estas políticas logran con seguridad es poblar las cárceles, generalmente con personas pro-

44. CSJN, "Mignone", sentencia del 9/4/2002.

venientes de las capas subalternas de la sociedad. El encierro solo refuerza su precariedad. Y como el trámite de una causa suele extenderse por años, sean culpables o inocentes deberán aguardar por la respuesta de la Justicia aislados de la sociedad y expuestos a sufrir todo tipo de abusos. El proceso mismo es la condena.

Pero ¿no es extraño que temamos que los órganos políticos pronuncien la última palabra sobre estas cuestiones, cuando les delegamos la adopción de decisiones con enormes consecuencias para nuestras vidas, como aspectos centrales de la política económica? Si bien hay varias maneras de responder esta pregunta, me concentro en una. Mientras nos resistimos a la idea de que los intereses custodiados por los derechos puedan ser enteramente negociados (sacrificados para el logro de ciertos fines), el terreno de la política es por definición el de la agregación de intereses. La distinción entre el carácter de los principios o derechos y el de las decisiones políticas no es tajante[45]. Pero solemos exigir al Estado que, al adoptar decisiones económicas, promueva los intereses del mayor número. Y negamos que este sea su rol cuando están en juego las garantías constitucionales. Justamente, una conquista histórica ha sido evitar que el sometimiento potencial de un individuo al derecho penal dependa de ejercicios de agregación semejantes.

Es cierto que, como consecuencia de una (mala) política, el Estado podría violar derechos. Podría, por ejemplo, desconocer palmariamente el derecho de propiedad. Como este derecho tiene un componente más instrumental que intrínseco, no cualquier restricción a la propiedad será inválida, pero esto no implica que cualquiera sea válida. O una política económica podría cercenar gravemente derechos sociales y como resultado agravar los padecimientos de grupos ya vulnerables. Pero en todos estos casos, *también* solemos invocar la protección de órganos no políticos.

Por otro lado, no deberíamos perder de vista el tipo de daño que la vulneración de las protecciones constitucionales en materia penal puede causar. La pretensión punitiva del Estado no solo amenaza la libertad personal. También pone en juego la dignidad, integridad, igualdad e inviolabilidad de los seres humanos, especialmente en contextos como los apuntados, en los que las agencias estatales son tan deficientes. Solemos asignar a estos valores una importancia mayor de la que asignamos a los intereses económicos o al derecho de propiedad. Cuando el Estado

---

45. Para una distinción más marcada entre políticas y derechos, véase Ronald Dworkin (1984), *Los derechos en serio*.

los vulnera, causa un daño que, por definición, es directo: sacrifica un derecho para promover intereses generales o menos relevantes. Pero el daño no es solo material. Tiene, además, un fuerte contenido simbólico. Muestra a un Estado dispuesto a dar la espalda a estándares básicos sobre el trato que merecen las personas que viven en él. Quienes se benefician más directamente de la protección de estos estándares pueden haber violado derechos o bienes de inestimable importancia. Pero esto no los hace menos merecedores de la protección. Al contrario: ellos son particularmente vulnerables desde el momento en que quedan sometidos al brazo punitivo de la comunidad política[46].

Las personas que sufren privaciones socioeconómicas agudas pueden sentir un menosprecio similar. Como dije, varias de estas privaciones podrían representar una violación de derechos sociales, y ser remediables en los tribunales. Sabemos que en materia de derechos sociales suelen ensayarse argumentos –no necesariamente concluyentes o correctos– para exigir que la decisión no se sustraiga por completo del ámbito de la política (la progresividad, la escasez presupuestaria, la necesidad de una perspectiva sistémica a la hora de delinear políticas públicas). Algunas deficiencias en temas penales tienen una matriz estructural e incluyen violaciones a derechos sociales. Típicamente, esto es lo que sucede con la situación de las cárceles y los derechos de las personas privadas de su libertad. En situaciones semejantes, la Justicia podría marcar un camino por el que la política deba transitar, sin cerrar completamente el abanico de opciones de los órganos representativos. Pero en muchos otros casos, el valor en juego tiene un carácter menos gradual (el domicilio es o no inviolable bajo ciertos supuestos; el juez puede o no condenar sin acusación fiscal; la policía puede o no extraer una confesión), y esos argumentos no podrán emplearse con la misma fuerza.

Tanto la protección contra el delito como el reconocimiento del sufrimiento de las víctimas son compromisos de relevancia significativa para una comunidad política. Sin embargo, por relevantes que estos compromisos sean, no pueden honrarse al precio de desconocer derechos fundamentales, especialmente si se refieren a personas que

46. Sobre este tema, véase, por ejemplo, la sentencia de la Corte Constitucional colombiana T-596/92 (Magistrado Ponente: Ciro Angarita Barón). Allí, la Corte sostuvo: "Es necesario eliminar la perniciosa justificación del maltrato carcelario que consiste en aceptar como válida la violación del derecho cuando se trata de personas que han hecho un mal a la sociedad… La efectividad del derecho no termina en las murallas de las cárceles. El delincuente, al ingresar a la prisión, no entra en un territorio sin ley".

ya son vulnerables, y si el aparato represivo padece deficiencias graves como las apuntadas. El argumento democrático no puede exigirnos indulgencia frente a esta situación. No llega tan lejos.

— IV —
Conclusión

En este ensayo intenté argumentar que el proceso político no puede tener la última palabra en la definición de las protecciones penales. No porque la política no pueda resguardarlas en ciertas instancias, sino porque con frecuencia no lo hace, y porque el costo en la transición entre un momento y otro (entre que implementa una política restrictiva y la deja de lado) es muy alto. Debemos buscar en otra parte, y los jueces están bien situados para hacerlo. Desde luego, los jueces también podrían errar al ofrecer una interpretación demasiado restrictiva. Pero en un caso semejante, el Parlamento que no comparta ese criterio podrá ampliarlo, dejando como consecuencia a los jueces con menos argumentos para oponerse. E incluso cuando los jueces mantuvieran su obstinación (por ser proclives a las presiones de ciertos sectores o debido a su ideología), el poder político seguiría teniendo en sus manos la posibilidad de mejorar considerablemente las protecciones. Cuando no podemos tener todo, debemos elegir. La democracia nos importa y mucho, pero también los derechos. Y si no tenemos garantías de que la política será respetuosa, debemos ser respetuosos con las garantías.

Bibliografía

Asociación por los Derechos Civiles (2009), *La Corte y los derechos 2005-2007.* Buenos Aires, Siglo XXI.

Barreto Rozo, Antonio *et al.* (2011), *Inseguridad, democracia y derecho: SELA 2010.* Buenos Aires, Libraria, 64-86.

Bonesana, César, Marqués de Beccaria (1993), *Tratado de los delitos y de las penas.* Buenos Aires, Editorial Heliasta.

Dworkin, Ronald (1984), *Los derechos en serio*, 1° edición. Barcelona, Ariel Derecho.

Elster, Jon (1995), *Forces and Mechanisms in the Constitution-Making Process*, 45. Duke L.J. 364.

Ferrajoli, Luigi (2009), *Garantismo, una discusión sobre derechos y democracia.* Madrid, Trotta.

—— (1995), *Derecho y razón, teoría del garantismo penal.* Madrid, Trotta.

Filippini, Leonardo (2007), "El derecho internacional de los derechos humanos no es un préstamo", en: *Revista Jurídica de la Universidad de Palermo*, Año 8, N. 1, 191-202 (septiembre).

Gargarella, Roberto (2009), "Cuatro problemas en la teoría de Ferrajoli", disponible en: [http://seminariogargarella.blogspot.com/2009/11/criticando-ferrajoli.html].

—— (2008), *De la injusticia penal a la justicia social.* Bogotá, Siglo del Hombre Editores.

González Bertomeu, Juan F. (2011), "Against the Core of the Case: Structuring the Evaluation of Judicial Review", en: *Legal Theory*, Vol. 17, N. 2. Cambridge University Press.

—— (2009), "El diálogo de la liberación. La Corte y el caso 'García Méndez'", en: Leonardo Pitlevnik (ed.), *Jurisprudencia Penal de la Corte Suprema de Justicia de la Nación*, Vol. 7. Buenos Aires, Hammurabi.

Rosenkrantz, Carlos (2007), "Advertencias a un internacionalista (o los problemas de 'Simón' y 'Mazzeo')", en: *Revista Jurídica de la Universidad de Palermo*, Año 8, N. 1, 203-213.

Waldron, Jeremy (2006), "The Core of the Case against Judicial Review", en: *115 Yale Law Journal*, 1346.

—— (2005), *Derecho y desacuerdos.* Madrid, Marcial Pons.

Pobreza y responsabilidad penal[1]

~ Rocío Lorca Ferreccio ~

— I — Introducción

Es casi un lugar común en criminología afirmar que mientras que el delito está igualmente distribuido en todas las clases sociales el castigo está sobrerrepresentado en los grupos económicamente más desaventajados. Pero reflexionar acerca de las consecuencias normativas que se siguen de este hecho continúa siendo una tarea pendiente[2]. Este trabajo tiene como objetivo descartar un tipo de estrategias para lidiar con estos problemas en términos normativos.

La pregunta de este artículo parte de la base de que en general es posible identificar una intuición compartida de que castigar a personas que han tenido historias de violencia, maltrato y exclusión social es moralmente problemático, aun cuando hayan cometido actos moralmente terribles (Watson 1987). ¿De dónde proviene esta ambivalencia moral? Una posibilidad es interpretar esta incomodidad como una instancia de empatía o compasión por el otro, algo así como:

> *...su historia es realmente trágica e injusta y quizás incluso es nuestra responsabilidad hacer algo al respecto, pero usted ha cometido un acto tan reprochable que le hace merecedor de un castigo con independencia de lo que nosotros le debamos a usted.*

Una estrategia de esta naturaleza constituye una declaración de incompetencia de las teorías del castigo respecto del problema de la pobreza, una señal de que la justicia social y la justicia penal consti-

---

1. Este trabajo constituye un extracto de mi tesis de Magíster en Teoría del Derecho que realicé bajo la supervisión del profesor Liam Murphy y para la cual conté con la valiosa cooperación de mis compañeros (New York University, junio de 2010).
2. Últimamente se han publicado numerosas contribuciones que han reabierto el debate que Jeffrey Murphy inaugurara en los años setenta. Ver, por ejemplo, Murphy (1973); Duff (2003); Tadros (2009); Green (s/f); Sadurski (1985); Sadurski (1988); Gargarella (s/f); Gargarella y Ovejero (2008).

tuyen departamentos totalmente separados en nuestro universo normativo y en la administración del Estado. Al presentar los problemas de justicia social en el departamento de justicia criminal usted no ha hecho más que equivocarse de ventanilla. ¿Pero pueden las teorías del castigo declararse incompetentes de esta manera?

En general las teorías de justificación de la pena y el derecho penal suelen referirse directamente a principios morales, como la idea de merecimiento o utilidad, sin analizar la conexión de estos principios con las teorías de legitimidad del Estado y preguntar si acaso existen ciertas condiciones de legitimidad adicionales que el Estado debe satisfacer para tener autoridad para ejercer esta particular forma de coacción. Afortunadamente, existe ya una incipiente tradición académica que ha reconocido la falta de plausibilidad de esta separación y ha sugerido formas de entender desde la teoría del derecho penal los problemas morales que plantea la sobrerrepresentación de la pobreza en nuestras cárceles.

En términos normativos, la cuestión ha sido abordada, básicamente, de dos maneras: (1) como un problema de legitimidad del ejercicio del poder punitivo[3], o (2) como un problema de responsabilidad individual[4]. Quizás uno de los aportes más importantes en el primer grupo de estrategias lo constituyen las reflexiones de Jeffrey Murphy en "Marxism and Retribution". En su artículo, Murphy sostiene que la retribución es la única teoría del castigo moralmente defendible, pero que en una sociedad de clases ésta es teóricamente implausible y empíricamente impracticable. Dado que la fuente de autoridad del Estado la constituiría el consentimiento hipotético de los ciudadanos, es poco probable que los más pobres y excluidos hubiesen consentido en participar de un sistema legal que los excluye del goce de una justa porción de los beneficios de vivir en sociedad (Murphy 1973).

En una sociedad injusta difícilmente se puede sostener que la administración del castigo sea legítima. Básicamente porque una sociedad que es generalmente injusta no puede reclamar justicia cuando protege las mismas instituciones que producen y reproducen las estructuras de una interacción social desigual[5]. Indagar más en esta área es una

3. Véase al respecto Murphy (1973); Sadurski (1985 y 1988); Duff (2003); Gargarella y Ovejero (2008); Tadros (2009).

4. Consultar Delgado (1985); Bazelon (1975); Wright (1993); Buss (1997).

5. Para estar de acuerdo con la idea de que el derecho asegura y reproduce la existencia de un orden social y económico, no necesitamos ver el derecho como una superestructura de los modos de producción en términos de las categorías

tarea pendiente tanto para las teorías del castigo como para la filosofía política; honrando dicha tradición, en esta oportunidad no exploraré tales cuestiones sino que me centraré en el segundo tipo de estrategias señaladas más arriba, esto es, en los problemas que la pobreza plantea para el juicio de responsabilidad o condena individual.

Básicamente, las propuestas que quiero analizar son aquellas que sugieren incorporar las cuestiones de injusticia social a la estructura de imputación del derecho penal mediante una reconsideración y ampliación de las causas de excusa del derecho penal. Mi objetivo es criticar esta estrategia y sugerir un camino distinto para la correcta apreciación del problema.

Para analizar la plausibilidad de estas propuestas voy a partir de la base de que las ideas de culpabilidad y sujeto responsable son condiciones fundamentales para la legitimidad de nuestras prácticas de responsabilidad penal (Jones 2006). Pues ya sea por su *etos* opresivo o por su fracaso en entregar los resultados prometidos, las concepciones puramente preventivas del derecho penal no han sido hasta ahora capaces de convencernos de abandonar nuestro compromiso con estas ideas como anclaje fundamental de nuestras prácticas legales de responsabilidad[6].

El trabajo está dividido en dos partes. En la primera, reviso brevemente las ideas generales de libertad y agencia que forman parte de nuestras prácticas de responsabilidad. En la segunda parte reviso críticamente las distintas formas en las que se ha sugerido que la pobreza afecta nuestras capacidades de actuar como agentes responsables.

— II —
Responsabilidad y agencia

Tanto en nuestras prácticas de responsabilidad moral como legal es posible identificar dos momentos fundamentales: la infracción de una norma de comportamiento y el juicio de responsabilidad que recae sobre el autor de ese hecho. Además, dado que los juicios de responsabilidad suelen implicar expresiones o reacciones desagradables, en

---

Marxianas de estructura (modos de producción) y superestructura (instituciones legales y políticas) (Marx y Engels 1972).

6. Para un análisis crítico del ideal rehabilitador y su puesta en práctica, véase Andrew von Hirsch (1976).

ambos casos tenemos el deber de identificar las razones que justifican un juicio de responsabilidad (Scanlon 2008; Hieronymi 2004).

Sea que entendamos al derecho penal en términos puramente instrumentales o como una práctica que se justifica por el valor que tiene en sí misma[7], nadie está dispuesto a conceder que es moralmente apropiado castigar a alguien que no es responsable de algo[8]. La vasta mayoría de las teorías de justificación de la pena suponen la existencia de una infracción y un agente culpable[9].

De esta manera, tanto en el ámbito del derecho como en el de la moral, el juicio de responsabilidad implica que una persona (1) ha infringido una norma de comportamiento[10], (2) posee las características físicas y volitivas que permiten considerarlo como un agente responsable y (3) no es razonable esperar que hubiera actuado de manera de satisfacer nuestras expectativas normativas (Duff 2009: 57-60).

Inmersas en esta estructura se encuentran dos nociones de responsabilidad que T. M. Scanlon ha denominado responsabilidad sustantiva y responsabilidad como atributabilidad. La primera se encuentra constituida por nuestros deberes recíprocos, esto es, por aquello que podemos exigirnos los unos a los otros. Hacemos este tipo de juicios, esto es, juicios sobre nuestros deberes recíprocos, cuando decimos que X no debería vender drogas en la calle, o que Y debería rescatar al niño que se está ahogando en una fosa, o que Z debe asumir los costos de la salud de sus padres. Responsabilidad como atributabili-

7. La distinción alude a la tradicional dicotomía entre las teorías prevencionistas o utilitaristas y las teorías retributivas de la justificación del castigo.

8. Quizás la excepción más celebre es J. J. C. Smart (1991). También Ernest van den Haag ha sostenido que es plausible defender el castigo de inocentes como un mecanismo de protegerlos del delito, en el sentido de que las personas inocentes pueden estar menos protegidas del castigo pero más protegidas del crimen. Véase Jeffrey H. Reiman y Ernest van den Haag (1990).

9. Con la célebre excepción de J.J.C. Smart (1991). Puede ser relevante destacar que el punto no es si acaso uno cree que la retribución es suficiente justificación para castigar, sino si acaso el castigo debe *siempre* tener como antecedente, al menos idealmente, un juicio de responsabilidad. En este sentido, véase Feinberg (1994), Hart (1968), von Hirsch (1996), Duff (2009).

10. Normalmente una condena supone una acción prohibida que es lógicamente anterior a nuestra evaluación moral del agente, sin embargo, recientemente T.M. Scanlon ha sostenido que es posible condenar moralmente a alguien aun cuando su acción pueda ser considerada permisible. A pesar de ser un tema muy interesante, no es necesario analizarlo en este contexto pues uno de los imperativos morales fundamentales en el ámbito del derecho penal es la existencia de una norma de comportamiento previo a cualquier intervención legítima del Estado (principio de legalidad).

dad, en cambio, atiende a las circunstancias del individuo que debe cumplir con estos deberes; aquellas circunstancias que hacen que sus acciones tengan significado normativo más allá de constituir un fenómeno puramente físico, de modo que sean susceptibles de ser evaluadas moralmente (Scanlon 1998). Instancias de este último tipo de responsabilidad se presentan cuando nos preguntamos si deberíamos tratar como responsable a un sonámbulo por los daños que ha realizado en estado de sonambulismo. La cuestión no es si acaso X tiene un deber de no dañar, sino si, atendidas sus circunstancias personales, puede esperarse de X que se ajuste a la norma, como un sujeto responsable.

De esta distinción se desprenden dos tipos de situaciones en las que el juicio de responsabilidad se puede tornar injusto: (1) cuando no hay responsabilidad sustantiva porque existe una razón especial que constituye un permiso para cometer un acto que es malo sólo *prima facie* (usualmente causas de justificación), y (2) cuando no concurren las condiciones de atributabilidad porque existen circunstancias que hacen implausible exigir al individuo que ajuste su comportamiento a la norma de conducta (usualmente causas de excusa).

¿Cómo podemos incorporar a la extrema pobreza en este esquema? En general las propuestas que quiero discutir plantean que existen razones para excusar a los infractores extremadamente pobres en la medida que la pobreza, aun cuando no sea una causa del delito en el sentido de hacer más probable que alguien infrinja una norma, restringe la libertad de un individuo y en esa medida hace que ciertas decisiones y acciones no le sean atribuibles. Pero, ¿cuál es el nivel o tipo de libertad que debemos afirmar para que podamos ser considerados responsables de nuestras acciones?

De acuerdo a Galen Strawson (1994: 5-24) la verdadera responsabilidad moral depende de que dos ideas previas sean ciertas: (1) uno hace lo que hace por ser quien uno es y, (2) para ser responsable por lo que uno hace, uno debe ser responsable por lo que uno es. Este argumento, nos obligaría a ir en una regresión causal hasta un punto en el cual no es posible afirmar que uno no puede ser tenido como responsable de ser quien es en el sentido de haber producido voluntariamente los rasgos de nuestro carácter. De ahí que para Strawson, la verdadera responsabilidad moral es imposible (1994: 14).

En un ejemplo, usted podría decir que mató a alguien porque tiene un carácter agresivo y usted decidió no contener su agresividad cuando tuvo la oportunidad de hacerlo (por ejemplo, incorporándose a un programa de control de rabia), pero no podemos decir que usted es finalmente responsable por haber decidido ser el tipo de persona que toma ese tipo de decisiones porque en algún momento, para que esto sea posible, usted tendría que haberse preexistido y haber tenido a su disposición una serie de principios para decidir, por los cuáles no puede ser al mismo tiempo considerado como verdaderamente responsable. En otras palabras, tiene que haber un momento en el que usted no pudo haber explícitamente decidido algo, pues para eso usted ya debió tener ciertos principios que orientaran su acción, y así hasta el infinito, en algún momento inicial, dichos principios de acción le fueron impuestos por sus circunstancias (1994: 6).

A primera vista, el argumento de G. Strawson parece imponer una dificultad insuperable: si la verdadera responsabilidad moral requiere ser tenido como responsable de ser cómo uno es, nuestras prácticas de responsabilidad moral y legal son injustificadas o irracionales pues carecemos de la libertad para determinarnos en ese sentido (1994: 22). Pero la implausibilidad del argumento de G. Strawson salta a la vista en la medida que implica una petición de principio: para determinar los requisitos de la verdadera responsabilidad moral él asume un cierto concepto de responsabilidad moral que se define (precisamente) por esos mismos requisitos. ¿Por qué la verdadera responsabilidad moral es aquella que importa un juicio de responsabilidad sobre ser cómo somos? ¿Por qué nuestras prácticas de responsabilidad requieren que seamos capaces de demostrar que somos libres en este particular sentido?

Es perfectamente posible imaginar una concepción de libertad para que nuestras prácticas de condena moral y legal se encuentren justificadas, que sea a su vez compatible con la posibilidad de que estamos, en cierta medida, metafísicamente determinados. Si el determinismo no puede ser falseado y si es cierto que no podemos determinar de manera radical quiénes y cómo somos, aun es posible identificar otros aspectos para fundar nuestras prácticas, como por ejemplo, tener una oportunidad razonable para evitar un cierto resultado (Scanlon 2008: 198-204).

Quizás una de las defensas más elegantes de nuestras prácticas de responsabilidad es aquella que fuera elaborada por P. F. Strawson en su artículo "Libertad y Resentimiento", en la que el reproche de culpabilidad además de ser compatible con la verdad del determinismo, es apreciado desde la perspectiva de la manera en que nos relacionamos los unos con los otros en vez de en términos de la plausibilidad teórica o metafísica del contenido del juicio de reproche acerca de nuestra libertad para decidir (Strawson 2003: 59-80; Watson 1987: 258). En otras palabras, lo que importa es lo que el juicio de culpabilidad implica para la forma en la que nos relacionamos y no si es cierto o no el contenido del juicio, por ejemplo, "usted me mintió *deliberadamente*" es suficientemente preciso en términos teóricos.

La tesis de P. F. Strawson se desenvuelve como una estrategia para superar el debate entre los que él denomina *optimistas* (aquellos que sostienen que el tipo de libertad que se requiere para justificar nuestras prácticas de responsabilidad es compatible con la verdad del determinismo) y los *pesimistas* (aquellos que sostienen que si estamos metafísicamente determinados nuestras prácticas de responsabilidad son injustificadas o irracionales) (2003: 60-61).

¿Qué es lo que nuestras prácticas de responsabilidad implica en términos de experiencia para los agentes involucrados? P. F. Strawson sugiere que esta interacción estaría fundamentalmente constituida por ciertos sentimientos y reacciones que expresan el valor que otorgamos a las actitudes que tenemos frente a quienes nos rodean (2003: 62). El resentimiento y la gratitud constituyen instancias de estas emociones.

En un ejemplo, si alguien me empuja en la calle porque ha tenido un mal día y eso le produce ganas de hacer sufrir a otro, sería natural que yo sintiese resentimiento o indignación hacia él y tendría la justa expectativa de que él, o bien se disculpara o justificara su acción. Desde el punto de vista de Strawson, esta emoción y esta expectativa constituyen una forma de responsabilizarlo por el empujón que he recibido. Si, en cambio, la persona que me empuja lo ha hecho por accidente, por mucha frustración y dolor que ese hecho me provoque, no sería apropiado que yo sintiera resentimiento contra él o ella, pues en su acción no ha manifestado una mala intención hacia mí.

Pero no todas las personas pueden interactuar con nosotros de esta manera. Para participar en el tipo de relaciones en las que estas emociones y expectativas son apropiadas (lo que Strawson denomina relaciones interpersonales) es necesario poseer ciertas cualidades. Las relaciones interpersonales son aquellas que nos permiten participar con otros como individuos con intereses comunes; relaciones en las que atribuimos importancia a las intenciones y actitudes que los otros muestran hacia nosotros y que a su vez hacen apropiado que mantengamos ciertas emociones reactivas frente a la insatisfacción de nuestras expectativas, aun cuando dichas reacciones sean poco placenteras para el sujeto que las sufre, como ocurre en el caso del resentimiento (2003: 66).

¿Qué podría hacer de estas reacciones algo injusto o inapropiado? Si sólo se trata de emociones y actitudes, ¿queda algún espacio disponible para justificaciones y excusas del modo que usualmente las concebimos? ¿Cuán libres debemos ser para que estas prácticas sean apropiadas? Strawson distingue dos tipos de consideraciones que podrían excluir la pertinencia de este tipo de reacciones: (1) razones que vuelven inapropiadas estas reacciones debido a que la acción del agente no expresa el tipo de actitud que justificaría algún nivel de resentimiento o indignación, y (2) aquellas circunstancias que nos dan razones para suspender nuestras actitudes reactivas contra el agente, debido a ciertas anormalidades que él posee o que se derivan de la situación en la que el agente se encontraba.

En ambos casos, la infalseabilidad del determinismo y la ausencia de responsabilidad sobre nuestro carácter no constituyen obstáculos para la pertinencia de nuestras emociones reactivas. Me interesan, sin embargo, las consideraciones del segundo tipo, pues son aquellas que dicen algo respecto del grado de libertad apropiado para sostener nuestras prácticas y a partir de las cuales intentaré evaluar la plausibilidad de la estrategia de excusar a las personas socialmente excluidas.

Instancias de este segundo tipo de consideraciones pueden ser (1) resultado de circunstancias accidentales como actuar bajo coacción o bajo los efectos de alguna droga, o (2) resultado de ciertas anormalidades estructurales del agente como su inmadurez o alguna otra causa de incompetencia cognitiva o volitiva[11]. Cuando lo que hace a una condena moral improcedente son las anormalidades estructurales del agente, éste es visto como carente de las capacidades mínimas que se requieren para participar en las relaciones interpersonales y frente a esto suspendemos nuestra disposición ordinaria y asumimos lo que Strawson denomina una *actitud objetivante* (Strawson 2003).

Por ejemplo, consideremos el caso de la demencia. Imagínese que usted se encuentra en un tren de regreso a casa luego de un arduo día de trabajo y un anciano con un bastón que está sentado frente suyo comienza a insultarlo porque cree sin ningún fundamento que usted le quiere robar su bastón. Probablemente usted se sentirá incómodo y desarrollará algún nivel de antipatía hacia este hombre pero a la vez sabrá que no tendría mucho sentido debatir con él, pues el anciano

11. Es importante notar que Strawson considera parte de este grupo a aquellas personas que carecen de la capacidad de participar en las relaciones interpersonales por no compartir nuestras valoraciones y actitudes morales como resultado de sus procesos de socialización, lo que él denomina "unfortunate… formative circumstances" (Strawson 2003).

ha demostrado con su delirio que no tiene la capacidad de entender ciertas razones. Quizás una actitud más racional de su parte sería cambiarse de vagón en la próxima estación y evadir interacciones con este hombre.

Este caso ilustra cómo en ciertos casos excluimos a ciertos sujetos del círculo de personas a las que estamos dispuestos a responsabilizar por sus actos. En vez de verlos como un sujetos responsables adoptamos frente a ellos una reacción objetivante, los tratamos como un objeto de políticas públicas, alguien frente al cual tendremos un trato puramente prudencial, pero no alguien con quien se puede razonar o cuyas acciones tienen un significado normativo relevante (Strawson 2003). Al excluirlo del círculo de sujetos responsables, y esto es crucial para mi argumento, su comportamiento es tenido como irracional e incapaz de desafiar el contenido de nuestras normas morales o legales.

¿Cómo se relaciona esta perspectiva con el problema del tipo de libertad que requieren nuestras prácticas de responsabilidad? Si es verdad que estamos naturalmente determinados a ser quienes somos y actuar de cierta forma, eso implicaría que todo comportamiento humano lo está, y entonces si el determinismo fuera una objeción a nuestras prácticas de responsabilidad en el sentido de impedir nuestra participación en las denominadas relaciones interpersonales, deberíamos adoptar una actitud objetivante frente a todos, en todo momento.

Strawson sugiere, correctamente a mi parecer, que esta tesis *pesimista* es inconcebible porque nuestra práctica de participar en este tipo de relaciones interpersonales está demasiado difundida y profundamente enraizada en nuestra forma de vivir como para que quepa abandonarla por razones puramente teóricas (2003: 69). La filosofía moral se encuentra limitada por nuestras prácticas en el sentido de que nuestras interpretaciones tienen que tener algún nivel de plausibilidad frente a ellas, de lo contrario, el filósofo en vez de explicar, justificar o entender termina por transformar su objeto de análisis en algo completamente distinto. En consecuencia, si nuestra práctica de tratarnos unos a otros no puede ser generalmente descartada en razón de la verdad del determinismo, las razones que pueden explicar porqué en ciertos casos es apropiado tener hacia otro una actitud objetivante no puede deberse a que éste se encuentra en este sentido determinado, pues en ese sentido todos lo estamos (2003: 68-69).

Pero la razón para excluir la objeción determinista no es sólo la existencia de una práctica sino también el valor moral que dicha práctica tiene. Tratar a alguien como sujeto responsable implica reconocerlo como alguien cuyas acciones tienen un significado normativo que le permite desafiar o confirmar con su acción la validez de nuestras formas y normas de interacción. Ser tratado como agente responsable acarrea ciertos costos (como ser vulnerables a criticismo moral y a actitudes que no son nada placenteras) pero es de vital importancia para formar parte y desarrollar ciertas formas de interacción que son extremadamente valiosas en nuestra forma de vida, como las relaciones de amistad, de familia, de pareja, de camaradería profesional, etc. (2003: 63).

Lo que, según Strawson, haría apropiado condenar a alguien no es el nivel de control que éste tenga sobre su conducta sino el hecho de que su conducta sea capaz de expresar una mala voluntad hacia nosotros en circunstancias que es una persona de la cual podemos esperar que no posea dichas intenciones. Al mantener estas actitudes reactivas no estamos sólo expresando que alguien es un agente responsable, esto es, alguien a quién podemos atribuir responsabilidad por sus actos, sino también que ciertos estándares normativos que son muy valiosos para nosotros han sido violados, de modo que, retomando la distinción realizada por Scanlon, estamos expresando que el agente es responsable tanto en términos de atribuibilidad como sustantivamente.

— III —
Pobreza y agencia

Desde la perspectiva de una concepción reactiva de nuestras prácticas de responsabilidad, ¿cuáles son los requerimientos específicos que justifican la atribución de responsabilidad a alguien? En esta sección intentaré contestar esta pregunta utilizando argumentos de filosofía moral así como de teoría del derecho penal, pues aun cuando ambas áreas no coincidan plenamente, las objeciones morales para responsabilizar a alguien por sus actos tienen un importante rol en la legitimidad de nuestras instituciones legales[12].

12. Muchos académicos del derecho y la filosofía abogan por una conexión intensa entre los requisitos de la responsabilidad moral y la responsabilidad penal al menos en el ámbito de las condiciones de atributabilidad o imputabilidad, ver por ejemplo el trabajo de Hart (1985) o los de Kadish (1987: 257), Duff (2009), Feinberg (1970: 55-94), Feinberg (1994) y Moore (1997).

Como señalé anteriormente y tal como se desprende de la distinción entre responsabilidad sustantiva y atributabilidad, nuestras prácticas de responsabilización y condena pueden ser inapropiadas por dos tipos de razones: (1) porque la acción es permisible (no infringe un deber), y (2) porque el autor carece de las condiciones para ser considerado como responsable de sus acciones. Usualmente denominamos justificaciones al primer tipo de razones y excusas al segundo (Kadish 1987: 258). Excusar a alguien no implica una declaración sobre la norma de conducta sino sobre el agente y su falta de libertad o capacidad para optar por la conducta permitida (*ídem*). En términos más concretos, estas excusas suelen referirse a déficits cognitivos o emocionales que afectan la capacidad de los agentes para comportarse como individuos responsables, de modo que respecto de ellos no es razonable tener expectativas de que ajusten su conducta a las normas, sea en términos generales o en alguna situación particular (Kadish 2009: 275).

Un niño que enciende la alarma de fuego de su edificio sabiendo que no hay un incendio, infringe una norma de conducta pero es difícilmente condenable moral o legalmente por ello. El juicio de culpabilidad en este caso no tiene sentido porque no tenemos expectativas de que los niños conozcan y entiendan cuáles son sus deberes y sepan contener sus impulsos para comportarse en conformidad con ellos. Esta supuesta ignorancia e incapacidad para controlar el comportamiento hace que su acción no exprese el tipo de actitud que es condenado por la prohibición que ha infringido[13].

Un análisis más preciso de nuestras excusas, sin embargo, muestra que una tal distinción entre éstas y las causas de justificación no es suficientemente precisa. Algunas veces, por ejemplo, las excusas operan excluyendo lo que Scanlon denomina responsabilidad sustantiva porque se basan en un juicio normativo sobre la razonabilidad de la acción y no sobre las cualidades del agente para tomar decisiones razonables (por ejemplo, actuar bajo coacción)[14]. Estos casos, sin

13. Es importante tener en consideración que la responsabilidad de los niños no es un tema tan simple como parece en la medida que las expectativas que tenemos de ellos van variando progresivamente con el paso del tiempo y no es cierto que las personas que se relacionan con ellos no les demanden algún nivel de respeto y cumplimiento de ciertas normas. Parece que en estos casos vamos ajustando paulatinamente nuestras expectativas normativas en la medida que alguien va desarrollando las capacidades para comprender las normas y ajustar su comportamiento a ellas.

14. Es probable que la falta de claridad de la distinción entre justificación y excusa a un nivel operativo se deba a las consecuencias prácticas que esta distinción

embargo, pueden no configurar una causa de justificación en la medida que no todo lo razonable es también permitido. Lo importante, sin embargo, es tener presente que muchas excusas no expresan un juicio sobre las capacidades del agente sino sobre su acción, de ahí que a veces se refieran a cuestiones de responsabilidad sustantiva y no a cuestiones de atributabilidad.

En consecuencia, para determinar si acaso la deprivación de medios sociales podría constituir un obstáculo para la responsabilidad moral o legal en el sentido que me interesa investigar en estas páginas, la distinción justificación/excusa no es tan apropiada como la distinción responsabilidad sustantiva/atributabilidad, a partir de la cual es posible identificar una clase especial de excusas usualmente denominadas como eximentes de responsabilidad penal o causas de inimputabilidad.

El tipo de juicio en el que estoy interesada es aquél que se formula como: "no podríamos haber esperado que *él* actuase razonablemente" y no el tipo de juicios que se expresan como: "aun cuando infringió una norma de conducta, hizo lo que cualquier individuo razonable habría hecho". En ambos casos realizamos juicios normativos que pueden excusar la conducta de un agente pero sólo en el primero las razones para exculparlo implican un juicio respecto a su capacidad para participar en las relaciones interpersonales como un sujeto responsable.

Es posible identificar tres tipos de razones que se han utilizado para defender la idea de que la extrema pobreza socava las capacidades que se requieren para ser considerado un sujeto responsable: (1) un contexto de extrema pobreza afecta nuestras capacidades psicológicas para interpretar la realidad y controlar nuestros movimientos corporales; (2) un contexto de extrema pobreza excluye el control necesario que debemos tener sobre nuestras acciones para ser considerados responsables por ellas; y (3) un contexto de extrema pobreza nos impide comprender adecuadamente la significación normativa de nuestras acciones. A continuación analizo por separado cada una de estas propuestas.

acarrea: (1) la justificación implica un juicio general respecto a la permisibilidad de la acción mientras que las excusas se refieren sólo al individuo particular que está siendo exculpado; (2) las acciones que se encuentran justificadas no pueden ser interferidas por otros, por ejemplo mediante legítima defensa, a contrario de lo que sucede con las acciones que son meramente excusables; y (3) la justificación alcanza a todos los partícipes de la acción mientras que las excusas benefician sólo a aquellos que poseen las circunstancias de disculpa. Véase Greenawalt (1984: 1897).

1. Defecto de voluntad y capacidad cognitiva

Parte de la literatura ha sugerido que un ambiente de extrema pobreza y exclusión social, lo que Richard Delgado ha denominada como *rotten social background* (ambiente social deteriorado), puede afectar o suprimir las capacidades volitivas y cognitivas de una persona al punto de que ya no puede ser tratada como un agente responsable (Delgado 1985).

Los orígenes de esta excusa se atribuyen principalmente a la opinión del juez estadounidense David L. Bazelon en *United States v. Alexander*[15], en la que abogó por una interpretación de la excusa general de enajenación mental que incluyera aquellas hipótesis en las que a pesar de no haber un diagnóstico clínico de enfermedad mental, el individuo no aparece como motivable por la norma debido a un proceso de socialización altamente defectuoso. En *Alexander*, un joven afroamericano extremadamente pobre dio muerte a un militar que lo insultó racialmente (1975: 389); Bazelon sostuvo que la historia de socialización altamente violenta y discriminatoria del acusado, hizo gatillar su reacción agresiva con la misma fuerza de una enfermedad mental, de modo que la falta de control y racionalidad implícita en esta causal se encontraba presente en este caso (*ídem*).

Según Bazelon, este tipo de causa de exclusión de la culpabilidad debe interpretarse desde la perspectiva de los supuestos de la responsabilidad y no como un problema clínico acerca de la presencia o ausencia de alguna enfermedad determinada (1975: 390-392). La cuestión que debe ser respondida para determinar la procedencia de esta excusa es si las condiciones emocionales y cognitivas del sujeto le han afectado al punto de que su acción no puede ser vista como el resultado de una decisión libre (1975: 393).

Siguiendo esta argumentación, Delgado sostuvo que un ambiente extremadamente pobre, hacinado y violento puede producir reacciones agresivas automáticas y dejar al individuo sin total control sobre sus acciones y emociones (Kadish 1987: 259). La deprivación social podría llegar a empujar al agente a obrar de manera automática frente a ciertos estímulos haciendo que su acción carezca del nivel de voluntariedad mínimo para el juicio de culpabilidad. En estos casos, sostiene Delgado, los acusados deberían tener una excusa de automatismo a su disposición en la medida que su acción es llevada a cabo en estado de inconsciencia (Delgado 1985: 41-43).

15. Ver en 471 F.2d 923, 957 (D.C. Cir. 1973).

Pero los movimientos reflejos más que constituir hipótesis de excusa, excluyen la responsabilidad en un momento anterior. Si fuera cierto que el agente carece de control en este sentido, estaríamos frente a un mero acontecimiento causal y no frente a una acción que puede ser evaluada normativamente y que en esa medida, es capaz de desafiar la validez de una norma de comportamiento (Kadish 1987: 259).

Lo que me interesa aquí no es si acaso ciertas condiciones sociales o económicas pueden *de hecho* alterar nuestras cualidades psicológicas o volitivas al punto de hacer procedente alguna de nuestras causas de excusa, pues si así fuera, la propuesta no tendría nada que ver con los problemas de justificación que se generan a partir de la extrema pobreza y la exclusión social sino que sería sólo una repetición de aquellas excusas que ya conocemos. Adicionalmente, si fuera sólo un juicio empírico acerca de los potenciales efectos de la pobreza y la exclusión social, no parecería capaz de abarcar la generalidad de los casos que parecen moralmente problemáticos, pues en la mayoría de los casos las personas no actúan ni como autómatas ni como dementes y aun así parece haber algo moralmente problemático en el castigo de quienes han sido injustamente excluidos de los beneficios de vivir en sociedad. En otras palabras, es de esperar que tanto los casos de automatismo como los casos analogables a la demencia sean demasiado escasos como para producir algún cambio en la justicia con la que se administra el derecho penal.

La única manera en la cual estos argumentos pueden ser considerados novedosos y pueden ofrecer un cambio de panorama en la justicia criminal, es si ellos implican una ampliación de las hipótesis de excusa. Si esto es correcto, la propuesta de Bazelon debe entenderse de la siguiente forma: aun cuando falle el diagnóstico clínico de una enfermedad o anomalía mental, debemos elevar los requisitos de la agencia responsable a fin de incorporar como excusa otras alteraciones de las capacidades de una persona para interpretar el mundo y tomar decisiones de manera razonable que hayan sido producto de procesos sociales defectuosos.

De esta manera, el aspecto relevante de esta propuesta no es sugerir que las condiciones sociales pueden producir de hecho alguna alteración psicológica sino que debemos restringir nuestro concepto de agencia con el objetivo de que los impactos psicológicos o cognitivos que la pobreza y la exclusión social efectivamente traen consigo sean capaces de configurar una excusa, esto es, de excluir al sujeto del círculo de personas responsables. Para evaluar esta propuesta necesitamos responder dos preguntas: (1) ¿Cuáles son las razones sustantivas que subyacen a la excusa de demencia o enajenación mental y que estarían presentes en los procesos de socialización deficiente en contextos de extrema pobreza? (2) ¿Cuáles son los costos de extender el ámbito de la enajenación mental hacia estos casos?

En relación a la primera pregunta, estas causa de exculpación normalmente tienen como fundamento el hecho de que el individuo no es capaz de interpretar la realidad y tomar decisiones racionalmente inteligibles (Kadish 1987: 279). En otras palabras, las personas que se hayan en estas circunstancias son excusadas porque son consideradas irracionales en el sentido de que sus acciones no son inteligibles o comprensibles, lo que implica además que interactuar y participar con ellos en relaciones interpersonales se vuelve difícil o imposible (Moore 1997: 602 y ss.).

Declarar a alguien como un sujeto irracional implica que el agente no será tratado como partícipe de nuestras prácticas de responsabilidad y nuestras instancias de deliberación normativa, en otras palabras, un agente que es declarado irracional en este sentido no es tomado en serio y son estas consecuencias las que deben considerarse al establecer el ámbito apropiado en el que nuestros defectos cognitivos y volitivos pueden operar como causas de exención de responsabilidad.

De este modo y contestando la segunda pregunta, la extensión del ámbito de la excusa de enajenación mental no implica sólo conferir más excusas sino también ampliar el ámbito de exclusión de ciertas personas de nuestras prácticas de interacción social y deliberación normativa. Tratar a alguien como irresponsable sólo porque tiene un carácter muy impulsivo es también extremadamente condescendiente e irrespetuoso porque implica ser descalificado de la deliberación pública relativa a nuestros deberes recíprocos y también de la deliberación privada acerca de cuáles son nuestros intereses personales y los medios adecuados para alcanzarlos[16]. Así, el sujeto irracional es excusado a la vez que es excluido e intervenido, alienado de sí mismo. Más aún, la ampliación del ámbito de aplicación de esta excusa no conduce necesariamente a una restricción del uso de la fuerza por parte

16. Véase al respecto Kadish (1987: 283-285), Morse (2000: 114-160). Como ha sido sugerido por T. M. Scanlon, el criticismo moral no es fundamentalmente un mecanismo de control y sanción pero una manera de participar en un sistema de deliberación y razonamiento moral, véase Scanlon (1998: 268).

del Estado en la medida que la culpabilidad es reemplazada por la peligrosidad y el castigo por terapias o medidas de neutralización[17].

Si, por otra parte, esta excusa no implicara una elevación de los requisitos para ser considerado agente responsable, su alcance sería en todo caso demasiado restringido. De modo que esta propuesta se encuentra condenada a ser demasiado invasiva y opresiva, o demasiado insignificante; frente a estos defectos sólo cabe concluir que este no es un camino adecuado para resolver, siquiera parcialmente, los problemas morales que plantea el castigo de quienes se encuentran social y económicamente excluidos.

2. Mala suerte y control

Se ha sostenido que aun si un contexto de extrema pobreza no puede afectar las capacidades de un agente para controlar su comportamiento y desenvolverse como un individuo racional, éste sí puede afectar sus posibilidades de ser considerado como responsable en la medida que su capacidad de controlar los factores de lo han llevado a delinquir se vería dramáticamente disminuida; en breve, la extrema pobreza socavaría nuestra condición de agente responsable en la medida que constituye una circunstancia externa que determina nuestra acción (Delgado 1985; Bazelon 1975).

Siguiendo la idea de responsabilidad formulada por Galen Strawson, el fundamento de este juicio de irresponsabilidad sería la falta de control sobre los factores que determinan el tipo de persona que uno es y, con ello, determinan nuestras acciones (Delgado 1985: 55 y ss.). La fuerte influencia que los factores ambientales pueden tener en el delito es algo en lo que existe bastante acuerdo, pero ¿qué haría de la pobreza un hecho diferente a cualquier otro fenómeno externo que determina que seamos lo que somos?, ¿no implicaría la aceptación de esta propuesta una renuncia a la posición *optimista* analizada en la primera parte de este trabajo?

Uno podría decir que el caso de la pobreza es especial en relación al resto de los factores que determinan nuestra conducta en la medida que constituye una condición en la que uno se encuentra arbitraria e injustamente situado. La pobreza no es una opción voluntaria como

17. Esto a su vez puede implicar una intervención estatal muy intensa en la medida que en muchas jurisdicciones la intervención terapéutica no tiene límite temporal y el paciente, en tanto sujeto irracional, no tiene muchas oportunidades para oponerse. Véase Morse (2000).

cuando X se toma una droga para relajar sus inhibiciones y poder seducir a alguien en una fiesta. El hecho de que luego de tomar la droga X pierda total control sobre su conducta y termine abusando sexualmente de alguien no necesariamente lo excusa de su comportamiento en la medida que la acción es libre en su causa y eso la hace ser atribuible al autor[18].

La pobreza y la exclusión social no suelen ser producto de decisiones libres que las personas toman sino que suelen estar determinada al menos inicialmente por circunstancias arbitrarias, fuera de nuestro control, como el lugar donde uno nació o los talentos y capacidades con los que uno se encuentra naturalmente dotado (Rawls 2005: 103-104). En parte, pareciera que es precisamente la arbitrariedad de la pobreza y la exclusión social lo que la hacen especialmente injusta al punto que podría ser inadecuado reprochar y castigar por sus acciones a quienes han sido de esta forma excluidos[19].

En un intento por presentar este argumento en su mejor versión, Gary Watson nos cuenta la historia de Robert Harris quien fue ejecutado en la prisión de San Quentin (California, 1992) por el asesinato de dos jóvenes, en 1978. En los registros relacionados con su caso, Harris es descrito como un individuo frío y cruel que no abrigó ningún remordimiento frente a su crimen y que incluso disfrutó dando muerte a sus víctimas (Watson 1987: 268-271), tenía un carácter cruel y un rechazo absoluto a nuestros valores morales más básicos.

¿Cuáles son los orígenes de esta maldad? Robert Harris nació y creció en un ambiente de abuso y violencia. Su padre sospechó desde un principio que Robert no era su hijo biológico de modo que lo sometió a él y a su madre a un constante maltrato psicológico y físico. La madre, por su parte, culpaba a Robert de ese maltrato. A los catorce años Harris fue condenado por hurto y enviado a una prisión donde fue violado repetidamente y donde trató de suicidarse más de una vez. Cuando fue liberado, unos cinco años después, su sufrimiento pareció

18. Es posible sostener en estas hipótesis de *actio libera in sua causa*, que el agente podría ser excusado aun a pesar de haberse puesto en esta condición de manera voluntaria, en la medida que *el* no ha, en efecto, decidido cometer el delito. Pero mi punto es simplemente que parece haber una especial significación moral en el hecho de que la pobreza no es voluntaria en su origen y que en esa medida su impacto en la vida de las personas y en particular en nuestras prácticas de responsabilidad es moralmente problemático.

19. Este es más o menos el objetivo central de una teoría de la justicia igualitarista de acuerdo a quienes Elizabeth Anderson ha denominado como *luck egalitarians* (Anderson 1999: 287-337).

haber suprimido toda sensación de remordimiento que hubiera habido en él (Watson 1987: 272-274). Una vez que hemos escuchado todo el relato, es imposible no sentir que hay algo moralmente problemático en castigarlo, después de todo ya ha sufrido bastante y no es ninguna sorpresa que haya terminado desarrollando ese carácter.

La historia contada en detalle es mucho más dramática y escalofriante, pero la cuestión central es destacar la influencia que tienen ciertos eventos que se imponen involuntaria y arbitrariamente en las biografías de las personas y que determinan el tipo de persona que se es. Somos quienes somos a pesar de nosotros mismos. ¿Cómo podemos entonces evaluar moralmente nuestro carácter y acciones? Por otra parte, si el reproche de culpabilidad forma parte de lo que P. F. Strawson ha denominado emociones reactivas que constituyen una respuesta a las actitudes de otro, el pasado de Robert Harris no debería alterar el hecho de que él *es* el hombre que es y *tiene* la actitud que tiene. ¿Por qué debería la información sobre su pasado cambiar nuestro juicio y nuestra reacción frente a sus actitudes presentes? Y si este juicio debe permanecer intacto, ¿cómo es posible solucionar normativamente la aparente injusticia de condenar a Robert Harris una vez que conocemos su pasado?

Parece que tenemos dos opciones: (1) excusar a Robert Harris de sus actos debido a que él no puede ser tenido como responsable de ser el tipo de persona que es, sino una víctima de sus circunstancias; o (2) tratarlo como un individuo responsable y seguir buscando alguna otra manera de conceptualizar y resolver la aparente ambivalencia moral que sentimos al condenarlo y castigarlo, una vez que sabemos que dado su pasado no es ninguna sorpresa que haya terminado haciendo lo que hizo (Watson 1987).

Si optamos por la primera opción, como ya lo discutimos en la primera parte de este trabajo, nuestras prácticas de responsabilidad legal y moral quedarían inevitablemente vulnerables a la objeción incompatibilista en la medida que estaríamos asumiendo implícitamente un concepto de responsabilidad similar a lo que Galen Strawson ha definido como *verdadera responsabilidad moral*, esto es, aquella que precisa el tipo de libertad que la tesis determinista niega. La mayoría de nuestras decisiones dependen de circunstancias externas que son arbitrarias en el sentido de que no son elegidas por nosotros. Una vez que decidimos excluir responsabilidad por aquellos factores que son producto de la mera mala suerte, es difícil identificar criterios de delimitación que no sean a su vez arbitrarios, para que no terminemos justificando todos y cada uno de nuestros actos. ¿Por qué debería la pobreza constituir un caso especial frente a otros factores que pueden haber incidido en nuestro carácter y conducta como el haber tenido padres extremadamente castigadores y abusadores aun dentro de un hogar acomodado? Una vez que otorgamos esta relevancia a la mala suerte en el contexto de nuestras prácticas de responsabilidad legal y moral, no queda mucho contenido disponible para hacer sentido e identificar la fuerza de ideas como la culpabilidad o el merecimiento (Scheffler 1992: 299-323). Como consecuencia, podríamos vernos forzados a aceptar la sugerencia del mismo autor, de que nuestras prácticas de responsabilidad o son injustificadas o son irracionales (Strawson 1994: 22). Por razones que ya mencioné, esta postura no es filosóficamente plausible ni prácticamente viable (*ídem*: 8-9).

¿Cómo podemos entonces hacer inteligible la ambivalencia moral que sentimos o intuimos frente a casos como los de Harris? ¿Es posible cuestionar la procedencia de nuestras emociones reactivas frente a hechos tan graves como el homicidio de dos jóvenes por consideraciones históricas sobre su agresor sin que al mismo tiempo estemos cuestionando su condición de agente responsable? Watson ofrece dos soluciones que pueden ser compatibles con una concepción de la culpabilidad similar a la propuesta por P. F. Strawson, esto es, una teoría que ve el juicio de culpabilidad como una expresión de nuestras actitudes y expectativas de cómo debemos tratarnos los unos a los otros (Watson 1987: 258).

Según Watson, para lidiar con la ambivalencia que sentimos frente a la condena de Harris debemos rechazar tanto la actitud objetivante como también lo que él denomina un imperativo retributivo implícito en la concepción de P. F. Strawson, esto es, la idea de que la única manera de evitar la actitud objetivante hacia los otros es *expresando* el resentimiento que sentimos frente a su actitud (Strawson 2003: 84-86). En otras palabras, hay razones para ablandar o contener nuestras actitudes reactivas que no tienen que ver con la ausencia de culpabilidad sino con un escepticismo respecto de la adecuación de las emociones retributivas como especie de nuestras reacciones emotivas.

De acuerdo a esta propuesta, responsabilizar a alguien no tiene que implicar un tipo de emoción reactiva que implique una limitación de nuestra buena voluntad hacia otro. Watson sugiere que podemos tener reacciones hacia otros que expresan nuestro reconocimiento de su agencia mediante expresiones de amor y compasión como lo hiciera Ghandi (Watson 1987: 258).

No cabe duda de que gran parte de la aparente injusticia de la que adolece el sistema penal tiene que ver con la persistente expansión en los delitos y las penas que han hecho de él un sistema altamente violento y muy difícil de justificar. Una reducción de este nivel de violencia seguramente disminuirá nuestra ambivalencia moral frente a casos como los de Robert Harris, basta considerar que él no fue sólo encarcelado sino ejecutado. Pero esto no puede ser todo, pues aun si pudiéramos reducir estos excesos de violencia que caracterizan actualmente nuestras prácticas, en la medida que el derecho penal siga implicando castigo y sufrimiento a personas que han sido excluidas de los beneficios de vivir en sociedad, seguiremos un problema al intentar justificar nuestras prácticas.

El verdadero desafío de la propuesta de Watson entonces no puede ser entendido como una reducción de la violencia sino más bien, como una renuncia a la misma. Pero: ¿Qué tipo de reacción no retributiva podría expresar un acto de responsabilización al mismo tiempo que una acción de amor y compasión? ¿Deberíamos extender este tipo de tratamiento sólo a las personas que puedan contar historias como la de Robert Harris o deberíamos también mostrar compasión frente a un individuo que se encuentra en una buena situación económica pero que es racista porque fue criado y educado en un ambiente en el que no pudo sino convencerse de la supremacía de la raza blanca? ¿Es posible distinguir entre una socialización deficiente que es consecuencia de la exclusión social y otra que es consecuencia de una mala educación sin al mismo tiempo ser condescendiente y paternalista con el primero?

Concuerdo con Watson en la idea de que la exclusión social en tanto mera explicación causal de cómo un agente llegó a ser quien es, no es suficiente argumento para configurar una excusa, pues implica que el agente no está capacitado para interactuar como un individuo responsable y en la medida que estamos todos de alguna forma determinados, una tal causa de excusa nos debería afectar a todos. Pero en su propuesta no es posible encontrar solución a las preguntas recién formuladas y pareciera que sólo si ésta plantea una abolición absoluta de ciertas formas de violencia y coerción como mecanismos de responsabilización es posible hacerla compatible con el valor de ser tratado como individuo responsable. Es decir que no deberíamos condenar ni a Harris ni a los miembros del Ku Klux Clan. ¿Seremos capaces de desarrollar formas de reacción que impliquen tratar a otros como individuos responsables por actos horrendos sin que éstas impliquen algún nivel de sufrimiento?

3. Ignorancia normativa

Algunos han argumentado que aun cuando la extrema pobreza y la socialización defectuosa no afecten la voluntariedad de la acción, sí pueden dejar a un individuo tan aislado que lo vuelven incapaz de desarrollar las habilidades necesarias para entender la significación normativa de sus acciones[20]. En general, errores en la permisibilidad de una acción podrían operar como excusas cuando: (1) el agente efectivamente ignora que su acción se encuentra prohibida, sea porque crea que se encuentra amparado por una causal de justificación o porque su acción no se encuentra en principio prohibida[21], y (2) la ignorancia es excusable en el sentido de no existe la expectativa de que una persona razonable situada en dicha posición hubiera conocido el contenido de las normas que se aplican a su acción (Kadish 1987: 267-268).

Pero si una persona ha voluntariamente lesionado algún interés valioso, ¿por qué debería su ignorancia sobre el significado normativo de su conducta excluir la procedencia de una condena moral o legal? Después de todo él o ella han optado por actuar en la forma que actuaron y mediante el juicio de culpabilidad estamos expresando que su opción es moralmente defectuosa.

Un forma de argumentar a favor de esta excusa es considerar que un infractor socialmente excluido ignora el significado normativo de sus acciones porque carece de los principios de decisión y los valores que son consistentes con el resto de su comunidad moral o al menos con la comunidad hegemónica, lo que a su vez implica que no tiene las capacidades suficientes para participar en las interacciones sociales como un sujeto plenamente responsable (Wolf 1987: 46-62). Nótese que para esta propuesta la falta de consistencia entre los valores de un agente y su comunidad le impedirían entrar en el tipo de relaciones

20. Delgado (1985: 64-66) propone tres tipos de excusas dependiendo en el tipo de impedimento que la pobreza y la exclusión social generen en una persona: (1) excusa de reacción violenta involuntaria, o *involuntary rage*; (2) excusa de aislamiento de la cultura dominante o *isolation from dominant culture*; y (3) excusa de incapacidad para controlar la conducta o *inability to control conduct*.

21. El tipo de error normativo que pienso discutir en esta sección se refiere a la permisibilidad de la acción y no a los elementos normativos que forman parte del tipo objetivo o del hecho típico, que usualmente son tratados como errores de hecho o de tipo, por ejemplo, cuando alguien cree que está válidamente divorciado y se casa de nuevo, la razón por la que no comete bigamia no es su ignorancia excusable acerca de la permisibilidad de su acción sino un error acerca de la acción que de hecho está realizando.

que se requieren para que el juicio de culpabilidad sea apropiado, pues sería inadecuado de nuestra parte esperar obediencia a las normas de quien carece de la capacidad de distinguir el bien y el mal o entiende por bien y mal algo completamente distinto a nosotros (Strawson 2003: 69).

Este parece ser el núcleo del argumento sobre ignorancia normativa como excusa para quienes hayan sido socialmente excluidos, pero no es un argumento plausible (Watson 1987: 268). Si uno sostiene que un ambiente de exclusión podría darnos razones para eximir a alguien de ser tenido como un agente responsable de sus acciones debido a que el contexto de su educación pudo haberle impedido desarrollar ciertos valores, entonces estamos implícitamente asumiendo que compartir ciertos valores es una condición para la procedencia del juicio de culpabilidad. ¿Es ésta una condición apropiada?

Si la falta de consistencia entre nuestros valores fuera un obstáculo para participar en las relaciones interpersonales, personas que tienen una actitud extremadamente maligna deberían ser descalificadas de nuestras prácticas de responsabilidad, lo que implica que no son condenables[22]. Adicionalmente, dado que lo que descalificaría a estas personas no es su historia sino las consecuencia de esta historia (esta suerte de insensibilidad frente a nuestras consideraciones morales), entonces personas como Hitler, Pol Pot o Pinochet no serían condenables.

Una segunda forma de argumentar en relación a la excusa de ignorancia normativa es sostener que no se trata de una hipótesis en que falla alguna de las cualidades que se requieren para ser tratado como un agente responsable sino que se funda en un principio moral autónomo: es injusto culpar a alguien que *justificadamente* ignora la injusticia de sus propias acciones.

En este sentido, Sarah Buss ha argumentado que existe una intuición moral básica de que personas socialmente excluidas que cometen actos inmorales tienen un estatus diferente a aquellos infractores que no han sufrido dicha exclusión. La razón de esta diferencia no se encontraría en un defecto de agencia sino en el hecho de que la ignorancia justificada es una razón independiente para no culpar a otro (Buss 1997: 338). La exclusión social no puede por sí sola eximir a alguien de responsabilidad moral pues ésta no puede aniquilar la capacidad para hacer lo correcto (*ídem*: 337-343). Pero nuestra intuición de que ésta circunstancia tiene una especial significación para nuestras prácticas de

22. En la formulación de Watson (1987: 268) "extreme evil disqualifies one for blame".

responsabilidad moral puede, en cambio, expresarse de distinta forma: la exclusión social le da al sujeto una justificación para *excusar* su acción, en la medida que le da una *buena razón* para hacer aquello que se encuentra prohibido, y en esa medida actuar bajo la convicción de que hace lo correcto.

Luego de analizar distintas hipótesis de legítima defensa, Buss intenta demostrar cómo circunstancias pasadas pueden justificar percepciones erradas sobre la realidad que dan razones para actuar de cierta manera. Por ejemplo, el hecho de que una persona haya sido físicamente maltratada en repetidas ocasiones puede hacer razonable para ella, pensar que se encuentra en peligro en circunstancias que una persona sin su historial no asumiría lo mismo. Esto a su vez implica que las personas interpretan de distinta forma el espacio de permiso que tienen para agredir a otro en legítima defensa (Buss 1997: 347). Las situaciones de exclusión económica y social serían equivalentes al caso de la mujer golpeada que da muerte a su agresor antes de que él comience a golpearla de nuevo: estas experiencias dan buenas razones para pensar que una acción se encuentra justificada.

Más allá de la claridad o confusión que esto genere a nivel de la distinción entre errores de hecho y errores normativos[23], la esencia del argumento es que el especial significado moral de la exclusión social reside en su capacidad de justificar la ignorancia normativa (Buss 1997: 348-349). Tengo tres objeciones frente a este argumento.

En primer lugar, si la ignorancia moral justificada pudiera excluir la culpa, ¿por qué las historias de deprivación social constituyen una justificación especial respecto de otro tipo de historias? Por ejemplo, una persona criada a comienzos del siglo veinte en una familia muy religiosa y racista puede no haber tenido suficientes oportunidades para una sensibilidad moral adecuada a nuestras valoraciones. Si lo que justifica la ignorancia es la incapacidad involuntaria del agente para adquirir las herramientas que le permitirán tomar buenas decisiones normativas, ¿por qué restringir la justificación a los casos de

23. Muchos de sus ejemplos se entienden mejor como hipótesis de errores de hecho excusables que como errores acerca de la permisibilidad de una acción. La distinción entre errores de hecho y errores sobre la permisibilidad de una acción es fundamental en nuestras prácticas de responsabilidad porque los errores de hecho tienen la capacidad de transformar la acción de un agente en la medida que da cuenta de que sus intenciones no coinciden con su conducta externa. Por ejemplo, disparar sobre un pequeño niño porque uno cree que es un conejo no es lo mismo que disparar sobre un pequeño niño porque uno cree que está autorizado a hacerlo para prevenir la sobrepoblación del mundo. Véase Kadish (1987: 267).

exclusión social y económica y no ampliarla a otras situaciones igualmente arbitrarias desde la perspectiva del agente? El planteamiento es problemático porque no me parece que estemos dispuestos a excusar a las personas racistas bajo este principio y no veo cómo delimitar los casos sin recurrir a un principio moralmente arbitrario y, en esa medida, injusto desde la perspectiva del sujeto.

Mi segunda objeción es más fundamental: no estoy convencida de que condenar moralmente a un agente ignorante sea algo injusto. En la concepción de nuestras prácticas de responsabilidad que he defendido, lo que justifica una condena moral es que el agente ha expresado una mala voluntad hacia otro, una falta de interés por el bienestar del otro. El hecho de que el agente no sepa que dicha mala voluntad o indiferencia se encuentra prohibida no implica que no la haya, de hecho, demostrado.

Pensemos en un ejemplo propuesto por Gideon Rosen. Un esclavista Hitita podría haber sabido que ser esclavo era algo desagradable para otro pero como vivía en un contexto en el que la esclavitud se encontraba generalmente aceptada como práctica social, él no tenía razones para creer que tratar a otro de esta manera era moralmente malo (Rosen 2003: 61-84). De acuerdo al argumento de Buss, aun cuando estos agentes sean capaces de comprender el significado de sus acciones para los demás, es injusto culparlos porque tenían razones para pensar que estaban autorizados a realizar estas prácticas (*ídem*: 74).

¿Puede el esclavo Hitita culpar a su esclavista? Yo pienso que sí puede, pues lo que justifica el juicio de culpabilidad moral no es la expresión de indiferencia por las normas en sí mismas, sino una general indiferencia frente al bienestar de los otros; una ausencia de respeto y consideración por los otros. El hecho de que un esclavista tenga buenas razones para creer que su acción es permisible no implica que éste no ha mostrado falta de respeto por la dignidad del esclavo y que el esclavo tiene derecho a expresar resentimiento y condenarlo moralmente. Nótese que esto es distinto a sostener que debido al contexto cultural en el que el esclavista está situado éste no muestra falta de respeto frente al esclavo, pero esto no es algo que quepa discutir en estas páginas[24].

---

24. Ambos, Rosen y Buss parecen estar asumiendo que la razonabilidad de una creencia moral no afecta en nada su permisibilidad sino sólo las razones para excusar a un agente. Nótese, sin embargo, que hay una forma de analizar el caso del esclavista en la que uno podría decir que dada la plausibilidad de su creencia, atendiendo a su contexto cultural e histórico, él no hace nada moralmente prohibido. En cualquier caso, esta discusión nos obligaría a tomar una

Mi tercera objeción es que el argumento de Buss termina inevitablemente socavando la agencia moral de las personas a las que pretende excusar y expresando hacia ellos una actitud objetivante. Ella sostiene que la manera en la que la intuición básica debería ser entendida no es como la negación de la capacidad *general* de un agente para tomar decisiones morales correctas, sino la negación de la capacidad del agente para identificar el bien del mal al momento de decidir casos concretos (Buss 1997: 349). Pero desde el punto de vista de los individuos, las interacciones son siempre casos concretos; el que alguien tenga razones para no ser razonable no cambia el hecho de que al excusarlo uno lo trata como alguien que no es capaz de llevar a cabo un razonamiento moral correcto, y esto, en esencia, implica excluirlo de una participación activa en la comunidad moral.

Si en verdad queremos tratarlos como agentes responsables, ¿por qué excusarlos?, ¿por qué no abrirse a la posibilidad de que sus comportamientos son razonables en serio, es decir, en el sentido de que no son inmorales o prohibidos? Si queremos defender la idea de que una mujer golpeada actúa racionalmente cuando da muerte a su agresor dormido (pues tiene razones para creer que es la única forma de proteger su vida), ¿por qué hablar de excusa e ignorancia normativa en vez de decir que su acción es derechamente correcta o justificada?

Pareciera, sin embargo, que los argumentos de Buss pueden tener mayor fuerza normativa en el ámbito del derecho en la medida que un principio moral como el planteado por ella puede derivarse fácilmente de la interacción entre el principio de legalidad y el juicio de culpabilidad como condiciones o garantía políticas del ejercicio legítimo del poder punitivo (Moore 1997: 186-187).

El principio de legalidad tiene muchas funciones y justificaciones, una de las cuales está directamente relacionada con la procedencia del juicio de culpabilidad. Aun un moralista tan radical como Michael Moore ha reconocido que castigar a alguien sin darle previa noticia de qué constituye un delito es injusto, no porque haya un principio moral que diga que los infractores ignorantes no son culpables sino porque constituye un abuso de las legítimas expectativas que un ciudadano puede tener acerca de la esfera de intervención del estado, lo que a su vez disminuye su libertad para planificar sus acciones (Moore 1993: 239-244).

---

postura acerca de la naturaleza de los juicios morales y esto excede con creces las ambiciones de este trabajo.

Pero la disponibilidad teórica de este principio no implica que éste vaya a ser útil en la solución de la aparente injusticia que subyace al castigo de personas socialmente excluidas. En primer lugar, este tipo de excusas suelen ser bastante resistidas en su aplicación en consideración a otros intereses como la seguridad jurídica o las políticas de intolerancia frente al delito, de modo que las jurisdicciones que reconocen esta excusa tienden a ser conservadoras en su definición y concesión[25].

Pero aun si la regulación de esta excusa no fuera tan conservadora, difícilmente podrá contribuir a solucionar el problema que nos convoca, en la medida que la ignorancia normativa no es un fenómeno tan difundido o común y no captura lo que es realmente problemático en estos casos[26]. Por el contrario, parece que en los casos en que el problema es más apremiante hay menos posibilidades de sostener que existe ignorancia normativa pues la manera discriminatoria en que opera el derecho penal hace que éste se encuentre muy presente en las vidas de las personas socialmente excluidas. El derecho penal tiende a afectar intensamente la vida de ciertos grupos, como lo ha descrito David Garland, en ciertas comunidades todo se define en torno al derecho penal y a la cárcel (2001: 5-7). En este contexto, la disonancia normativa no se producirá generalmente por ignorancia de aquello que se encuentra oficialmente prohibido, sino quizás por la existencia de una valoración alternativa, una hipótesis quizás de desacuerdo normativo. Tratar a quien está en desacuerdo con nosotros como alguien incapaz de deliberar es por lo menos, hacer trampa.

25. Ver Kadish (1987: 267-272). Michael Moore, por ejemplo, piensa que la ignorancia es razonable cuando el Estado no ha cumplido con todos los deberes que le impone el principio de legalidad, especialmente cuando no ha producido leyes penales que sean claras y que estén fácilmente disponibles para el público, véase Moore (1993: 239-244).

26. Stephen J. Morse ha sugerido que, como una cuestión empírica, la mayoría de las personas conocen las reglas legales y poseen la capacidad para comprender las razones prácticas y morales que las sustentan, y aun cuando es posible que algunas personas las ignoren, sería difícil probar que esta ignorancia es excusable en aquellas conductas que constituyen lo que usualmente se denomina como *malum in se offences*, esto es, aquellas acciones que se encuentran prohibidos por consideraciones morales, con independencia de que además se encuentren prohibidas por el derecho. Véase Morse (2000: 147).

— IV —
Conclusión

He tratado de mostrar que la aparente injusticia en el castigo de personas que han sido injustamente excluidas de los beneficios de vivir en sociedad no puede ser ni explicada ni resuelta mediante la ampliación del ámbito de aplicación de las causas de exculpación, en particular de aquellas que implican un juicio respecto de nuestra agencia. Las razones de este rechazo son, básicamente, que es una propuesta filosóficamente implausible en la medida que socavaría nuestras prácticas de responsabilidad, y que es una propuesta irrespetuosa frente a las personas en la medida que sus acciones no son tomadas en serio como merecen serlo.

Tratar a alguien como un sujeto irracional porque tenemos evidencia de que su comportamiento fue determinado por circunstancias que están fueran de su control es inapropiado porque a ese nivel estamos todos igualmente determinados. ¿Es el hecho de que estemos en este sentido determinados una razón para considerar que no somos capaces de responder a razones? ¿Es este fenómeno teórico algo que nos transforma en meros autómatas? Es difícil de decir qué es lo que define nuestra agencia en términos positivos, pero participar en la vida social como un agente racional es algo que sin duda tiene un valor fundamental para nuestro estilo de vida y para la manera en la que nos entendemos a nosotros mismos y a mi parecer estas son razones suficientes para no elevar demasiado los requisitos para ser considerado un agente responsable.

Pretender resolver nuestra ambivalencia moral en el castigo de quienes han sido socialmente excluidos mediante una especie de declaración de incompetencia moral sólo puede contribuir a una mayor exclusión y a dejar a aquellos que permanecen dentro del círculo de agentes responsables aún más insensibles acerca de las razones para actuar de estos infractores.

En vez de juzgar la capacidad de un agente para ajustar su conducta a ciertos estándares normativos deberíamos reconsiderar la razonabilidad de estos estándares a la luz de la realidad de todos quienes se encuentran obligados por ellos y deberíamos considerar cómo los costos que tiene el cumplimiento de estos estándares en la vida de algunos debería influir en la existencia de dichos deberes. Esto quiere decir, para volver a la distinción propuesta por Scanlon, que deberíamos ver este problema más como una cuestión de responsabilidad sustantiva acerca de lo que nos debemos los unos a los otros y no como una cuestión acerca del agente infractor y sus capacidades para ser considerado como un agente responsable (Scanlon 1998: 248-249).

Un proyecto de esta naturaleza es consistente con la idea básica de que la definición de nuestros fines sociales y de las políticas para llevarlos a cabo, deben incorporar a todos quienes se encuentran sujetos a dicho sistema; cuándo decidimos si acaso deberíamos prevenir el consumo de drogas mediante la penalización de su comercialización deberíamos, por ejemplo, tomar en consideración lo que dicha prohibición implica para cada ciudadano, porque la criminalización no es sólo una decisión acerca de lo bueno y lo malo sino también una decisión estratégica acerca de los costos en que las personas deben incurrir para la obtención de ciertos bienes comunes. Cuando una política para muchos significa "cárcel, cesantía o explotación laboral" pareciera que no todos los intereses en juego han sido debidamente considerados.

Al apelar a la capacidad o incapacidad de un agente para seguir reglas, cerramos las puertas a una revisión crítica de nuestros deberes y a las condiciones mínimas que el Estado debe conferir como para que la expectativa de obediencia sea razonable[27]. Excusar implica hacer desaparecer todo el significado normativo de la acción de un agente mediante la declaración de su incompetencia moral, general o transitoria. La acción pierde toda la fuerza que pudo tener como una declaración normativa acerca de la razonabilidad de nuestros deberes, toda su potencial fuerza crítica se desvanece en el momento en el que la acción es considerada como un hecho ininteligible desde un punto de vista moral y racional.

La sistemática falta de cumplimiento con ciertas normas muchas veces constituye una de las únicas formas de desafiar su contenido y forzar un debate para su modificación o para urgir por la mejora de las condiciones que hacen de su cumplimiento una expectativa razonable[28]. En el caso del derecho penal este tipo de consideraciones suelen parecer fuera de lugar porque tenemos una inclinación a pensar que los deberes de abstenerse de dañar a otro son tan básicos

27. Para una crítica similar, véase Green (s/f: 9).

28. Este ha sido el casos de muchos delitos como la sodomía, el aborto, el adulterio, entre otros casos en los que el debate y la desobediencia han influido fuertemente en la despenalización de estas prácticas o en el desarrollo de formas de prohibición más razonables.

o categóricos que nunca pueden ser demasiado exigentes[29]. Pero aun si el derecho penal está fundamentalmente compuesto por deberes negativos de no dañar a otro, no es tan claro que no hayan razones para pensar que estos deberes nunca son demasiado demandantes, pues abstenerse de vender drogas en la calle puede ser una tarea sencilla para quien tiene oportunidades laborales pero no todos se encuentran en esta situación y para los que no, el sacrificio puede ser sustancialmente mayor[30].

Ser considerados como individuos responsables otorga significado normativo a nuestras acciones y eso permite que nuestras prácticas de responsabilización recíproca constituyan lo que Scanlon ha denominado como un sistema de co-deliberación, esto es, un espacio en el cual estamos disponibles a dar razones de porqué culpamos a otro y cuáles son nuestras obligaciones recíprocas (Scanlon 1998: 268). Sólo si los incorporamos a todos podemos darle a la exclusión social y extrema pobreza la significación moral que realmente merecen: ser un factor para la transformación de nuestras instituciones y la modificación de nuestras reglas de comportamiento.

---

29. En el derecho penal liberal el principal estándar para limitar la expansión del derecho penal ha sido el principio de exclusiva protección de bienes jurídicos o en la tradición anglosajona, el *Harm Principle* o principio de lesividad cuya formulación más clásica fue expresada por J. S. Mill en los siguientes términos: "That the only purpose for which power can be rightfully exercised over any member of a civilized community, against his will, is to prevent harm to others" (Mill 1921: 6).

30. Usualmente se ha dado por sentado que los límites que establece el principio de lesividad hace que los costos de la obediencia a las normas penales sea siempre razonable, pues muchos de los deberes que impone el derecho penal son deberes negativos de no dañar a otro, pero una revisión más detallada de nuestras normas de conducta y nuestras circunstancias materiales hacen que notemos que los deberes negativos no siempre son tan fáciles de cumplir. En este sentido, véase Murphy (2000: 605).

Bibliografía

Anderson, E. S. (1999), "What Is the Point of Equality?", en: *Ethics* 109, N. 2, 287-337.

Bazelon, David L. (1975), "The Morality of the Criminal Law", en: *S. Cal. L. Rev.* 49, 385.

Buss, Sarah (1997), "Justified wrongdoing", en: *Noûs* 31, N. 3, 337-369.

Delgado, Richard (1985), "Rotten Social Background: Should the Criminal Law Recognize a Defense of Severe Environmental Deprivation", en: *Law & Ineq.* 3, 9.

Duff, Antony (2009), *Answering for Crime*. Oxford, Hart Publishing Limited.

—— (2003), "I Might Be Guilty, but You Can't Try Me: Extoppel and Other Bars to Trial", en: *Ohio St. J. Crim. L.* 1, 245.

Feinberg, Joel (1994), "The expressive function of punishment", en: Antony Duff y David Garland (ed.), *A reader on punishment*. Oxford University Press, 73-91.

—— (1970), "Justice and Personal Desert", en: *Doing & Deserving: Essays in the theory of responsibility*. Princeton, N.J., Princeton University Press, 55-94.

Gargarella, R. (s/f), "Penal Coercion in Contexts of Social Injustice", en: *Criminal Law and Philosophy*, 1-18.

—— y F. Ovejero (2008), "Desigualdades económicas y derecho penal", en: *De la injusticia penal a la justicia social*. Bogotá, Siglo del Hombre Editores, 235.

Garland, D. (2001), "The meaning of mass imprisonment", en: *Punishment and Society* 3, N. 1, 5-7.

Green, Stuart P. (s/f), "Hard Times, Hard Time: Retributive Justice for Unjustly Disadvantaged Offenders", en: *SSRN eLibrary* [http://papers.ssrn.com/sol3/papers.cfm?abstract_id=1511732].

Greenawalt, Kent (1984), "The Perplexing Borders of Justification and Excuse", en: *Colum. L. Rev.* 84, 1897.

Hart, H.L.A. (1985), *Punishment and Responsibility*. Belmont, Wadsworth Publ. Co.

—— (1968), "Prolegomenon to the Principles of Punishment", en: *Punishment and Responsibility: Essays in the Philosophy of Law*. New York, Oxford University Press, 1-27.

Hieronymi, Pamela (2004), "The force and fairness of blame", en: *Philosophical perspectives* 18, 115-147.

Jones, Stephen (2006), *Criminology*. Tercera Edición. Oxford University Press, 112-119.

Kadish, Sanford H. (2009), "The Decline of Innocence", en: *The Cambridge Law Journal* 26, N. 02, 275.

—— (1987), "Excusing crime", en: *California Law Review* 75, 257.

Marx, Karl y Friedrich Engels (1972), *The Marx-Engels reader*. Ed. Robert C. Tucker. New York, Norton, 4.

Mill, John Stuart (1921), *On liberty.* London, New York, Longmans, Green and Co., chap. 1, para. 9, page 6.

Moore, Michael S. (1997), *Placing blame*. New York, Oxford Clarendon Press.

—— (1993), *Act and crime: the philosophy of action and its implications for criminal law.* New York, Oxford Clarendon Press, 239-244.

Morse, Stephen J. (2000), "Deprivation and desert", en: William C. Heffernan y John Kleinig (ed.), *From social justice to criminal justice.* Oxford University Press US, 114-160.

Murphy, Jeffrie G. (1973), "Marxism and Retribution", en: *Philosophy and Public Affairs* 2, N. 3 (Spring), 217-243.

Murphy, Liam B. (2000), "Beneficence, Law, and Liberty: The Case of Required Rescue", en: *Geo. LJ* 89, 605.

Rawls, John (2005), *A theory of justice.* Harvard University Press, 103-104.

REIMAN, Jeffrey H. y Ernest VAN DEN HAAG (1990), "On the common saying that it is better that ten guilty persons escape than that one innocent suffer: pro and con", en: E.F. Paul, F.D. Miller y J. Paul (eds.), *Crime, culpability, and remedy*. Oxford, Basil Blackwell, 226-248.

ROSEN, G. (2003), "Culpability and ignorance", en: *Proceedings of the Aristotelian Society* 103 (1), 61-84.

SADURSKI, Wojciech (1988), "Theory of punishment, social justice, and liberal neutrality", en: *Law and Philosophy* 7, N. 3, 351-373.

—— (1985), "Distributive Justice and the Theory of Punishment", en: *Oxford Journal of Legal Studies* 5, N. 1, 47-59.

SCANLON, Thomas M. (2008), *Moral dimensions*. Cambridge, Harvard University Press, 166-179.

—— (1998), "Responsibility", en: *What we owe to each other.* EE.UU., Belknap Press.

SCHEFFLER, Samuel (1992), "Responsibility, Reactive Attitudes, and Liberalism in Philosophy and Politics", en: *Philosophy and Public Affairs* 21, N. 4 (Autumn), 299-323.

SMART, J.J.C. (1991), "Utilitarianism and Punishment", en: *Israel Law Review* 25, 360.

STRAWSON, Galen (1994), "The impossibility of moral responsibility", en: *Philosophical Studies* 75, N. 1, 5-24.

STRAWSON, P.F. (2003), "Freedom and Resentment", en: G. Watson (ed.), *Free will*. Oxford University Press, 59-80.

TADROS, Victor (2009), "Poverty and Criminal Responsibility", en: *The Journal of Value Inquiry* 43, N. 3, 391-413.

VON HIRSCH, Andrew (1996), *Censure and Sanctions*. New York, Oxford University Press.

—— (1976), *Doing Justice: the choice of punishments*, Vol. 3. New York, Mc Graw Hill.

WATSON, Gary (1987), "Responsibility and the limits of evil", en: *Responsibility, character, and the emotions: new essays in moral psychology*. Edited by F. D. Schoeman. Cambridge, Cambridge University Press, 256-286.

WOLF, Susan (1987), "Sanity and the metaphysics of responsibility", en: *Responsibility, character, and the emotions: new essays in moral psychology*. Edited by F. D. Schoeman. Cambridge, Cambridge University Press, 46-62.

WRIGHT, R. George (1993), "The Progressive Logic of Criminal Responsibility and the Circumstances of the Most Deprived", en: *Catholic UL Review* 43, 459.

Del instrumentalismo al cumplimiento voluntario del derecho[1]

~ Catalina Pérez Correa ~

Desde las distintas administraciones públicas, la fórmula privilegiada para resolver los problemas de inseguridad consiste en aumentar las sanciones, en específico, las penas de prisión. Esta estrategia encuentra su fundamento en una visión instrumentalista del derecho penal[2], que afirma que el comportamiento humano es determinado por un sistema de premios y castigos, así como por los cambios en la percepción de ser sancionado. Las personas, sostienen quienes adoptan dicho enfoque, hacen un cálculo sobre las posibilidades de sanción y modulan su comportamiento en función de ello.

Desde las ciencias sociales, se han realizado varios estudios y generado información que permite entender mejor la relación de las personas con el derecho en general, y con el derecho penal en particular. Fundamentalmente, desde dichas disciplinas, se muestra cómo el cumplimiento del derecho está motivado más por factores morales y sociales y menos por cálculos racionales que sopesan los costos de sanción establecidos en el derecho. A la luz de esta información y dada la importancia (y costos) de la (in)seguridad, se hace necesaria

1. Agradezco a los asistentes del Seminario Thomas Hobbes por sus comentarios y críticas. En especial, agradezco los comentarios de Pedro Salazar, Alejandro Madrazo, Mónica González, Daniel Vázquez, Pablo Larrañaga, Lorenzo Córdoba y Edna Guzmán.

2. En ese texto distingo instrumentalismo de consecuencialismo. Por consecuencialismo, entiendo la teoría que sostiene que el derecho penal, específicamente la pena, tiene una justificación moral ligada al fin último que busca obtener, comúnmente la prevención del delito. La sanción penal en esta teoría es un medio para obtener un fin; su valor, entonces, está determinado por la posibilidad de obtener el fin señalado. Por instrumentalismo, en cambio, refiero a la teoría, desarrollada principalmente desde el análisis económico del derecho, que afirma que las personas son seres racionales que evalúan costos y beneficios y que actúan conforme a los cálculos que hacen. Sin preguntarse por el plano moral, los (las) instrumentalistas asumen que las penas penales son un instrumento que, de facto, sirve para modificar el comportamiento de las personas.

una revisión de los presupuestos que hoy fundamentan el uso de sanciones penales, en especial de penas de prisión, y la función del Estado en materia de seguridad[3].

En este texto hago una descripción de la tesis instrumentalista o del desincentivo y de algunos estudios que, refutando dicha tesis, formulan una visión normativa (de cumplimiento voluntario del derecho) para explicar por qué las personas obedecen al derecho. En este texto hago uso principalmente de estudios surgidos desde la corriente iniciada por Tom Tyler (escuela de psicología de la Universidad de Nueva York), EE.UU., en los que se plantea la legitimidad y la cohesión social como elementos fundamentales para entender la relación entre obediencia y derecho.

— I —
Crimen e impunidad

La altas tasas delictivas que se registran en América Latina, en particular de crímenes violentos, han tenido un fuerte impacto en el desarrollo social y económico de la región[4]. En términos de costos,

3. Desde la filosofía del derecho, se distinguen dos perspectivas del derecho penal y la sanción (penal): la retribucionista y la consecuencialista (con versiones mixtas). En una versión simple de la primera, el propósito de la pena (castigo) es imponer algún grado de dolor o sufrimiento al infractor como respuesta al daño que éste(a) causó al violar la norma, por razón de justicia. Otras versiones de la teoría retribucionista señalan que el sentido de la pena es expresivo: expresar un reproche y comunicar al infractor la condena social por su conducta. En este sentido, la pena tiene un sentido comunicativo, acercándose más al consecuencialismo. En la segunda visión (de consecuencialismo), la función de la pena está atada a un fin ulterior que se busca lograr a través del castigo, por ejemplo la prevención del delito. En este sentido, aun cuando el castigo inflige dolor, esto está moralmente justificado por los beneficios que se obtienen a través de la imposición de penas. Para un análisis sobre ambas tesis y las versiones mixtas ver Duff (2003).

   Este texto no pretende analizar las justificaciones morales del castigo sino estudiar por qué, desde el plano fáctico, el enfoque instrumentalista resulta ineficiente en lograr que las personas cambien sus actitudes frente al derecho.

4. No todos los estudios coinciden en que ha aumentado la cifra de delitos a nivel regional, aunque varios países sí muestran una tendencia a la alza. De acuerdo con Cohen y Rubio, las tendencias a la alta se registran principalmente en Sudamérica, mientras que en América Central y Norte la tendencia es a la baja o a la estabilidad. Ver Cohen y Rubio (2007). Ver también Salazar (2010). No obstante, la organización mundial de la salud estima que el número de homicidios cometidos con arma de fuego en América Latina es tres veces mayor que el promedio

la violencia no solo ha afectado el nivel de ingreso en países de la región sino que, además, los altos índices de homicidio han afectado la expectativa de vida (Mota Prado 2010; Cohen y Rubio 2007). Para el periodo de 1995-2002, por ejemplo, el incremento anual de homicidios en la región (2,1%) fue ligeramente más alto que el aumento de la población (1,6%)[5]. En 2008, el Salvador reportó una media nacional de 80 homicidios dolosos por 100 mil habitantes, Venezuela 47 y Colombia 36,3. Ese mismo año en México, desde donde escribo este artículo, la media nacional de homicidios fue de 12 homicidios dolosos por cada 100 mil habitantes[6]. En algunas regiones del país, sin embargo, la tasa es considerablemente más elevada. Por ejemplo, en Sinaloa y Chihuahua y Guerrero fue de 43,7, 42,1 y 30,2 (por 100 mil habitantes) respectivamente, entidades con las cifras más altas[7]. Otros países, en cambio, muestran tasas muy por debajo de las mencionadas. En 2008, Uruguay reportó una tasa de 5,5 (homicidios dolosos por 100,000 habitantes), Estados Unidos 4,3 y Chile 1,7.

La principal estrategia que las autoridades de la región han desplegado para enfrentar el problema del crimen ha sido el aumento de sanciones, específicamente de penas de prisión. Sin embargo, aunque las penas por delito han aumentado regionalmente y aunque el número de personas en las cárceles del continente ha crecido, el número de crímenes continua en crecimiento o, en los mejores casos, se ha estabilizado. ¿Por qué el aumentó de penas no ha resultado en la disminución de delitos?

Una posible respuesta es que no hay una aplicación efectiva del derecho penal[8]. La mayor parte de los países americanos, incluido

mundial. En el caso de Argentina, por ejemplo, los datos oficiales reportan que desde el año 1991 al 2007 el incremento de delitos fue del 245% (ver Ministerio de Justicia y Seguridad de la Nación en http://www.jus.gov.ar). Esta cifra, sin embargo, es por delitos reportados, haciendo posible que el incremento sea en delitos reportados y no en todos los cometidos. Dado que en el reporte de delito de homicidio hay una cifra negra (de delitos cometidos y no reportados) muy baja, se usa las cifras de delito de homicidio como parámetro del delito.

5. Ver Cohen y Rubio (2007). Dadas las diferencias en la definición de los delitos y la imposibilidad de conocer el porcentaje de delitos no reportados, se usa el homicidio como medida comparativa, ya que los índices de "no reporte" son bajos.

6. Ver http://www.icesi.org.mx/.

7. *Ídem.* Ciudad Juárez, en Chihuahua, presentó en enero de 2010 una tasa de homicidios de 143 por cada cien mil habitantes. Ver Salazar (2010).

8. La comparación de la efectividad para sancionar entre países es difícil dadas la falta de homogeneidad en las variables de medición utilizadas en para cada

Estados Unidos, muestran tasas muy elevadas de impunidad. Así, por ejemplo, el Centro de Investigación para el Desarrollo (CIDAC-México) calculó que en el año 2008, en México, 98,3% de los delitos que se cometieron no fueron sancionados (Zepeda Lecuona 2008). En Chile, para 2005, la eficacia del sistema se calculaba en 19%[9], lo que significa que sólo el 81% de los delitos cometidos se sancionaron. En 2007, Argentina, uno de los países con más bajos índices de efectividad en la región, tenía 1,78% de sentencias condenatorias para "delitos contra las personas" y 2,81% de sentencias condenatorias para "delitos contra la propiedad"[10]. Los estudios que aquí se analizan intentan demostrar que la existencia y aplicación efectiva de sanciones (o ausencia de impunidad) es sólo uno de los factores que explican la incidencia delictiva y que además tiene sólo un efecto marginal en el comportamiento de las personas frente al derecho[11]. Varios factores explican las altas tasas de delitos en la región: la pobreza[12], la desigualdad, la urbanización, la falta de cohesión social, la falta de legitimidad, etc. Según los estudios aquí analizados, la falta de eficacia en la sanción de los delitos afecta la observancia del derecho, no porque no se aplique la sanción sino porque las personas perciben la aplicación de sanciones (y la autoridad que las aplica) como arbitra-

caso. En el caso argentino, por ejemplo, solo se proporciona el número de sentencias condenatorias sin tomar en cuenta el número total de delitos que se cometen. En México, el cálculo de delitos totales y efectividad ministerial está hecho con base en encuestas de victimización realizadas a nivel nacional.

9. Fundación Paz Ciudadana (2005). En este estudio la eficacia se mide en función de "la capacidad de generar 'respuestas de calidad', acuerdos reparativos, suspensiones condicionales, sentencias condenatorias, sentencias absolutorias y sobreseimientos definitivos".

10. Ver Ministerio de Justicia, Seguridad y Derechos Humanos (2007). Es importante notar que, al revisar la información desagregada, a diferencia de México, tanto en Chile como en Argentina el sistema parece distinguir entre delitos. Para el caso de robo sin violencia, el sistema chileno tiene una eficacia de 10% mientras que tratándose de homicidios, la eficacia es de 77%. En el caso de Argentina, según el Ministerio de Justicia, Seguridad y Derechos Humanos, aunque solo el 1,78% de "delitos contra las personas" tienen sentencias condenatorias, en homicidio el porcentaje asciende a 49,57%. En ambos casos, las cifras indican una priorización de los delitos y en el uso de recursos para sancionar los delitos más graves.

11. Véase apartado III (Otros enfoques…).

12. En la encuesta 2004-2005 "Victimización en el Contexto Internacional", del International Crime Victims Survey, se postula que, de su base de datos, la urbanización es el factor más relevante para explicar el número de delitos, más aun que la pobreza. Véase International Crime Victims Survey (2004-2005).

ria y desigual. Esto, a la vez, merma la legitimidad de la autoridad, generando actitudes de no adherencia hacia el sistema jurídico.

En este texto se analiza principalmente cómo la falta de legitimidad de las autoridades y del derecho en general así como la falta de cohesión social son factores determinantes en definir actitudes de (in) cumplimiento hacia el derecho penal. Ambos –legitimidad y cohesión social– han sido exacerbados en años recientes por la creciente pobreza, la elevada movilidad y migración, la falta de oportunidades laborales para los trabajadores no calificados y la poca participación en organizaciones sociales, políticas y religiosas de la población en general. En el análisis se intenta mostrar cómo, además, el uso del derecho penal tal y como hoy se implementa –con base en las teorías instrumentalistas o del desincentivo y usando principalmente las penas de prisión como sanción– afecta negativamente tanto la legitimidad de las autoridades y el derecho como la cohesión social, potenciando aún más una actitud de no observancia de las normas jurídicas. Por razones de espacio, en este análisis se deja de lado el estudio de la pobreza y la desigualdad como factores que influyen en el cumplimiento de las normas del derecho penal. Varios estudios demuestran que la pobreza, la exclusión y la desigualdad son condiciones que afectan de forma negativa el tejido social e incrementan el número de delitos, sobre todo en la población juvenil[13]. Sin embargo, y aunque marginalmente se muestra la desigualdad, sobre todo aquella relacionada con la aplicación del derecho penal, como factor que merma la legitimidad de las autoridades penales y del derecho en general, este texto aborda la legitimidad y la cohesión social como factores que influyen en las actitudes hacia el derecho.

— II —
Tesis del desincentivo

La postura que más influencia ha tenido en el discurso y la implementación de derecho penal encuentra su fundamento en las teorías instrumentalistas o del desincentivo. En su formulación más básica, la tesis del desincentivo sostiene que existe una relación efectiva entre la severidad de la sanción y la frecuencia con la que una conducta sancionable es cometida (Archer, Gartner y Beittel 1983). Para conocer

13. Para ejemplos de ello ver en general: Hagan y Peterson (1995); Perioni (2010); Nino (2010); Ludwig (2001: 655-679).

la medida adecuada de la sanción a establecer –esto es, la cantidad suficiente para disuadir al potencial delincuente– se debe hacer un cálculo para que los costos de la sanción para el delincuente (incluidos los costos sociales como la estigmatización, costos de oportunidad como la perdida de trabajo y la familia, etc.) superen los beneficios esperados del delito. La teoría propone que el incremento en la sanción para un delito X tendrá como resultado el decrecimiento en la frecuencia con que se comete una conducta Y. Adiciones a esta teoría afirman que, junto con la severidad de la sanción, lo relevante es la probabilidad de ser sancionado; es decir, de que se aplique la sanción cuando se comete el delito[14]. En este sentido, para lograr una reducción de la frecuencia con la que se realiza una conducta X, se debe no solo establecer una sanción que en costo supere la ganancia estimada para quien la lleva a cabo la conducta delictiva, sino asegurar que dicha sanción sea efectivamente aplicada. Otros estudios, realizados desde la misma perspectiva, sostienen que el desincentivo tiene mayor relación con la percepción de ser aprehendido que con las probabilidades fácticas de obtener una sanción[15].

1. Efectos de sustitución

Desde el análisis económico del derecho, la teoría del desincentivo, tal como es entendido e implementada actualmente, ha sido fuertemente criticada por no reconocer los efectos "secundarios" que produce. Uno de los problemas que presenta el aumento (o disminución) de sanciones, sin tomar en cuenta el contexto de aplicación, es el de incentivar (o desincentivar) otro tipo de conductas, frecuentemente más graves que las que se busca disuadir. La teoría económica predice que si se criminalizan con sanciones equiparables crímenes de menor y mayor gravedad, se incentiva la comisión de los delitos más graves

14. Ver sobre esto Cooter y Ulen (1998).

15. Consultar Ross (1997). En este estudio, Ross investiga la relación entre la adopción de penas para sancionar a quienes conduzcan en estado de ebriedad y la disminución de accidentes de tránsito. El estudio demuestra que el efecto de desincentivo sólo tiene efectos a corto plazo durando sólo algunos meses después de los cuales el número de accidentes regresa al que había antes de que se adoptaran las medidas de prevención (sanciones). En el estudio se demuestra que las campañas (*ie.* la publicidad y el establecimiento de retenes con alcoholímetros en vialidades) para hacer efectivas las normas tuvieron mayor efecto que el establecimiento de mayores sanciones. El estudio concluye que lo relevante para modificar el comportamiento de las personas es la percepción de sanción, más que la probabilidad de ser sancionado.

(Meares, Katyal y Kahan 2004: 3). Esto se conoce como desincentivo marginal. Así por ejemplo, "si a un ladrón le cortan el brazo por robar $5, sería mejor que robara $5.000" (*ídem*). Otro ejemplo es el aumento de sanciones, digamos a cadena perpetua, para el secuestro. La teoría predice que si la sanción para secuestro y homicidio son equiparables, se incentiva a los secuestradores a matar a sus víctimas para no arriesgar ser identificados.

Una pregunta distinta al desincentivo marginal es sobre cómo las sanciones afectan (incentivan o desincentivan) la realización de otras conductas aparentemente no relacionadas. La formula tradicional pregunta si la sanción X desincentiva la conducta X. La teoría de efectos sustitutos en cambio pregunta sobre cómo el establecimiento de la pena X distorsionará el comportamiento de las personas incentivando otras conductas Y o Z (que pueden ser conductas criminales o de otro tipo) (*ídem*). El aumento en la sanción por consumo o venta de alguna droga, por ejemplo, puede tener como resultado el aumento en el consumo y producción de otras drogas, como el alcohol, que a su vez se relaciona con el aumento de accidentes viales por manejo de vehículos en estado de intoxicación. En otro ejemplo, la legalización de la prostitución puede aumentar o disminuir el número de violaciones dependiendo de si, para el potencial delincuente, son actividades complementarias o sustitutas (*ídem*).

Desde fuera del análisis económico del derecho, la tesis del desincentivo también ha sido duramente criticada por estar fundamentada en supuestos que no toman en cuenta la realidad social en que se aplica.

> *El modelo falla [escribe Roberto Gargarella] porque supone que tendemos a actuar y razonar en las maneras que son –en los aspectos importantes– extrañas a una mayoría de nosotros. Además, esta opinión tiende a ignorar la importancia que damos, en nuestro diario razonamiento práctico, a las opiniones y los actos de los otros* (Gargarella 2008: 62).

Además de asumir la presencia de un actor racional que formula cuidadosos cálculos sobre los costos y beneficios; esta visión presupone que las personas conocen, no sólo las sanciones que la ley establece, sino además calculan correctamente la probabilidad de ser sancionados y el beneficio que obtendrán por actividad ilícita.

En la práctica, la idea de sanción se ha traducido en la aplicación de penas de prisión y la institucionalización del sistema carcelario.

Aplicado en contextos de fuerte desigualdad social, bajos salarios y poca estabilidad laboral para trabajadores no calificados, la aplicación de penas de prisión resultan costosas, en términos sociales, humanos y económicos, además de resultar poco efectivas. Desde la teoría del desincentivo, el uso de cárcel como sanción conlleva varios costos que, sumados, harán que las personas se adhieran al orden jurídico. Como costo principal está el encarcelamiento. Como costos secundarios, están la estigmatización (perdida de prestigio) por ser sancionado, la separación de la familia, la pérdida de un trabajo (ingreso legítimo), la perdida de perspectivas para obtener trabajo futuro, etc. Sin embargo, en contextos de migración y pocas oportunidades laborales, los costos secundarios pierden sentido. Para aquellos en situación de fuerte desventaja, la perspectiva de perder un trabajo legitimo, o la esperanza de obtener uno en el futuro, significa poco. Los que poco tienen, poco temen perder. Las personas perciben, correcta o incorrectamente, que la actividad ilícita paga, más que el mercado formal. Además, dada la homogeneidad de la población carcelaria –hombres jóvenes que provienen de contextos marginados– la estigmatización no aplica. Sin costos secundarios, los incentivos para no delinquir disminuyen. Finalmente, y como se muestra más adelante, el extraer a as personas de sus comunidades, debilita los vínculos sociales que refuerzan la obediencia.

El problema fundamental de esta visión, sin embargo, es que reduce la función del Estado, en materia de prevención del delito a aumentar la severidad, la posibilidad y, en los mejores casos, la percepción de la probabilidad de sanción para quienes quebranten la ley. Sin mayor necesidad de comunicación con los(las) miembros de la sociedad, el estado puede subir y bajar penas. En este esquema, el estado que se genera es de uno que se vincula con la sociedad para castigar en representación de la misma. Queda fuera del análisis tanto la responsabilidad del Estado en la *generación* de inseguridad (por ejemplo, al perpetuar o agudizar la desigualdad social o al quebrantar los vínculos comunitarios), así como la participación de la sociedad en materia de prevención del delito y seguridad.

— III —
Otros enfoques: moral, legitimidad y cohesión social

En las últimas décadas, se han realizado estudios, desde las distintas disciplinas que abarcan las ciencias sociales, que buscan entender por qué las personas obedecen al derecho. En estos trabajos, se observa que la obediencia del derecho está determinada por varios factores, siendo el miedo a la sanción sólo uno entre varios. En esta sección hago un recuento de algunas de las conclusiones a las que se ha llegado, enfatizando el hecho de que, frente a una visión instrumentalista del derecho, aquellas invitan a adoptar una perspectiva *normativista*, basada en el cumplimiento voluntario de las normas.

De acuerdo con Tom Tyler, las personas normalmente obedecen (o desobedecen) las normas: primero, porque quieren comportarse de acuerdo con su sentido de moralidad (Tyler 2006: 25). Las personas, dice Tyler, son seres morales que se comportan de acuerdo con lo que creen (*ídem*). Tienen una idea clara de lo que es correcto o incorrecto y rara vez rompen sus propios códigos de ética. En la mayoría de los casos, el derecho se obedece, no por miedo a una sanción sino porque se han "internalizado"[16] los valores ahí establecidos[17]. El derecho expresa normas sociales y morales que son compartidas tanto por grupos dominantes como por grupos subordinados. Si el

16. En este sentido, la palabra legitimidad es usada para referirse a lo que Ernesto Garzón Valdés llama legitimación; es decir, "la aceptación y práctica del procedimiento (democrático) y de las reglas creadas de acuerdo con él". Véase Garzón Valdés (1999). A lo largo de este texto se usará legitimidad en este mismo sentido.

    La internalización, de acuerdo con Tyler, proviene de dos fuentes. En primer lugar, puede derivar de la percepción de que la autoridad que emite la norma tiene un derecho legítimo de legislar (ya sea porque la persona o la institución es vista como legítima). En segundo lugar, la internalización se debe a una correspondencia con la moralidad interna de las personas, de lo que cada persona considera apropiado e inapropiado (*ídem*: 29).

17. Esta tesis es sostenida por Max Weber en su libro *Economía y Sociedad*. Ahí, Weber explica la obediencia como deber moral. De acuerdo con él, las personas cumplen con sus obligaciones legales no sólo porque el incumplimiento conlleva ciertas sanciones, sino porque la violación de sus obligaciones resulta (moralmente) aberrante. Weber, en este punto se refiere a una obligación que corresponde al primer tipo de internalización que menciona Tyler (ver nota anterior), aquel que obliga al cumplimiento de la norma porque esta proviene de una autoridad legítima (Weber 1978: 31).

derecho, en su conjunto y por tiempo prolongado, deja de expresar los valores compartidos por la sociedad, pierde la adhesión voluntaria y los controles informales dejan de ser efectivos.

En segundo lugar, las personas obedecen el derecho porque consideran que es legítimo y porque consideran que las autoridades tienen un derecho legítimo de regular (Weber 1978: 29).

¿Qué es legitimidad? Para Tyler, la legitimidad es un sentimiento de obligación de obedecer el derecho y de deferencia ante las autoridades (Tyler y Fagan 2008: 236).

La idea de legitimidad entendida como sentimiento de obligación fue ampliamente explorada en los trabajos de Max Weber. Según Weber, un orden es legitimo cuando el comportamiento general se dirige al cumplimiento de sus máximas[18]. La obediencia, dice Weber, implica una creencia en la legitimidad de la autoridad y del orden (1978: 31). Weber propone tres tipos "puros" de autoridad legitima (que se entienden como tres fuentes de legitimidad): la autoridad carismática (basada en los atributos individuales –heroísmo, santidad, carácter excepcional– de la persona), la tradicional (basada en las costumbres o en el carácter teocrático de éstas) y la racional-legal (basada en la creencia que las normas fueron emitidas de manera *formalmente* correcta)[19]. En el caso de la autoridad racional-legal; la legitimidad y la correspondiente voluntad de cumplir, no surge meramente por creencia en la legalidad. Después de algún tiempo, la creencia en la legalidad y racionalidad de la norma se arraiga y hace hábito. Las personas ya no se preguntan por el origen legal de la autoridad sino

18. Ver Weber (1978: 31). Weber afirma que un orden legítimo se vuelve vinculante, equiparando legitimidad y validez. Robert Grafstein critica el concepto de legitimidad sostenido por Weber porque reduce la legitimidad a la existencia de un poder. Para Grafstein, el concepto de legitimidad "debe significar una evaluación normativa de un régimen político y de la justicia con la que trata a sus súbditos". En Weber, sin embargo, dice Grafstein, la legitimidad no representa una evaluación del régimen sino que se identifica (legitimidad) con una creencia; se reduce a un sometimiento rutinario a la autoridad y a la existencia de un poder estable y efectivo. Ver Grafstein (1981: 456-472).

19. Ver Weber (1978: 36-37). La legalidad, a su vez, deriva de un acuerdo colectivo entre los interesados, por el cual se establece una autoridad. Las leyes son legítimas cuando han sido emitidas por una autoridad legalmente constituida y de acuerdo con las normas que establecen los procedimientos para emitir normas. Véase Matheson (1987: 210-211).

que lo asumen. Por tanto, esta legitimidad está también parcialmente basada en la tradición (costumbre) (Weber 1978: 263)[20].

Siguiendo la tradición weberiana, y para entender empíricamente la relación entre moralidad y cumplimiento y entre legitimidad y cumplimiento, Tyler llevó a cabo un estudio en la ciudad de Chicago, EE.UU.[21]. Asimismo, analizó varios estudios empíricos que se habían realizados sobre el tema[22]. Su análisis lo llevó a concluir que las personas que percibían a la autoridad como legítima cumplían en mayor medida con el derecho que aquellas que no la percibían así[23]. Tyler encontró que los individuos asumen una idea procesal de la justicia, que afecta su percepción de legitimidad. Las personas, según estos estudios, califican los procedimientos como justos e injustos dependiendo de su experiencia durante el proceso, y no, como sugeriría la teoría instrumentalista, en términos de los resultados del proceso. Los procedimientos arbitrarios, inconstantes, retardados u obscuros; son evaluados como "injustos", teniendo como consecuencia no sólo una percepción negativa sobre la legitimidad del proceso, sino también sobre la legitimidad de la autoridad que los tramitó y decidió (Tyler 2006: 37). Dicho de otra forma, los procedimientos percibidos como imparciales y abiertos, en los que las personas tienen una participación activa; crean una percepción de legitimidad, independientemente de los resultados de sus fallos.

---

20. Weber además sostiene que constantes violaciones a la tradición resultan fatales para la autoridad. Asimismo, la incapacidad persistente de la autoridad de imponerse exitosamente será suficiente para arruinar un gobierno, menospreciar su prestigio y preparar el camino para una revolución carismática. El hábito de la obediencia, dice Weber, no puede ser mantenido sin una actividad organizada dirigida a implementar el orden.

21. El estudio de Chicago se realizó en 1984 aplicando aleatoriamente un cuestionario por teléfono a 1.575 personas. Un subgrupo de 804 personas fueron reentrevistadas un año después. El estudio intentaba conocer las experiencias, actitudes y comportamientos frente al derecho de los entrevistados.

22. Tyler analiza 27 estudios empíricos realizados en EE.UU., Inglaterra, Costa Rica, Alemania, etc., en los que se intenta conocer la relación entre legitimidad de autoridades y obediencia del derecho, apoyo a las autoridades y propensión a participar en protestas políticas, y juicios sobre la moralidad del derecho y voluntad de cumplimiento.

23. Tyler aclara que, tanto en el estudio realizado en Chicago como en los estudios analizados, la relación empírica entre legitimidad y cumplimiento era solo "moderada" mientras que la relación entre moralidad (la idea de lo que es correcto e incorrecto) y cumplimiento tenía un efecto "fuerte" sobre el cumplimiento del derecho (Tyler 2006: 37).

En otro estudio, Tyler y Lind encontraron que tres factores determinaban cómo los individuos calificaban a la autoridad, a saber: (i) prestigio (en ingles *standing*), (ii) neutralidad y (iii) confianza (Tyler y Lind 1992: 158-159). El prestigio se refiere a las señales (como el trato educado, digno y con respeto) que emite la autoridad que reconoce el status y la pertenencia de un individuo a un grupo que es apreciado. La neutralidad se refiere a los indicios que muestra la autoridad para que unos individuos no se sienta menos valioso que otros por razones de discriminación, prejuicios o incompetencia. El estudio de Fagan y Meares, por ejemplo, muestra como la desigual aplicación del derecho penal en Estados Unidos (donde la mayoría de los castigados son afroamericanos o hispanos), generó escepticismo generalizado entre los grupos mayormente penalizados y sobre la justicia general del sistema (Fagan y Meares 2000: 173). La confianza se refiere a la creencia que tiene la persona de que la autoridad va a actuar de forma imparcial y con buena voluntad (*ídem*)[24]. La legitimidad de la autoridad, en este sentido, está determinada más por el trato que tiene ésta con la ciudadanía y menos con los resultados (favorables o desfavorables) que las personas obtienen a través de los procedimientos en que participan. Al tener contacto con la autoridad, dicen los autores, las personas buscan señales para determinar como ésta mira al grupo al cual pertenecen y formulan juicios de justicia e imparcialidad en función de estas señales.

Al estudiar a la policía, por ejemplo, un modelo del desempeño[25] vincularía la percepción de la policía (en términos de legitimidad) con la eficacia de ésta para combatir el crimen y castigar a quienes quebranten la ley. Las políticas de las ventanas rotas (*broken windows theory*) y de cero tolerancia implementadas en la Ciudad de Nueva York por el alcalde Rudolph Guliani, se basan en parte en este supuesto. La política de las ventanas rotas consistente en mantener limpias y cuidadas las zonas urbanas (sin grafiti, sin ventanas rotas, ambulantes o basura) pronostica que las personas que lleguen a lugares bien preservados, percibirán que hay menor tolerancia hacia el desorden, un mayor riesgo de sanción y se comportarán correspondientemente. La política de cero tolerancia, aplicada de manera

24. Es importante señalar que al evaluar a las autoridades, los individuos no desagregan estos elementos, sino que, al formarse una opinión, toman en cuenta información relacionada con todos estos factores.

25. Uso el término "modelo de desempeño" en oposición al de justicia procedimental. Mientras el primero evalúa en función de resultados, el segundo evalúa en función de los procedimientos.

conjunta, prescribía sancionar efectivamente las infracciones más mínimas (como el injerir alcohol en la vía pública, la evasión del pago de pasaje en el transporte público, etc.) para cambiar la percepción de la policía. Dichas políticas presuponen que la evaluación de la policía esta estrechamente vinculada con juicios sobre la capacidad de ésta de efectivamente castigar y mantener el orden público. Por tanto, para mejorar su imagen, la policía debe demostrar que es capaz de castigar hasta el más mínimo infractor. El modelo normativo, en cambio, vincula la legitimidad de la policía con la forma en que ésta ejercita su poder: la calidad de sus decisiones, el trato que da a los ciudadanos y la imparcialidad en la aplicación de leyes[26]. Desde este modelo, la policía puede mejorar su legitimidad siendo imparcial y consistente al aplicar la ley, tratando con respeto y como iguales a las (los) ciudadanas con quienes tiene contacto (Tyler y Fagan 2008: 11). Esto, a su vez, favorece la observancia de las normas jurídicas.

La relevancia de la legitimidad de la policía no puede ser subestimada. No sólo influye en forma prominente sobre el cumplimiento general del derecho; también incide en el grado de cooperación que ésta logra por parte de la ciudadanía para aplicar la ley (*ídem*). La cooperación resulta imprescindible, ya que el éxito o fracaso de la policía, y de otras autoridades, esta determinado, de forma importante, por la participación activa de la comunidad a la que pertenecen en el desempeño de sus funciones. La cooperación de la ciudadanía con las autoridades encargadas de la seguridad pública y la justicia penal puede darse de diferentes formas: desde reportar crímenes a la policía hasta ayudar durante la investigación de delitos a la reconstrucción de los hechos. El estudio de Fagan y Tyler, sobre la policía, muestra que la cooperación con la misma está fuertemente ligada con la percepción sobre su legitimidad, mientras que encuentra sólo una débil relación entre el desempeño policial y la cooperación (*ídem*).

Pocos estudios se han realizado para entender la relación entre legitimidad y obediencia (cumplimiento), entre moralidad y obediencia o entre autoridad y obediencia en los países latinoamericanos. Como señala David Smith en el libro sobre legitimidad y justicia penal edi-

26. Ver Tyler y Fagan (2008: 10). Tyler y Fagan realizaron un estudio en la ciudad de Nueva York, EE.UU., en 2002, en el que fueron entrevistadas 1.653 personas aleatoriamente vía telefónica. Más de un año después (2004), las mismas personas fueron contactadas (53% n= 879) para ser reentrevistadas. En el estudio encontraron que los encuestados percibían a la policía como más legítima si tomaba decisiones de forma imparcial ($p < .001$) y si trataba a las personas de forma justa ($p < .001$).

tado por el propio Tyler: la idea de legitimidad, tal como es usada en estos textos es local y temporal; corresponde solo a Estados Unidos en los lugares y momentos determinados en que se realizaron los estudios (Smith 2007: 34-35). Esto, evidentemente, hace cuestionable su aplicabilidad en contextos tan diferentes a los EE.UU. y tan diversos entre sí como lo son las sociedades que conforman América Latina, donde existen diferentes fuentes de legitimidad y distintas formas de entender la justicia procesal. En algunos casos, los mitos fundacionales que dotaron de legitimidad a un régimen, tal como sostenía Weber, se han convertido en costumbre aun cuando no existe ya la fuente original de legitimidad. En otros, como en el caso mexicano, la costumbre y el discurso deslegitimizador han arraigado una actitud de no obediencia frente al derecho y la autoridad (Pérez Correa 2007). También es cierto, como señala Smith, que no siempre se puede entender la legitimidad como identificación con la policía o con la autoridad (Smith 2007: 34-35). Es inevitable ver en el derecho algún grado de hegemonía, una herramienta de dominación que no implica ni participación ni cooperación con la autoridad, sino imposición. Esto sin embargo, no significa que no exista (en nuestros países como en otras partes) una internalización de las normas, un relación entre legitimidad del derecho (o de la autoridad) y la observancia de las normas; o que no exista una relación entre legitimidad y cooperación. Lo que significa es que no conocemos cómo funcionan esas relaciones ni cuáles son las mecánicas que las determinan. Lo que se requiere es hacer los estudios necesarios para entender la relación de las personas con el derecho y con la autoridad para discernir cómo es que se internalizan (o no) las obligaciones jurídicas y cómo se valoran el derecho y la autoridad.

1. Cohesión social

Desde los estudios de sociología social, se ha demostrado que los individuos tienden a actuar conforme a las conducta que perciben en los demás individuos de su colectividad, independientemente de los incentivos existentes[27]. Las personas miran a su grupo social para conocer cuál es el comportamiento adecuado y lo imitan. Comportamientos de desobediencia (o de obediencia) de unos promueven el mismo comportamiento en otros[28]. El libro de Elijah Anderson, *Code of the Street* (*Código de la Calle*), por ejemplo, muestra como en los

27. Al respecto ver Kahan (2003). Véase también Meares y Kahan (1998).

28. Consultar Meares y Kahan (1998). Véase también Kahan (2003).

ghettos de la ciudad de Filadelfia el derecho se ha erosionado a tal grado que a ha surgido un código de reglas informales que regulan el comportamiento de los habitantes de la zona (Anderson 2000). Dicho código está basado principalmente en principios de venganza (ley del *talión*), reputación y fuerza. Ahí dónde el derecho y la policía dejan de operar, dónde las personas se ven obligadas a hacerse responsables por su propia seguridad; surge el código. Lo interesante del trabajo de Anderson es que describe los mecanismos de control informal en operación y muestra cómo estos prevalecen frente al derecho. En el caso que estudia (*Germantown Avenue*, Filadelfia), incluso las familias que quieren adoptar una forma de vida "decente" (de observancia a la ley y alejada de los negocios ilícitos) son constantemente confrontados con los valores (código) de la calle y presionados a adoptarlos[29]. La moral colectiva, que en ese caso es contraria al derecho establecido por el estado, obliga incluso a quienes no se adhieren a sus códigos y preferirían una vida legal.

La teoría normativista no niega el uso, ni los efectos, de la disuasión. Informalmente, la comunidad tiene mecanismos para hacer saber a sus miembros qué comportamientos están permitidos y cuáles no. Sanciona a los transgresores de las normas –por medio de la crítica, el desprestigio, la vergüenza, la estigmatización, etc.–. Esto sirve para promover (o disuadir) ciertos comportamientos. Lo que el enfoque normativista cuestiona es el efecto disuasivo de una norma penal que no está respaldada por mecanismos informales que la apoyen. La teoría intenta demostrar, por una parte, que la legitimización tiene mayores efectos, en términos de lograr la obediencia, que la existencia de sanciones; por otra parte, sostiene que, para ser efectivas, las sanciones formales necesitan estar respaldadas por procesos de control informal.

En el caso mexicano; la prohibición de drogas, y el mercado clandestino que ha surgido en torno, ejemplifica este punto. Aun cuando las penas relacionadas con el consumo, venta, producción tráfico y posesión de drogas han aumentado a lo largo de la últimas décadas, los niveles de consumo también lo han hecho. Desde el enfoque normativo, esto se explica, no porque las penas no sean suficientemente severas (costosas) o porque no se apliquen efectivamente; sino porque la sociedad no respalda las normas que sancionan dichas actividades.

29. Los residentes de los ghettos estudiados por Anderson se autodefinen en términos de "valores decentes" (*decent*) en contra posición con los valores "de la calle" (*street values*).

Desde este enfoque, el sancionar una conducta que no es vista por la sociedad como reprobable no solo es inefectiva, sino que además merma la legitimidad de la autoridad y las instituciones legales. La tesis de Carlos Zamudio, en la que estudia las redes de narcomenudeo en Iztapalapa, México, Distrito Federal, ejemplifica este proceso (Zamudio Angles 2007). El trabajo muestra cómo dichas redes están conformadas principalmente por jóvenes marginados que encuentran en el mercado de las drogas estructuras sociales que les permiten procurar, además de beneficios económico, prestigio de su comunidad. Ésta, lejos de condonar el narcomenudeo, participa en los negocios paralelos que se generan en torno al mismo (como casas de empeño y tiendas de abarrotes que surten a los consumidores). La autoridad que sanciona a los narcomenudistas y consumidores es percibida, en ese lugar, como injusta y arbitraria, sobre todo porque se intuye que sanciona principalmente a la población juvenil marginada. En el caso estudiado por Zamudio, ni los mecanismos de control social, ni la moral social respaldan las normas establecidas por el derecho.

Ahora bien, para que funcionen los mecanismos de control social, es necesario que existan procesos de organización en la comunidad y vínculos estrechos entre sus miembros. Kahan y Meares, señalan tres procesos que fortalecen la organización comunitaria. Estos son: primero, la frecuencia, fortaleza e interdependencia de redes sociales; segundo, la existencia, prevalencia y alcance de supervisión colectiva por parte de los residentes de la comunidad y la responsabilidad asumida para resolver los problemas de la misma y; tercero, la participación de miembros de la comunidad en organizaciones voluntarias y/o formales, tales como organizaciones políticas, vecinales y/o religiosa, juntas de padres de familias, etc. Según su análisis, cuando los procesos de organización social en las comunidades es reiterado y fuerte, la delincuencia disminuye y viceversa (Meares, Katyal y Kahan 2004: 9). La concentración de la pobreza, la disminución en número de matrimonios, la movilidad social, la falta de participación social y política, en cambio, debilitan la cohesión social y los mecanismos de control informal (Fagan y Meares 2000: 18). En este sentido –y muy relevante al pensar en el diseño del sistema penal y penitenciario– el uso de sanciones consistentes en la privación de la libertad para desincentivar el delito tiene el efecto contrario: al apartar a los individuos de sus comunidades, en lugar de fortalecer los controles informales, los debilita.

El caso de la estigmatización ejemplifica este punto. Las sociedades normalmente rechazan a los individuos estigmatizados, aquellos que se apartan de la norma (de lo normal) (Goffman 1963: 6). Estos individuos pueden elegir entre corregir el estigma, compensar el efecto del estigma destacando en otro cosa o, juntarse con otros que enfrentan el mismo estigma. Ante el riesgo de ser rechazados, quienes no pueden corregir el estigma, normalmente se organizan para evitar contacto con individuos "normales" (aquellos que no están estigmatizados). La sanción penal, señalan Kahan y Meares, tal como es entendida y aplicada hoy, impone un estigma a los individuos sancionados (Meares, Katyal y Kahan 2004: 7). Esto, puede ocasionar que quienes han sido criminalizados se aparten de los "no criminales", que se identifiquen y vinculen con otras personas que comparten el mismo estigma y que adopten nuevos valores en función de ese estigma. El castigo, en este caso, crea estímulos para mantenerse dentro del grupo y desincentiva alternativas no criminales (*ídem*). En lugar de fortalecer la cohesión social y los mecanismos de control informales, la pena de prisión, crea estructuras sociedades paralelas (con reglas y controles paralelos) que desafían el derecho y premian el incumplimiento.

Desde una perspectiva distinta, Roberto Gargarella, defiende este mismo punto:

> *Aquellos que empiezan su razonamiento con una teoría normativa como el republicanismo, que enfatiza la importancia de los vínculos sociales, los afectos y las relaciones personales para el desarrollo de los planes de vida, las respuestas excluyentes representan la peor reacción posible al problema del crimen. Todos, pero particularmente aquellos que han estado teniendo problemas de integración social, necesitan ayuda para lograr su reintegración a la sociedad –lo que necesitan es, por lo menos, tener una oportunidad significativa de ser parte de ella–. Dado ello, lo peor que podemos hacer con los ofensores es separarlos de aquellos que los quieren y les dan afecto, y 'conectarlos' a personas que también tienen problemas de integración y que han estado actuando de manera contraria a nuestros principios más preciados* (Gargarella 2008: 38).

Desde la sicología social se demuestra también que una de las razones centrales por las que las personas cooperan con la comunidad es que se identifican con la misma, vinculando un sentido de identidad con el bienestar de su grupo (Tyler y Fagan 2008: 32). Entre más identificado se sienta una persona con su comunidad, más tenderá a asumir los valores de esta.

El fortalecimiento de los vínculos sociales, se vuelve entonces indispensable para enfrentar el problema del crimen. La paradoja a la que nos enfrentamos es esta: retiramos recursos de las comunidades, escuelas, centros recreativos, etc. para asignarlos a un sistema penal que estigmatiza y separa a las personas de sus comunidades, debilitando los mecanismo de control informal sin los cuales el derecho penal no puede ser efectivo.

— IV —
Conclusiones

Los presupuestos que sirven de cimiento al sistema penal y penitenciario actual –basado en castigos, principalmente penas privativas de la libertad, impuestos por el estado– han sido fuertemente cuestionados desde diversas perspectivas. Fundamentalmente, desde varias disciplinas, se muestra como el cumplimiento del derecho está motivado más por factores morales y sociales (como la legitimidad) y menos por cálculos racionales que sopesan los costos de sanción establecidas en el derecho. Los estudios aquí analizados explican no sólo porqué el sistema de premios y castigos no ha sido exitoso en la práctica para disuadir el crimen sino cómo, en su aplicación, tiene el efecto contrario; es decir, promueve una actitud de desafío al derecho y de no cumplimiento hacia sus normas.

Para ser efectivo, es importante que el derecho sea visto como legitimo. Esto significa que debe haber una identificación por parte del ciudadano tanto con las autoridades como con el contenido de las normas jurídicas. Asimismo, es relevante la forma en que son llevados los procedimientos, aun más que sus resultados. Los procesos que son percibidos como inequitativos, imparciales o arbitrarios, afectan negativamente la legitimidad del derecho. Más importante aún, para ser efectivo, es indispensable que el derecho sea respaldado por sistemas informales de control. Para que operen dichos sistemas es necesario, por una parte que la sociedad respalde los valores establecidos por el derecho y, por otra, fortalecer los vínculos sociales. La concentración de la pobreza, la alta movilidad social, la baja participación política debilitan la cohesión social, afectando la eficacia de los mecanismos de control informal. Particularmente, el uso desmedido o exclusivo de sanciones administradas por el estado, sobre todo el uso de cárceles y la privación de la libertad, al desarraigar a los delincuentes, desconectarlos de sus comunidades, y facilitar una asociación entre ellos contribuye al debilitamiento del tejido social y de los mecanismos de control informal que refuerzan al derecho. Asimismo, al castigar principalmente a un grupo homogéneo, compuesto por hombres jóvenes provenientes de grupos desaventajados, el derecho (y la autoridad) es percibido como injusto y arbitrario, restándole legitimidad. Una respuesta no excluyente, en cambio, orientada a fortalecer la comunidad, permitiría consolidar los mecanismos no formales de control social y, en consecuencia, el cumplimiento del derecho por parte de aquellas personas a quienes va dirigido.

Aun cuando los estudios presentados en este texto, no están realizados en/para Latinoamérica; el costo social y económico que implica el actual sistema penal, justifica una revisión de los presupuestos que hoy respaldan su funcionamiento. La perspectiva normativa del cumplimiento voluntario de la ley bien puede orientarnos en dicha reflexión.

Bibliografía

Anderson, Elijah (2000), *Code of the Street, Decency, Violence and the Moral Life of the Inner City*. New York, Norton & Company.

Archer, Dane; Rosemary Gartner y Marc Beittel (1983), "Homicide and the Death Penalty: a Cross-National Test of a Deterrence Hypothesis", en: *Journal of Criminal Law and Criminology*.

Cohen, Mark y Mauricio Rubio (2007), *Violence and Crime in Latin America*. San José, Costa Rica, Copenhagen Consensus Center and the Inter-American Development Bank.

Cooter, Robert y Thomas Ulen (1998), *Derecho y Economía*. México, Fondo de Cultura Económica.

Duff, Antony (2003), *Punishment Communication and Community*. Oxford University Press.

Fagan, Jeffrey y Tracey L. Meares (2000), "Symposium: Legitimacy and Criminal Justice: Punishment, Deterrence and Social Control: The Paradox of Punishment in Minority Communities", en: *State Journal of Criminal Law*. Ohio.

Fundación Paz Ciudadana (2005), *Balance: Delincuencia en Chile, Evolución y Desafíos*. Santiago de Chile.

Gargarella, Roberto (2008), *De la Injusticia Penal a la Justicia Social*. Bogotá, Siglo del Hombre Editores.

Garzón Valdés, Ernesto (1999), *El concepto de estabilidad de los sistemas políticos*. México, D.F., Fontamara.

Goffman, Erving (1963), *Stigma: Notes on the Management of Spoiled Identity*, citado en Tracey L. Meares, Neal Katyal y Dan M. Kahan (2004), "Punishment and its Purposes: Updating The Study Of Punishment", en: *56 Stan. L. Rev.*, 1171, 6.

Grafstein, Robert (1981), "The Failure of Weber's Conception of Legitimacy: Its Causes and Implications", en: *The Journal of Politics*, Vol. 43, N. 2.

Hagan, John y Ruth Peterson (ed.) (1995), *Crime and Inequality*. Stanford, CA, Stanford University Press.

International Crime Victims Survey (2004-2005), "Criminal Victimisation in International Perspective: Key findings from the 2004-2005", en: [http://rechten.uvt.nl/ICVS/].

Kahan, Dan M. (2003), "The Logic of Reciprocity: Trust, Collective Action, and Law", en: *02 Michigan Law Review* 71.

Ludwig, Jens *et al.* (2001), "Urban Poverty and Juvenile Crime: Evidence from a Randomized Housing-Mobility Experiment", en: *The Quarterly Journal of Economics*, Vol. 116, N. 2, 655-679.

Matheson, Craig (1987), "Weber and the Classification of Forms of Legitimacy", en: *The British Journal of Sociology*, Vol. 38, N. 2.

Meares, Tracey y Dan Kahan (1998), "Law and (Norms of) Order in the Inner City", en: *32 Law and Society Review* 805.

Meares, Tracey L.; Neal Katyal y Dan M. Kahan (2004), "Punishment and Its purposes: Updating The Study Of Punishment", en: *Stanford Law Review* 56, 1171.

Ministerio de Justicia, Seguridad y Derechos Humanos (2007), "Distribución de Hechos Delictivos y Sentencias Condenatorias por Tipo de Delito", en: [http://www.jus.gov.ar/media/28427/TotalPais2007_sent.pdf].

Mota Prado, Mariana (2010), *A Tragedy of the Privates: Private Security Services in Latin America*. Sela.

Nino, Ezequiel (2010), *Crimen, pobreza e inequidad en América Latina: las múltiples caras de una misma moneda*. Sela.

Pérez Correa, Catalina (2007), *Desconfianza y Desobediencia: Discurso y Práctica del Derecho en México*. Sela.

PERONI, Lourdes (2010), *Seguridad y desigualdad: ¿desprotegidos y perseguidos?* Sela.

ROSS, Lawrence (1997), "Interrupted Time Series Studies of Deterrance of Drinking and Driving, 1982", en: Stewart Macaulay, Lawrence Friedman, John Stookey, *Law and Society: Readings on the Social Study of Law*. New York, Norton & Co.

SALAZAR, Pedro (2010), *Redefining Security and Reexamining Policy to Identify the Causes of Insecurity in Mexico*. Sela.

SMITH, David (2007), *Legitimacy and Criminal Justice: International Perspective*. Tom Tyler editor.

TYLER, Tom (2006), *Why People Obey the Law*. EE.UU., Princeton University Press.

—— y Jeffrey FAGAN (2008), "Legitimacy and Cooperation: Why Do People Help the Police Fight Crime in Their Communities?", en: *Ohio State Journal of Criminal Law*, Vol. 6.

TYLER, Tom R. y E. Allan LIND (1992), "A Relational Model of Authority in Groups", en: *Advances in Experimental Social Psychology*, Vol. 25, 115.

WEBER, Max (1978), *Economy and Society*. EE.UU., University of California Press.

ZAMUDIO ANGLES, Carlos (2007), "Las Redes del Narcomenudeo. Cómo se reproducen el consumo y el comercio de drogas ilícitas entre jóvenes de barrios marginados". Tesis de Licenciatura presentada en la Escuela Nacional de Antropología e Historia.

ZEPEDA LECUONA, Guillermo (2008), *Índice de incidencia delictiva y violencia*. CIDAC.

Seguridad y desigualdad: ¿desprotegidos y perseguidos?

~ Lourdes Peroni ~

— I — Introducción

Nueve de cada diez personas en Paraguay creen que "el Estado no atiende prioritariamente la seguridad ciudadana de las poblaciones más pobres" (PNUD 2008b: 110). En sociedades afectadas por profundas disparidades sociales y económicas como las nuestras, ¿podría la seguridad convertirse en uno de los bienes más injustamente distribuidos? ¿Podrían las políticas de seguridad terminar satisfaciendo las demandas de los más aventajados a expensas de los más desprotegidos?

En este artículo intento abordar dos cuestiones. Primero, los riesgos que las fuertes desigualdades estructurales suponen para la legitimidad democrática de los procesos que llevan a la toma de decisiones en general y, en este caso, de decisiones en materia de seguridad. Segundo, las consecuencias de dichas decisiones para los segmentos más marginados de la sociedad. Mi primer punto puede interpretarse en el marco de los argumentos avanzados por varios autores en la región sobre la legitimidad de las leyes y políticas públicas en contextos de extrema disparidad socio-económica[1]. Mi segundo argumento pretende contribuir al debate existente señalando dos posibles implicaciones que las decisiones emanadas de procesos de dudosa legitimidad democrática pueden tener en materia de seguridad para los grupos más desfavorecidos. Por una parte, en contextos profundamente desiguales, las condiciones de seguridad de los más desaventajados pueden no ser tomadas en consideración en el proceso político y, como consecuencia, permanecer desatendidas. Al mismo tiempo, las preocupaciones en materia de seguridad de los grupos dominantes

1. Uno de los estudios más destacados de la legitimidad de las leyes penales en tales contextos desde el punto de vista de la democracia deliberativa es el de Roberto Gargarella (2012). En este trabajo, realizo un ejercicio analítico similar al considerar el criterio de "inclusión" en la evaluación de la legitimidad de los procesos de toma de decisiones colectivas en materia de seguridad en Paraguay.

podrían en ocasiones resolverse a expensas de los más vulnerables, cuyos derechos pueden ser ignorados o infringidos, particularmente si estos grupos vulnerables son percibidos por los sectores dominantes como una amenaza a su seguridad.

Estos argumentos surgen a raíz de un estudio de caso cuyos rasgos principales presento en este artículo. En este trabajo efectúo un análisis de las decisiones tomadas en Paraguay por el gobierno anterior (2003-2008) en respuesta a las cuestiones de seguridad planteadas por las partes involucradas en lo que ha sido uno de los conflictos más intensamente vividos en el país en esa época: el conflicto sobre la tierra. Mis argumentos se desarrollan por tanto a la luz de este caso particular.

En primer lugar, cuestiono la legitimidad de las leyes penales y las políticas de seguridad adoptadas durante ese período presidencial para abordar los distintos aspectos de seguridad asociados al conflicto de la tierra. A este respecto, intento demostrar que dicha legitimidad fue socavada como resultado de un contexto de disparidades socio-económicas estructurales situadas en la raíz del conflicto, y en el marco de las cuales dichas leyes penales y políticas fueron adoptadas. Si la legitimidad de los procesos democráticos se funda en el carácter deliberativo e inclusivo de los mismos, tal como afirman ciertas teorías de la democracia, parecería razonable concluir, a la luz de dichas teorías, que la exclusión sistemática de ciertos grupos de los procesos a través de los cuales se forma la voluntad colectiva erosiona la legitimidad democrática de dichos procesos y de las decisiones adoptadas en consecuencia. La segunda parte de mi argumento apunta a las injustas consecuencias que las desigualdades socio-económicas reflejadas en el discurso público (y en las decisiones que se derivan) tuvieron para el disfrute de la seguridad y de los derechos básicos por parte de los más desfavorecidos en el conflicto. Finalmente, especulo brevemente sobre la posible validez de estos argumentos en contextos más generales de crimen e inseguridad.

Sin embargo, antes de desarrollar los argumentos principales, este artículo intenta demostrar preliminarmente que el gobierno de la época pasó por alto el contexto de desigualdad socio-económica histórica en el que el conflicto y la inseguridad emergieron y escalaron. Como consecuencia, las respuestas del gobierno a las preocupaciones de seguridad planteadas por los grupos más poderosos fueron descontextualizadas y dirigidas principalmente a suprimir el conflicto más que a resolverlo. En este artículo se cuestiona dicho enfoque y además se exploran posibles bases de justificación de una ofensa que el gobierno, haciéndose eco de la preocupación de una de las partes, vino a considerar como exclusiva amenaza de seguridad en las aéreas rurales: la ocupación ilegal de propiedad por grupos de campesinos sin tierra (en lo sucesivo "campesinos").

En síntesis, utilizando el ejemplo del conflicto de la tierra en Paraguay, pretendo enfatizar la necesidad de mantener un enfoque inclusivo en la articulación de las respuestas a cuestiones de seguridad asociadas con conflictos sociales así como con el crimen y la inseguridad de forma más general. Pero antes un par de aclaraciones. El enfoque de mi análisis en las respuestas de carácter punitivo no implica en modo alguno una adhesión a un enfoque reduccionista de cuestiones sociales complejas. Mi intención es más bien señalar la necesidad de poner las cosas en contexto y criticar la lógica simplista de muchos enfoques punitivos que no hacen sino ignorar problemas de fondo altamente complejos.

El análisis de este artículo se desarrolla en seis partes. La primera, describe las desigualdades estructurales en las que se enmarca el conflicto y delinea sus características más relevantes. La parte II sintetiza las principales respuestas del Estado en el período 2003-2008 y pone de manifiesto cómo dichas respuestas privilegiaron las preocupaciones de los grupos dominantes frente a las de los más vulnerables, cuyos derechos fueron a menudo ignorados y vulnerados en el intento de proteger a los más favorecidos. La parte III aborda la criminalización de la ocupación ilegal de tierras y explora posibles razones de justificación en el marco de la teoría de la desobediencia civil. La parte IV introduce los ideales de la democracia deliberativa que utilizo para llevar a cabo el examen de la legitimidad democrática de las respuestas estatales a los asuntos de seguridad que surgieron del conflicto sobre la tierra. La parte V advierte sobre las posibles implicaciones negativas de las respuestas a la inseguridad cuando éstas son resultado de procesos democráticos altamente deficientes. En el apartado VI se presentan las conclusiones.

— II —
Desigualdad y conflicto

La concentración de la propiedad rural ha sido la mayor fuente de desigualdad en Paraguay durante décadas (PNUD 2008b: 195). De hecho, el país tiene una de las distribuciones de tierra más desiguales del mundo[2]. Las haciendas mayores de 1.000 hectáreas representan el 77,08% de la superficie, y solamente el 1,05% del número total de explotaciones agrícolas[3]. En contraste, las propiedades menores de 10 hectáreas representan solamente el 2,79% de la superficie y el 61,63% del número de explotaciones[4]. Esto, obviamente, conlleva a que

> *...la agricultura de subsistencia en pequeñas parcelas de tierra sea muy difícil, ya que parcelas de menos de 20 hectáreas en el campo no pueden producir suficiente como para mantener una familia promedio y producir ganancias adicionales*[5].

No es por tanto de extrañar que la población rural del país haya disminuido drásticamente durante la segunda mitad del siglo XX en busca de mejores oportunidades en áreas urbanas[6]. Hoy en día, 24,4% de la población rural aún vive en la extrema pobreza[7], 32,4% no tiene acceso a vivienda básica, 28,7% a la educación, y 17,9% a una mínima capacidad de subsistencia[8].

La concentración de la propiedad de la tierra en Paraguay es histórica. Los orígenes se remontan a 1870 cuando, al finalizar la guerra de la triple alianza (1865-1870), grandes extensiones de tierra pertenecientes al Estado fueron vendidas masivamente a inversores extranjeros en el intento de atraer recursos y siguiendo el modelo liberal introducido en la Constitución de 1870 (PNUD 2008b: 90-91). Los gobiernos sucesivos no hicieron mucho para revertir la tendencia (*ídem*: 91). Recién al final de la primera mitad del siglo XX y comienzos de la segunda, Paraguay empezó a sentar algunas bases de reforma agraria que desafortunadamente distribuyeron la tierra siguiendo patrones excluyentes (*ídem*: 93-94). La llamada "reforma agraria" distribuyó alrededor de 12 millones de hectáreas pero el 74%

2. La Organización de las Naciones Unidas para la Agricultura y la Alimentación (FAO) ha estimado que el índice Gini de distribución de tierra en Paraguay es 0,93, uno de los más altos del mundo (Banco Mundial 2007).
3. Censo Agrícola de 2008.
4. *Ídem.*
5. *Ver* Facultad de Derecho de la Universidad de Harvard (2007: 115).
6. Según los Indicadores de Desarrollo Mundial 2007 del Banco Mundial, la población rural en Paraguay bajó del 58,3% en 1980 al 41,5% en 2005.
7. Encuesta Nacional de Hogares 2007.
8. *Consultar* Dirección General de Estadísticas, Encuestas y Censo, "Necesidades Básicas Insatisfechas-Paraguay 2002".

se asignó a solamente el 2,5% de los beneficiarios (Banco Mundial 2007). Con excepción de algunas iniciativas en los sesenta y los setenta, cuando el Estado paraguayo todavía poseía considerables extensiones de tierras, los gobiernos no emprendieron una estrategia sostenida de redistribución de tierras y, menos aún, una reforma agraria integral[9]. El rasgo probablemente más llamativo de las iniciativas de reforma agraria fue el hecho que, durante la dictadura (1954-1989), un gran número de adjudicaciones de tierra se efectuó en forma ilegal[10]. La Comisión de Verdad y Justicia estima que el 64,1% de las adjudicaciones de tierra efectuadas entre 1954 y 2003 fue ilegal[11].

Las demandas de tierra y reforma agraria se hicieron patentes durante la transición democrática. El movimiento campesino –silenciado y casi enteramente desarticulado durante la dictadura– resurgió con vigor tras la reinstauración de la democracia en 1989. Durante los primeros 15 años, se registraron 895 conflictos de tierra[12]. La reforma agraria integral, basada en la redistribución de tierras, ha sido el objetivo primario del movimiento campesino. En la práctica, los grupos sin tierra han utilizado diversos métodos, de forma separada o combinada, para articular sus demandas. En primer lugar, normalmente acuden a los procedimientos previstos por la ley para el reclamo de tierras. Sin embargo, las demoras injustificadas conducen frecuentemente al colectivo campesino a ocupar tierras que en muchos casos son consideradas mal-habidas, propiedad del Estado, o latifundios sub-explotados[13]. Los cortes de ruta y las movilizaciones en la capital también están entre las estrategias más

9. Se puede consultar el Informe *Chokokue* sobre "Ejecuciones y desapariciones en la lucha por la tierra en el Paraguay, 1989-2005" (Coordinadora de Derechos Humanos del Paraguay 2007: 9-10).

10. "Algunas de estas tierras son consideradas tierras 'mal habidas', ya que fueron otorgadas a los partidarios del régimen de Stroessner (1954-89) como favores por servicios políticos, militares o civiles, sin ningún vínculo claro a las 'aptitudes' agrícolas de estos beneficiarios tal como lo requería la ley" (Banco Mundial 2007: 2-3).

11. *Ver* Informe de la Comisión de Verdad y Justicia (2008: 25). Según este informe, los gobiernos democráticos hasta 2003 fueron responsables del 12,8% de las adjudicaciones ilegales.

12. En este periodo tuvieron lugar 571 manifestaciones públicas, 370 ocupaciones de tierra, 357 desalojos violentos y 7.296 detenciones en conexión con causas criminales abiertas por ocupaciones ilegales y cortes de rutas. Los primeros años fueron considerados los más intensos. En los siguientes, el número de conflictos alcanzó un promedio de 30,5%. *Ver* Coordinadora de Derechos Humanos del Paraguay (2007: 10-11 y 57).

13. *Ídem*: 117.

utilizadas. Las ocupaciones no son generalmente la primera táctica a la que apelan. Se utilizan más bien cuando los procedimientos oficiales resultan inefectivos, generalmente como consecuencia de dilaciones excesivas. Como esto sucede con frecuencia, la ocupación de tierras se ha convertido en la principal estrategia usada por los grupos sin tierra para apoyar sus reivindicaciones.

Es la que produce mayor impacto tanto en las autoridades como en la opinión pública. Mediante ella, el conflicto se hace público y se desnuda la inequidad y la asimetría en la distribución de la tierra, obligando a las autoridades a buscar solución...[14].

En años recientes, el conflicto se ha exacerbado con la emergencia del modelo agrícola de exportación basado en la mecanización y expansión de la producción de soja que –no solamente ha acentuado antiguas divisiones sociales y económicas en las aéreas rurales– sino que además ha traído consigo un uso indiscriminado de agroquímicos que a su vez ha provocado intoxicaciones e incluso fallecimientos en las comunidades campesinas e indígenas[15].

Resumiendo, muchos y muy complejos factores están en el origen de la desigual distribución de tierras en Paraguay. Ésta se inició en el siglo XIX con la masiva privatización de tierras fiscales, dando origen a la estructura de "latifundio-minifundio" que subsiste hasta nuestros días. El período democrático no aportó cambios significativos. Fueron épocas generalmente marcadas por las mismas prácticas (distribuciones ilegales, aunque en menor extensión), y por intentos de suprimir el conflicto, mayoritariamente mediante el uso de la violencia y la criminalización, en lugar de esfuerzos sostenidos para abordar los problemas de fondo estructurales de una manera integral. Varios factores han contribuido a la emergencia de la violencia y de distintos problemas de seguridad que han afectado de forma desproporcionada a la parte más débil: el campesino.

---

14. *Ídem*: 65.

15. Durante el período 2003-2006, el Centro Nacional de Toxicología del Ministerio de Salud Pública registró 2.285 casos de intoxicaciones por plaguicidas, de los cuales el 61% correspondía al uso agrícola. *Ver* "Observaciones Finales del Comité de Derechos Económicos, Sociales y Culturales: Paraguay" (CESCR 2007: 4); y Quintín Riquelme (2008: 671-2).

— III —
Respuestas del Estado

En esta sección, intentaré resumir las respuestas más relevantes del Estado a los reclamos que subyacen el conflicto de la tierra y a las consideraciones de seguridad planteadas por las partes involucradas. Dar una descripción completa de las respuestas en este espacio es a todas luces imposible. Intento, sin embargo, detallar los elementos más significativos.

1. Respuestas a los reclamos de tierra de los campesinos

En general, la respuesta podría calificarse como reactiva, ambigua y parcial[16]. El fracaso del Estado en la articulación de una reforma agraria integral, tal como prevé la Constitución de 1992[17], ha sido la mayor razón de descontento entre los campesinos y una de las mayores fuentes del conflicto. A entonces más de diez años de su formulación constitucional, la reforma agraria seguía pendiente en la práctica[18]. En general, los gobiernos de la post-dictadura han actuado casi exclusiva-

16. *Ver* PNUD (2008b: 196). "[La] concentración de la propiedad de la tierra es histórica en el Paraguay y no fue corregida por políticas públicas. No existe una reforma agraria integral; tampoco políticas públicas claves que puedan afectar esta desigualdad...". *Ver también* Riquelme (2008: 669): "Las numerosas leyes existentes sobre el tema agrario no están exentas de contradicciones, lo que hace que su aplicación resulte, en algunos casos, parcial y en otros, impracticable. Las reformas y las modificaciones que se han hecho sobre algunas de ellas en los últimos años no necesariamente ofrecen un marco que favorezca un mayor nivel de bienestar a la población más carenciada".

17. Los Artículos 114 y 115 de la Constitución del Paraguay establecen los objetivos y las bases de la Reforma Agraria. El Artículo 116 establece un régimen especial para la eliminación progresiva de grandes extensiones de tierra improductiva conocidas como "latifundios".

18. Ya en 1996, el Comité de Derechos Económicos, Sociales y Culturales (CESCR) expresó su preocupación por los retrasos en la puesta en marcha de la Reforma Agraria en Paraguay. El CESCR recomendó que el Gobierno Paraguayo siguiera trabajando en la Reforma Agraria y en la de los Impuestos con el fin de aliviar la injusta distribución de la riqueza en el país. *Ver* "Compilación de Observaciones Finales del Comité de Derechos Económicos, Sociales y Culturales sobre Países de América Latina y el Caribe" (CESCR 2004: 217 y 219). En 2007, el CESCR señaló que sus recomendaciones anteriores no habían sido atendidas de forma completa y efectiva. A este respecto, reiteró su preocupación por la falta de acceso de los grupos campesinos e indígenas a las tierras de sus ancestros y

mente de manera reactiva, resolviendo los casos más urgentes, principalmente mediante la adjudicación de tierras, sin ninguna medida adicional de soporte[19]. El Congreso desempeña un papel crucial en el esquema de la redistribución de la tierra mediante la aprobación de leyes de expropiación[20]. Sin embargo, su intervención ha sido a menudo considerada como marcada en gran medida por criterios partidistas de defensa de los intereses de ciertos grupos económicos, más que por una estrategia de redistribución de la tierra[21]. Por cierto, el legislativo es ampliamente percibido como un foro de atención a reclamos de grupos más bien dominantes y a los intereses de los propios legisladores, en lugar de un cuerpo que busca satisfacer los intereses comunes de los ciudadanos y de los desaventajados (PNUD 2008a: 43 y 46). El clientelismo aparece como uno de los rasgos más distintivos del sistema de partidos políticos del Paraguay[22] que, como explica un estudio reciente, se estructura alrededor de "organizaciones políticas integradas por personalidades locales, financiadas por grupos de grandes propietarios y empresarios" (PNUD 2008a: 71). Además, tal como aducen algunos analistas, los grupos desaventajados, incluidos los campesinos, tienen dificultades en encontrar entre las distintas opciones políticas una que represente apropiadamente sus intereses en el Congreso[23]. Aunque existen algunos legisladores sensibles a las peticiones de los sin tierra, su influencia es más bien insignificante a la hora de alterar la prevalencia de las fuerzas conservadoras del

por la concentración de la propiedad en favor de un pequeño porcentaje de la población (CESCR 2007: 3-4).

19. *Ver* Coordinadora de Derechos Humanos del Paraguay (2007: 66).

20. Artículo 109 de la Constitución Paraguaya.

21. *Ver por ejemplo* Coordinadora de Derechos Humanos del Paraguay (2007: 66).

22. "[E]l Parlamento difícilmente funciona como representación de los actores sociales, sus miembros suben o se mantienen con esta lógica clientelar, y tienden a responder más bien a quienes financiaron sus campañas. La construcción de la gobernabilidad y la reducción de conflictos no pasan, pues, por acuerdos políticos públicos que satisfagan demandas y reivindicaciones colectivas, sino por acuerdos personales, privados, que apuntan a resolver conflictos de manera clientelar" (PNUD 2008a: 72).

23. *Ver por ejemplo* Fogel (2009: 53). Fogel afirma que "[e]ntre los partidos de izquierda y los socialdemócratas que participaron en las elecciones [los campesinos sin tierra, sin techos urbanos, trabajadores informales sindicalizados] no hallaron un partido que se identificara con sus intereses… en contraste con los agroexportadores y ganaderos que tenían para elegir potenciales aliados a liberales, oviedistas y patriaqueridistas".

Congreso[24]. En estas condiciones, no es por tanto muy difícil imaginar por qué los intentos de expropiación han sido comúnmente frustrados. Incluso las comunidades indígenas que han intentado hacer cumplir las sentencias de la Corte Interamericana de Derechos Humanos contra el Estado paraguayo han encontrado obstáculos para la aprobación de las leyes de expropiación en el Congreso (*ABC Color* 2010).

2. Respuestas a los reclamos de seguridad de los propietarios: ocupaciones de tierras

En general, las respuestas pueden caracterizarse fundamentalmente por su naturaleza represiva y por la criminalización[25]. Desalojos violentos, procesamientos masivos, militarización de áreas rurales, y aumento de sanciones penales han estado entre las medidas más frecuentemente utilizadas para dar satisfacción a los reclamos de seguridad de los propietarios. De 1990 a 2005, las fuerzas de orden público ejecutaron 357 desalojos violentos y arrestaron 7.296 campesinos en conexión con causas abiertas por ocupaciones ilegales[26]. El Código Penal de 1997 sanciona la ocupación violenta y clandestina de inmueble ajeno con penas de hasta dos años de prisión o multa[27]. La Fiscalía ha aplicado a menudo esta provisión en combinación con otras ofensas penales tales como "perturbación de la paz pública", "asociación criminal", "incitación a cometer hechos punibles" y "resistencia"[28].

Las ocupaciones han sido frecuentemente repelidas por agentes del Estado, en muchas ocasiones mediante un uso desproporcionado de la fuerza y sin las respectivas órdenes judiciales. En algunos casos,

24. Una iniciativa positiva a este respecto es la investigación conducida por un grupo de legisladores en 2004 para identificar las tierras mal-habidas (*ABC Color* 2004a).

25. *Ver por ejemplo* Martens y Orrego (2008: 174): "Es práctica del Ministerio Público judicializar o criminalizar las acciones de protesta o reivindicación que realizan las organizaciones sociales, iniciando procesos al margen de la ley o dictando órdenes de detención o solicitudes de prisión preventiva, contrariando las disposiciones constitucionales y procesales. De esta manera, buscan lograr la desmovilización de los grupos organizados e infundir miedo a quienes reclaman sus derechos".

26. *Ver* Coordinadora de Derechos Humanos del Paraguay (2007: 10-11).

27. Ley 1.160/97, Código Penal, Artículo 142. "Invasión de inmueble ajeno: El que individualmente o en concierto con otras personas y sin consentimiento del titular ingresara con violencia o clandestinidad a un inmueble ajeno y se instalara en él, será castigado con pena privativa de libertad de hasta dos años o con multa".

28. Código Penal, Artículos 234, 239, 237 y 296, respectivamente.

los desalojos se efectuaron de forma inhumana, siendo las casas de los campesinos arrasadas y sus posesiones destruidas. En 2003, el Ejecutivo autorizó la intervención de los militares para operar conjuntamente con la policía en respuesta a "la creciente preocupación ciudadana sobre la inseguridad"[29] y, en 2004, ordenó el despliegue de tropas en las áreas rurales, especialmente en aquellas más afectadas por ocupaciones de tierras con el fin de "preservar la seguridad y garantizar la propiedad privada" (*ABC Color* 2004b). En 2003, el ejecutivo estableció "comisiones vecinales de seguridad" que operaron activamente en las zonas rurales más pobres y que fueron luego acusadas de estar involucradas en abusos tales como allanamientos, detenciones arbitrarias, robos, y malos tratos[30]. En 2008, y como consecuencia de las reformas del Código Penal de 1997, las penas por "invasión de inmueble ajeno" aumentaron hasta cinco años de prisión en algunas circunstancias[31].

3. Respuestas a las demandas de seguridad esgrimidas por los campesinos: ejecuciones[32]

Indiferencia –manifestada principalmente por la ausencia de medidas preventivas y la impunidad de los agresores– caracterizó las res-

29. Decreto 167/2003 "Por el cual se dispone la tarea conjunta de los Miembros de la Policía Nacional y Fuerzas Armadas de la Nación con la finalidad de garantizar la seguridad interna".

30. Decreto 22.043 del 14 de Agosto de 2003, por el cual el Ejecutivo creó la Comisión Nacional de Seguridad Ciudadana cuyos objetivos incluyeron, entre otros, la puesta en marcha de las comisiones vecinales de seguridad. Estas comisiones fueron ampliamente criticadas por la prensa y las organizaciones de la sociedad civil. Por ejemplo dice *ABC Color* (2009): "La vigencia de la organización conocida como 'comisión garrote' fue derogada por el decreto Nº 1042 firmado por el presidente Fernando Lugo. Los llamados civiles armados… han cometido torturas, asesinatos, coberturas a delincuentes y hasta cobraron supuestos servicios de seguridad a haciendas". *Ver también* Informativo Campesino (2006: 4).

31. Ley 3.440/2008 "Que modifica varias Disposiciones de la Ley 1.160/97 'Código Penal'", Artículo 142: "Invasión de inmueble ajeno. 1° El que individualmente o en concierto con otras personas, y sin consentimiento del titular, ingresara con violencia o clandestinidad a un inmueble ajeno, será castigado con pena privativa de libertad de hasta dos años o con multa. 2° Cuando la invasión en sentido del inciso anterior se realizara con el objeto de instalarse en él, la pena será privativa de libertad de hasta cinco años".

32. Los datos incluidos en esta sección han sido obtenidos del Informe *Chokokue* sobre "Ejecuciones y desapariciones en la lucha por la tierra en el Paraguay, 1989-2005" (Coordinadora de Derechos Humanos de Paraguay 2007).

puestas del Estado en este respecto. Entre 1989 y 2005, setenta y cinco campesinos fueron ejecutados y dos desaparecidos en el contexto de la lucha por la tierra. Los departamentos más pobres y más afectados por las disputas de tierra fueron los que presentaron un mayor número de víctimas. Se demostró que el 74% de las víctimas tenía vínculos con alguna de las organizaciones campesinas existentes y que la agricultura era el principal medio de subsistencia de las víctimas adultas.

Cincuenta y tres campesinos fueron asesinados por bandas de sicarios y veintidós por la policía dentro y fuera del ejercicio de sus funciones. Dos víctimas murieron en custodia del Estado, en conexión con ofensas relativas a disputas de tierra. En todos los 53 casos, el Estado no cumplió con su deber de prevenir estos hechos[33] o de investigar y sancionar a sus autores[34]. La falta de medidas adecuadas de prevención para contrarrestar el contexto de impunidad en el que operaron los agresores demuestra una desconsideración sistemática de parte del Estado de sus deberes de prevenir, proteger y garantizar. Las ejecuciones no cesaron en 2005, han continuado en años sucesivos siguiendo el mismo patrón de impunidad[35].

4. Respuestas a las consideraciones de seguridad esgrimidas por los campesinos: muertes por agroquímicos

A pesar del aumento de muertes de miembros de comunidades campesinas e indígenas, y a pesar de las llamadas persistentes para una regulación efectiva de los agro-tóxicos[36], el Gobierno no adoptó ninguna medida efectiva. Es más, salvo en unos pocos casos, las investigaciones criminales ni siquiera se iniciaron[37]. El Comité de Derechos Económicos, Sociales y Culturales urgió al Estado adoptar medidas que aseguren que el cultivo de soja no socave la capacidad de la población para ejercer los derechos reconocidos en el Pacto. El Comité señaló igualmente que, además de asegurar el cumplimiento

33. *Ver*, de nuevo, Informe *Chokokue* sobre "Ejecuciones y desapariciones en la lucha por la tierra en el Paraguay, 1989-2005" (Coordinadora de Derechos Humanos de Paraguay 2007: 112).

34. *Ídem*: 126-127.

35. Por ejemplo, durante 2008-2009, se registraron nueve ejecuciones arbitrarias. *Ver* Duran Leite (2009: 49 y 53).

36. *Ver supra* nota 15.

37. *Ver por ejemplo* Instituto de Estudios Comparados en Ciencias Sociales y Penales (s/f).

de las leyes existentes, el Estado debía establecer un marco legal efectivo para la protección contra el uso de agro-tóxicos y llevar a cabo inspecciones frecuentes[38]. En abril de 2005, una ley para regular dicho uso fue introducida en la Cámara de Diputados a iniciativa de varias organizaciones campesinas e indígenas. La ley, sin embargo, nunca fue debatida en profundidad y se rechazó finalmente sin más trámite en septiembre de 2007[39].

***

En conclusión, los miembros de comunidades campesinas buscando remediar desigualdades históricas han sido blanco sistemático de la violencia tanto pública como privada. Sea como víctimas del excesivo uso de la fuerza por parte de la policía, o como víctimas de asesinatos en manos de particulares, el Estado no ha tomado las necesarias medidas de protección ni iniciado las pertinentes investigaciones penales. Es más, el estado no dio una respuesta efectiva y continuada a las reclamaciones de tierra situadas en el núcleo del conflicto. Así, cuando se trata de ocupaciones ilegales, la respuesta ha sido en general la apertura de causas penales, la militarización y el aumento de las penas contra los ocupantes ilegales[40], mientras que, cuando se trata de asesinatos de campesinos o de uso mortal de agro-tóxicos, la respuesta ha sido mayormente la desprotección e impunidad. ¿Qué nos dice el hecho de que los reclamos de seguridad de la parte más vulnerable hayan sido casi sistemáticamente ignorados sobre los respectivos procesos de toma de decisiones? En el apartado "Evaluación democrática" intentaré abordar esta pregunta.

38. *Ver* Comité de Derechos Económicos, Sociales y Culturales (2007: párr. 27).

39. El 7 de Septiembre de 2007, *ABC Color*, informaba: "De acuerdo con los hechos, los parlamentarios no pretendían discutir la propuesta sino directamente votar, razón por la cual el debate fue corto, lo que confirma las predicciones de días anteriores: que no correría la propuesta presentada en mayo de 2005". No fue sino hasta Mayo de 2009, bajo la administración de Fernando Lugo, y luego de una amplia controversia, que se aprobó una Ley sobre el control y la aplicación de agroquímicos (Ley Nº 3742/2009).

40. Esto no significa que los grupos privilegiados hayan encontrado una respuesta total y efectiva a sus reclamos de protección. Las dos partes reprocharon al Estado su ausencia y falta de protección en las áreas conflictivas. En general, sin embargo, puede decirse que las preocupaciones de seguridad de los campesinos fueron desproporcionadamente ignoradas en comparación con las de los propietarios de tierras y productores de soja.

— IV —
Criminalización

En 2006, y a raíz del creciente número de ocupaciones ilegales, el Presidente de la Asociación Rural del Paraguay (ARP) solicitó públicamente la restauración de la legalidad frente a lo que podía ser "delincuencia disfrazada de reivindicación social"[41]. "La ARP no tiene ninguna autoridad moral para hablar dado que nunca se pronunció contra los mafiosos y acaparadores de tierras mal habidas que integran la misma asociación" (Informativo Campesino 2006: 17), respondió el dirigente de la Mesa Coordinadora de Organizaciones Campesinas. Estas declaraciones revelan algunas de las principales cuestiones que brevemente intento abordar en este apartado. En los párrafos que siguen, paso a resumir las características más sobresalientes de la ocupación ilegal para luego explorar su posible justificación[42]. Finalmente, realizo algunas consideraciones generales sobre las implicaciones de la ocupación ilegal para el estado de derecho y el mantenimiento del orden. Las cuestiones y los argumentos articulados en esta sección son más bien exploratorios y, como tales, están sujetos a revisión y matización. Por ahora, mi intención consiste simplemente en abrir la puerta a un debate sobre posibles formas de justificación de la ocupación ilegal de tierras.

Como lo he señalado anteriormente, la ocupación ilegal de tierras ha sido la principal estrategia de protesta utilizada por los grupos campesinos para avanzar sus reclamos sociales. La mayor parte del tiempo, la ocupación es usada como un recurso desesperado para atraer la atención pública, conseguir apoyo político, y obtener reformas legales. Como fin último, persigue el acceso a un medio de subsistencia que ha sido históricamente denegado: la tierra. La ocupación ilegal en Paraguay debe por tanto analizarse en el contexto de las persistentes desigualdades que afectan a la población rural y a las históricas injusticias relativas a la distribución de la tierra. Esto último, tal como se describió más arriba, ha sido, en su mayor parte,

41. *Ver* Diario *La Nación* 16 de Julio de 2006.

42. En esta parte, intento delinear solamente aquellos rasgos más comúnmente observados en la mayoría de los casos de ocupación ilegal de tierras reconociendo que resulta prácticamente imposible capturar integralmente la gran diversidad de casos y la variedad de reclamos efectuados por las diferentes organizaciones campesinas.

resultado de prácticas ilegales de exclusión extendidas a lo largo de la dictadura y, en menor medida, durante la democracia.

La ocupación de tierras conlleva a menudo desorden público, generalmente como consecuencia de la resistencia a desalojos masivos. En muchos casos, se lleva a cabo de forma clandestina y, en menor grado, mediante actos de violencia que dañan o son susceptibles de dañar personas o bienes. Las acciones tienen frecuentemente lugar previa advertencia pública aunque sin señalar ninguna propiedad en particular dado que esto obviamente arruinaría la estrategia. Además, conllevan coerción aunque no "mera coerción"[43]. Los métodos coercitivos se fundan normalmente en demandas razonables y justas que pretenden ganar la empatía de la mayor parte posible del público. Al mismo tiempo, la ocupación ilegal conlleva una transgresión de las leyes que protegen la propiedad privada y, como consecuencia, una interferencia con los derechos de terceros. Ciertas consecuencias legales deben por tanto desprenderse de dicha transgresión (por ejemplo, desalojos efectuados con las adecuadas garantías). Sin embargo, el punto crucial aquí es si la ocupación ilegal de tierras, cuando se lleva a cabo como mecanismo de protesta por parte de segmentos desaventajados de la sociedad contra un régimen injusto de tierras debe ser considerada como un delito o estar más bien exenta de la acción de la justicia penal.

Muchos casos de ocupación ilegal parecerían reunir las características consideradas esenciales en la desobediencia civil: actos públicos ilegales llevados a cabo de forma consciente para obtener reformas de leyes y políticas que se entienden contrarias a derechos básicos. Al establecer lo que parecen ser condiciones razonables de la desobediencia civil, Rawls afirma que "the violation of the principle of equal liberty is the more appropriate object of civil disobedience" (1971: 327). La articulación liberal de la desobediencia civil parecería proporcionar elementos clave para una posible justificación de la ocupación ilegal de tierras llevada adelante por grupos sujetos a profundas desigualdades socio-económicas contra las políticas que infringen el principio fundamental de igualdad. En efecto, la exclusión a la que estos grupos han sido históricamente sometidos a raíz de graves y persistentes desigualdades pone seriamente en cuestión

43. John Morreall (1991: 137) argumenta: "[i]f people are presenting their demands not as reasonable and just, but simply as demands… then we say that these people are trying to impose their will on everyone else. The unacceptability of such 'naked coercion' is obvious".

su calidad de ciudadanos iguales. En este sentido, la ocupación ilegal podría contemplarse como una demanda de inclusión en la condición básica de igualdad de ciudadanía.

Existen, sin embargo, algunas objeciones legítimas que pueden formularse en relación con el carácter de desobediencia civil de dichas ocupaciones de tierras. La interferencia con los derechos de terceros es probablemente la más prominente. En la tesis liberal, "cualquier interferencia con las libertades civiles de los demás tiende a oscurecer la naturaleza de desobediencia civil del acto" (Rawls 1971: 321, la traducción es mía). No hay ninguna duda de que las ocupaciones ilegales representan una clara interferencia con los derechos de propiedad de terceros y, no solamente una restricción temporal, sino incluso una posible eliminación de dichos derechos puesto que los campesinos persiguen apropiarse definitivamente de la propiedad ocupada. Las ocupaciones generalmente desafían los derechos del dueño. Esto se debe, en parte, a que estos derechos han sido, en muchos casos, adquiridos como consecuencia de políticas y prácticas ilegales contra las que los campesinos precisamente protestan[44]. Es decir, en estos casos, existe una conexión obvia entre los derechos de propiedad infringidos por las ocupaciones ilegales y las políticas o prácticas injustas que los sostienen y a partir de las cuales se han originado. De esta forma, la interferencia con los derechos de terceros resulta esencial para hacer pública la injusticia subyacente. Los campesinos ocupan además lo que consideran latifundios improductivos cuya eliminación no ha sido perseguida por el Estado a pesar de las disposiciones constitucionales que así lo establecen. ¿Podrían estos casos igualmente justificarse como actos de desobediencia civil?

La posible justificación de la ocupación ilegal en ciertas circunstancias no implica de ninguna manera otorgar carta blanca a los campesinos para tomar la justicia en sus manos y apropiarse de tierras aún cuando éstas sean mal habidas o insuficientemente explotadas. La ocupación de tierras debe limitarse a un acto de protesta destinado a llamar públicamente la atención acerca del trato desigual al que son sometidos y a movilizar el sentido de justicia de la mayoría. Consecuentemente, y si

44. Existen por supuesto algunos casos en los que las ocupaciones de tierra no persiguen exactamente la recuperación de una propiedad obtenida de forma ilegal. Los campesinos han sido acusados varias veces de ocupar tierras legalmente adquiridas y propiedades racionalmente explotadas. En este artículo dejo estos casos fuera de mi esquema justificativo. Examino la posibilidad de justificar únicamente las ocupaciones de tierras mal-habidas y/o de latifundios improductivos.

hay algún sentido de justicia subyacente en la sociedad, la recuperación de tierras mal habidas (o la reducción del número de latifundios improductivos) debería avanzar a través de los canales legales correspondientes y la criminalización de las ocupaciones de tierras en tales circunstancias debería ser seriamente cuestionada. Las reclamaciones de tierras deben asimismo ser resueltas en la mayor medida posible a través de los cauces legales y políticos apropiados. En otras palabras, no parece irrazonable sostener que las circunstancias arriba mencionadas deben tomarse en consideración a la hora de aplicar sanciones penales a los ocupantes ilegales. Esto podría conducir en algunos casos a una exoneración de las sanciones y en otros a una aplicación más matizada de las leyes penales[45].

Finalmente, ¿cuáles podrían ser las implicaciones de la ocupación de tierras para el orden legal y político en términos más generales? Algunos pueden sostener que en el caso de democracias frágiles, estos shocks de ilegalidad y desorden no hacen ningún favor, sino que, al contrario, erosionan o dañan el estado de derecho vigente y los principios de por sí aun débiles sobre los cuales descansa frágilmente el sistema democrático. Algunos pueden también legítimamente expresar una preocupación acerca de las consecuencias que las ocupaciones ilegales pueden tener para el régimen de propiedad de forma más general[46]. Efectivamente, la primera reacción puede ser pensar que protestas de esta naturaleza hacen más bien un flaco favor al débil orden democrático y legal. Sin embargo, una reflexión más detenida puede llevarnos a cuestionar el sentido de mantener un orden cuando éste se sustenta en la exclusión sistemática de segmentos importantes de la población y en el desconocimiento de sus derechos básicos de ciudadanía[47]. Es más, quienes permanecen en la pobreza y marginación carecen generalmente del poder necesario para desafiar las injusticias que sostienen dicho orden una vez aceptado. Por eso, la pregunta es si el Estado puede legítimamente perseguir la restauración del orden factual y legal ignorando o infringiendo los derechos que están en juego y dejando de lado los problemas complejos y urgentes subyacentes al desorden. Esto es todavía más problemático cuando el mismo Estado es quien ha vulnerado la ley en primer lugar. ¿Puede

45. La justificación de protestas ilegales por grupos excluidos en otros contextos ha sido abordada por otros autores. Una de las justificaciones más prominentes puede encontrarse en Roberto Gargarella (2005).

46. Agradezco a Roberto Gargarella su sugerencia de tener en cuenta este argumento.

47. De nuevo, agradezco a Roberto Gargarella el atraer mi atención sobre este punto.

el Estado en estas circunstancias válidamente aducir estar actuando de acuerdo con la ley o restaurando el estado de derecho? La legalidad de gran parte del régimen de propiedad de la tierra en Paraguay ha sido seriamente cuestionada en los últimos años. Los verdaderos beneficiarios de las leyes de reforma agraria de 1949, 1963 y 2001 han sido claramente los campesinos. A pesar de ello, el 64,1% de las tierras ha sido adjudicado a personas que no poseían la calidad legal de beneficiarios. Esto nos confronta con una situación en la que el gobierno se encontraba en infracción de la ley con anterioridad a las infracciones cometidas por los campesinos. Esta última situación sería más bien consecuencia de un incumplimiento previo por parte del Estado.

En síntesis, cuando se trata de mantener el orden legal o fáctico en circunstancias asociadas a conflictos parecidos al analizado, el Estado debe tener en cuenta el contexto en el que el desorden y la violación de la ley ocurren de manera a identificar la complejidad de factores y derechos en juego. El desorden y la ilegalidad asociados con problemas sociales complejos deberían ser abordados a través medidas integrales que tengan en cuenta las múltiples facetas del problema y no a través de respuestas simplistas susceptibles de mantener o acentuar la estratificación social.

— V —
Evaluación democrática

El análisis de las respuestas del Estado a las demandas de seguridad esgrimidas por las partes involucradas en el conflicto de la tierra nos plantea conexiones familiares entre la democracia, por un lado, y la inclusión, por el otro. En esta sección abordo estas conexiones desde la perspectiva de la democracia deliberativa y examino de manera crítica el caso paraguayo a la luz de sus ideales[48].

A pesar de las múltiples versiones de la democracia deliberativa, sus principales representantes parecen coincidir en dos puntos esenciales. La noción incluye un aspecto "democrático" que implica una toma de

48. Tal como lo he señalado en la introducción, este análisis ha sido efectuado de forma más general y en diferentes contextos por otros autores en la región. *Ver supra* nota 1. Aquí realizo un ejercicio similar pero en el contexto de Paraguay. Intento además demostrar que la democracia requiere una concepción más sustantiva de la igualdad en contextos como el paraguayo.

decisiones colectivas por todos los afectados (o sus representantes)[49] y un aspecto "deliberativo" que requiere una toma de decisiones basada en los argumentos *por* y *hacia* los participantes comprometidos con valores de razonabilidad e imparcialidad (Elster 1998: 8). Aunque algunas de sus formulaciones han sido criticadas y refinadas con la intención de acomodar formas más inclusivas de comunicación política[50], el requisito de inclusión, junto con el de discusión pública, han sido considerados por sus principales adherentes como esenciales a esta concepción de democracia. En esta sección, me enfocaré solamente en el requisito de inclusión y en un valor íntimamente relacionado con ella: la igualdad.

Como algunos demócratas deliberativos lo han notado, la legitimidad democrática ha venido a ser cada vez más frecuentemente considerada como "la capacidad y oportunidad de participar efectivamente en la deliberación por parte de aquéllos sujetos a las decisiones colectivas" (Dryzek 2000: 1, la traducción es mía). Esto simplemente nos recuerda que la legitimad democrática puede ponerse fácilmente en tela de juicio cuando los ciudadanos son excluidos del diálogo público del que posteriormente se originan las decisiones para ellos relevantes. La inclusión es, por tanto, un test fundamental en cualquier ejercicio de análisis de legitimidad democrática de los arreglos colectivos[51].

La exclusión, no hace falta probablemente decirlo, puede ser asociada con obstáculos formales y materiales, o con ambos[52]. Los de carácter material son muy familiares en América Latina, una región caracterizada por los efectos excluyentes de sus extendidas y marcadas

---

49. Elster (1998: 8) distingue el aspecto "democrático" del "deliberativo". Gutmann y Thompson (2004) argumentan que "[w]hat makes deliberative democracy democratic is an expansive definition of who is included in the process of deliberation –an inclusive answer to the questions of who has the right (and effective opportunity) to deliberate or choose the deliberators, and to whom do deliberators owe their justifications–" (2004: 9).

50. Un ejemplo interesante de crítica a las reglas deliberativas definiendo qué cuenta propiamente como deliberación se ve en Iris Marion Young (2001).

51. *Ver*, en general, Gargarella *supra* nota 1 y también "Human Rights, International Courts and Deliberative Democracy" disponible en [http://www1.lanic.utexas.edu/project/etext/llilas/vrp/gargarella.pdf].

52. "Exclusion can be formal, as with slavery, or it may be subtle, as when individuals who posses formal democratic rights do not speak out because of their economic circumstances, social biases against them, fear of reprisal, or lack of opportunity..." (Williams y Macedo 2005: 17).

desventajas socio-económicas[53]. En contextos como éste, resulta casi inevitable preguntarse qué tipo de igualdad requiere exactamente la democracia deliberativa en particular o la democracia en general. El grado de complejidad de esta relación es tal que resulta obviamente imposible abordarla extensamente en este trabajo. Basta notar, sin embargo, que varios teóricos de la democracia deliberativa parecen estar de acuerdo en que la igualdad demanda requisitos tanto formales como sustantivos para poder sostener el ideal propuesto. Para Nino, por ejemplo, la justificación de la democracia deliberativa requiere "una igual participación de aquéllos afectados por las decisiones" (Nino 1997: 93). Esto implica no solamente "una voz igual y un voto igual [sino] también todas las precondiciones para que esa igualdad sea sustantiva y no meramente formal" (*ídem*). Por su parte, Joshua Cohen enfatiza que los participantes deben "considerarse los unos a los otros como formal y sustantivamente iguales" (Cohen 1998: 194, la traducción es mía)[54].

Más específicamente, la democracia deliberativa requiere para algunos de sus defensores "una igualdad de libertad social efectiva entendida como la igual capacidad de funcionar públicamente" (Bohman 1997: 322, la traducción es mía)[55]. Para otros, requiere "iguales oportunidades de influencia política" (Knight y Johnson 1997: 292, la traducción es mía), lo que a su vez implica "que las asimetrías no otorguen ventajas injustas a los participantes" y, al mismo tiempo,

53. "For, as long as data on living standards have been available, Latin American has been one of the regions of the world with the greatest inequality. With the possible exception of Sub-Saharan Africa, this is true with regard to almost every conceivable indicator, from income and consumption expenditures to measures of political influence and voice, and including most aspects of health and education" (de Ferranti *et al.* 2004).

54. Cohen (1998) aduce que "[t]he participants are substantively equal in that the existing distribution of power and resources does not shape their chances to contribute to the deliberation, nor does that distribution play an authoritative role in their deliberation".

55. Tal como explican Knight y Johnson, "Bohman… develops a capacities-based conception of political equality that retains the spirit of Sen's argument, but advances a different conception of 'effective freedom'. Bohman's conception of deliberative equality is primarily concerned with the capacities relevant to participation in a deliberative process… He justifies this focus on grounds similar to Sen: that equality of resources is an insufficient remedy for deficiencies in effective participation because people differ in the capacities necessary to use available resources effectively" (Knight y Johnson 1997: 297 y 298).

"que las asimetrías no sitúen a nadie en una posición de injusta desventaja" (*ídem*: 293, la traducción es mía).

En el intento de abordar las conexiones entre igualdad y democracia en términos más generales, Robert Post argumenta que lo que la lógica de la legitimidad democrática requiere es "que los ciudadanos sean tratados de forma igual con respecto a los requisitos de participación autónoma en la formación de la opinión pública" (Post 2004: 12, la traducción es mía). Post cree que, si la democracia es entendida fundamentalmente "como un compromiso con la auto-determinación colectiva, ella requiere sólo aquellas formas de igualdad necesarias para el éxito de dicho proyecto" (*ídem*: 13, la traducción es mía)[56]. Aun cuando esta igualdad pueda ser vista como formal[57], Post sin embargo admite que "principios igualitarios más robustos pueden en circunstancias particulares tener efectos significativos en el refuerzo de la democracia" (*ídem*: 14, la traducción es mía). Estas circunstancias incluyen aquellas en las cuales los ciudadanos experimentan las desigualdades como alienantes sin poder mantener una identificación con el Estado (*ídem*: 15-16).

Siguiendo la línea de argumentación de Post, se podría decir que las condiciones de extrema desigualdad estructural pueden ciertamente alienar a varios segmentos de la sociedad de participar en el debate público al reducir su capacidad autónoma de hacerlo y, por consiguiente, su posibilidad de reconocer las decisiones del Estado como

56. Post (2004: 3) considera preferible decir que "the value of self-government requires that a people have the warranted conviction that they are engaged in the process of governing themselves. The distinction is crucial, for it emphasizes the difference between making particular decisions and recognizing particular decisions as one's own. Self-government is about the authorship of decisions, not about making of decisions". Post se pregunta cómo los ciudadanos reconocen las decisiones colectivas como suyas en sociedades cada vez más heterogéneas. Post cree que, para que los ciudadanos experimenten el gobierno como suyo, ellos deben tener la libertad de participar en el proceso de comunicación por el cual se forma la opinión pública (*ídem*: 5). La igualdad de participación en el discurso público, en su opinión, se mide "in terms of a freedom to participate in public discourse" (*ídem*: 8).

57. Post (2004: 15) aduce que "whereas democracy affirmatively requires that citizens be treated as equal with regard to the dimensions of their autonomous agency relevant for democratic legitimation, it contains no such requirement with regard to other inequalities. Democracy requires only that inequities that undermine democratic legitimacy be ameliorated. It does not require this for reasons of fairness or distributive justice, or because of any philosophic commitments that stand outside of democratic debate and decision-making, but simply because such inequities undermine democratic legitimacy".

propias. Se podría decir además que, en estas condiciones, solo ideas más robustas de igualdad pueden sostener la legitimidad democrática de los procesos políticos y sus subsecuentes decisiones.

Analizando las respuestas a las cuestiones de seguridad surgidas a raíz del conflicto de la tierra a la luz de estos argumentos, resulta particularmente llamativa la indiferencia casi sistemática del Estado a las demandas articuladas por la parte más vulnerable. Resultados políticos regularmente desfavorables a los segmentos más carenciados de la sociedad nos llevan razonablemente a sospechar que las profundas desventajas socio-económicas a las que están sujetos juegan un papel crucial en sus derrotas políticas. En contextos de desigualdad estructural como los aquí examinados, no resulta por tanto muy difícil establecer un nexo causal entre la sistemática desventaja política y las múltiples y graves desigualdades sustantivas que operan como telón de fondo del conflicto.

Mi conclusión general es pues que la exclusión (o la desigual inclusión) así como la no consideración (o desigual consideración) de las perspectivas de los grupos campesinos en el discurso de seguridad fue consecuencia de las marcadas desigualdades de fondo. Dicha exclusión vino, a su vez, a afectar seriamente la legitimidad democrática de los procesos de toma de decisiones relacionados con la seguridad en el campo y de las respuestas adoptadas en consecuencia.

— VI —
Implicaciones

Desde el punto de vista de la seguridad, ¿cuáles se podría decir que fueron las principales implicaciones de la sistemática desventaja política de uno de los grupos involucrados en el conflicto?

Primero, la exclusión (o desigual inclusión) de grupos campesinos pudo haber significado la falta de consideración apropiada de sus demandas en los procesos de discusión de las medidas de seguridad a ser implementadas en áreas rurales. Segundo, y dado que sus reclamos fueron probablemente desatendidos a raíz de su falta de discusión en el debate público, los campesinos quedaron total o parcialmente desprotegidos. La falta de respuesta a las demandas de protección contra amenazas y ataques a su vida e integridad física parecería indicar que este fue precisamente el caso.

Las asimetrías de poder económico reflejadas en los procesos de toma de decisiones en materia de seguridad pudieron haber tenido implicaciones adicionales. El poder económico marcadamente superior de los propietarios (y su consiguiente capacidad de dominar fácilmente el debate político) pudo haber significado la simple obstrucción de ciertos temas de la agenda pública percibidos como perjudiciales a sus intereses aunque claves para la protección de la vida y seguridad de los campesinos (regulación del uso de agroquímicos). Al mismo tiempo, si la marcada ventaja política de los grupos dominantes se combina con la profunda desventaja política de los más desfavorecidos, la parte más aventajada pudo simplemente haber avanzado medidas de protección en su beneficio pero en detrimento de los derechos y de la seguridad de la parte más vulnerable (militarización, comisiones de seguridad vecinal, aumento de penas para la ocupación ilegal de tierras).

Esta dinámica de marcada ventaja/desventaja política asociada con las profundas desigualdades económicas probablemente ayude a entender la falta de protección y simultánea persecución de los campesinos involucrados en la lucha por la tierra. La desprotección se podría explicar por su incapacidad de traer al debate público cuestiones fundamentales para su seguridad y/o al poder predominante de su contraparte para excluirlas de antemano por considerarlas perjudiciales a sus intereses. La persecución, a su vez, podría explicarse como consecuencia de la inhabilidad de los grupos sin tierra para contrarrestar los argumentos avanzados en su contra por la parte más aventajada y para oponerse a las severas medidas impulsadas por ésta ultima para protegerse contra los delitos que los campesinos eran percibidos como proclives a cometer. Romper con este tipo de dinámica (y evitar o mitigar sus injustas consecuencias) probablemente requiera fijar en ciertos casos un "piso de igualdad civil" y, al mismo tiempo, un "techo para demasiada agencia"[58]. De lo contrario, es muy probable que el discurso público en general, y en este caso el de seguridad, sea dominado por argumentos que representan una realidad en forma parcial y que las consiguientes respuestas se articulen en reacción a dicha "realidad".

Ahora bien, ¿podrían extenderse las conclusiones de este caso particular a contextos más amplios de crimen e inseguridad? Algunos pueden alegar que, mientras estos argumentos tal vez tengan sentido

58. Bohman (1997: 339) señala que "[t]he possibility that some groups are so impoverished as to be excluded sets a 'floor' of civil equality; the possibility that some groups are so powerful that they can limit the set of feasible alternatives in advance of deliberation sets a 'ceiling' for too much agency freedom".

en contextos muy específicos con características y partes delimitadas como el caso en estudio, sostenerlos empíricamente en contextos más amplios y complejos probablemente sea muy complicado. Obviamente que comparto estas preocupaciones. Sin embargo, dinámicas como la señalada no son para nada extrañas a otros debates públicos en los que se discuten asuntos igualmente cruciales en nuestras sociedades. Las marcadas disparidades socio-económicas se traducen a menudo en excesiva ventaja política para algunos y absoluta desventaja política para otros con todas las consecuencias injustas que de ello se derivan. No me sorprendería, por tanto, observar este tipo de dinámica más allá del caso ofrecido como ejemplo. Una reciente investigación sobre crimen e inseguridad en Paraguay ha demostrado que

> *...los discursos políticos populistas que juegan con las preocupaciones de seguridad, calificando a los planes alternativos de reforma como promotores de los intereses de los delincuentes y de los infractores... frecuentemente tiene por objetivo a los sectores de la sociedad que son percibidos como más propensos a cometer delitos*[59].

El estudio señala que

> *[a]sí como la mayor atención de los medios de comunicación sobre la delincuencia paradójicamente saca del enfoque público los delitos que afectan a las comunidades más carenciadas, la presión política puede llegar a marginar a estas comunidades del debate político*[60].

De esta forma, concluye el informe, "grandes segmentos de la sociedad paraguaya –aquellos que sufren más de la falta de seguridad personal– [pueden ser dejados] fuera de los debates políticos sobre políticas de control de la delincuencia"[61].

En síntesis, creo que, cuando, por un lado, los argumentos de los más privilegiados dominan ampliamente el discurso sobre seguridad mientras que, por el otro, los contra-argumentos de los más débiles ni siquiera cruzan las puertas del debate, la potencial pérdida de legitimidad democrática de las decisiones emanadas de estos procesos y la posibles consecuencias injustas para las poblaciones más marginadas

59. *Ver* Facultad de Derecho de la Universidad de Harvard (2007: 75-76).

60. *Ídem.*

61. *Ídem.*

son considerablemente altas como para rectificar las desigualdades en nombre tanto de la democracia como de la equidad.

— VII —
Conclusiones

He intentado demostrar a través de un estudio de caso que en los discursos públicos sobre cuestiones de seguridad es fundamental prestar particular atención a las asimetrías políticas resultantes de las disparidades socio-económicas de fondo de manera a evitar que éstas se conviertan en protección para los incluidos y desprotección más persecución para los excluidos. Las respuestas a las cuestiones de seguridad asociadas al conflicto de la tierra en Paraguay pueden probablemente ayudar a entender cómo la desventaja política de los segmentos más vulnerables se tornó posiblemente en desprotección mientras que la ventaja política de los grupos dominantes se convirtió en protección, muchas veces a través de medidas que tuvieron como blanco al sector percibido como una amenaza a su seguridad.

Bibliografía

ABC Color (2010), "Indigno rechazo de senadores Comunidad Yakye Axa, sin derecho a la tierra", 14 de Abril.

—— (2009), "Gobierno decidió eliminar grupo de civiles armados", 4 de Enero.

—— (2004a), "Identifican y denuncian a los que se adjudicaron tierras ilegalmente", 6 de Noviembre.

—— (2004b), "Ante sostenida ola de invasión de propiedades privadas despliegan tropas militares y policías en zonas rurales", 5 de Noviembre.

Banco Mundial (2007), "Paraguay. Impuesto inmobiliario: herramienta clave para la descentralización fiscal y el mejor uso de la tierra", Abril, nota al pie número 2.

Bohman, James (1997), "Deliberative Democracy and Effective Social Freedom: Capabilities, Resources, and Opportunities", en: James Bohman y William Rehg (eds.), *Deliberative Democracy*. Cambridge, MA, The MIT Press.

Cohen, Joshua (1998), "Democracy and Liberty", en: Jon Elster (ed.), *Deliberative Democracy*. Cambridge University Press.

Comité de Derechos Económicos, Sociales y Culturales (CESCR) (2007), "Observaciones Finales del Comité de Derechos Económicos, Sociales y Culturales: Paraguay". Noviembre.

—— (2004), "Compilación de Observaciones Finales del Comité de Derechos Económicos, Sociales y Culturales sobre Países de América Latina y el Caribe" (1989-2004).

Coordinadora de Derechos Humanos del Paraguay (2007), Informe *Chokokue* sobre "Ejecuciones y desapariciones en la lucha por la tierra en el Paraguay, 1989-2005". Informe presentado al Consejo de Derechos Humanos de Naciones Unidas.

de Ferranti, David *et al.* (2004), *Inequality in Latin America: Breaking with History?* Banco Mundial.

Dryzek, John S. (2000), *Deliberative Democracy and Beyond: Liberals, Critics, Contestations*. Oxford University Press.

Duran Leite, María José (2009), "Persisten asesinatos selectivos y ejecuciones en los conflictos por el acceso a la tierra", en: *Informe Anual de Derechos Humanos*. Coordinadora de Derechos Humanos de Paraguay (CODEHUPY).

Elster, Jon (1998), "Introducción", en: Jon Elster (ed.), *Deliberative democracy*. New York, Cambridge University Press.

Facultad de Derecho de la Universidad de Harvard (2007), *La seguridad en el Paraguay: análisis y respuestas en perspectivas comparadas*. Clínica de Derechos Humanos, Cambridge, MA, Estados Unidos y Asunción, Paraguay.

Fogel, Ramón (2009), "El gobierno de Lugo, el Parlamento y los movimientos sociales", en: *OSAL*, Año X, N. 25, Abril. Buenos Aires, CLACSO.

Gargarella, Roberto (2012), "De la justicia penal a la justicia social", disponible en: [http://www.razonpracticayasuntospublicos.com/racionalidad/texto/Edicion%2012/De%20la%20Justicia%20Penal%20a%20la%20Justicia%20Social.pdf].

—— (2005), *El derecho a la protesta: el primer derecho*. Buenos Aires, Argentina, Ad-Hoc.

Gutmann, Amy y Dennis Thompson (2004), *Why Deliberative Democracy?* Princeton University Press.

Informativo Campesino, Nro. 214 (2006), "La 'seguridad' se convirtió en terror". Centro de Documentación y Estudios (CDE), Asunción, Paraguay, Julio.

Informe de la Comisión de Verdad y Justicia (2008), "Tierras rurales mal habidas en el Paraguay 1954-2003".

Instituto de Estudios Comparados en Ciencias Sociales y Penales (INECIP-Paraguay) (s/f), "Diez verdades en contra de la impunidad en el campo y un llamado a la paz".

KNIGHT, Jack y James JOHNSON (1997), "What Sort of Political Equality Does Deliberative Democracy Require?", en: James Bohman y William Rehg (eds.), *Deliberative Democracy*. Cambridge, MA, The MIT Press.

MARTENS, Juan y Roque ORREGO (2008), "Aumento del uso del sistema penal para perseguir a organizaciones sociales". Instituto de Estudios Comparados en Ciencias Penales y Sociales (INECIP-Paraguay), Informe Anual de Derechos Humanos, Coordinadora de Derechos Humanos Paraguay (CODEHUPY).

MORREALL, John (1991), "The Justifiability of Violent Civil Disobedience", en: Hugo A. Bedau (ed.), *Civil Disobedience in Focus*. London, Routledge.

NINO, Carlos Santiago (1997), *La constitución de la democracia deliberativa*. Barcelona, Gedisa Editorial.

POST, Robert (2004), "Democracy and Equality", presentado en el SELA 2004, disponible en: [http://www.law.yale.edu/documents/pdf/Democracy_and_Equality.pdf].

PROGRAMA DE LAS NACIONES UNIDAS PARA EL DESARROLLO (PNUD) (2008a), "Indicadores de gobernabilidad democrática en el Paraguay".

——(2008b), "Informe nacional sobre desarrollo humano en el Paraguay".

RAWLS, John (1971), *A Theory Of Justice.* Revised Edition. Cambridge, MA, Harvard University Press.

RIQUELME, Quintín (2008), "Para disminuir efectivamente la pobreza rural", en: *Informe anual de derechos humanos Paraguay*. Coordinadora de Derechos Humanos de Paraguay (CODEHUPY).

WILLIAMS, Melissa S. y Stephen MACEDO (2005), "Introducción", en: Melissa S. Williams y Stephen Macedo (eds.), *Nomos XLVI Political Exclusion And Domination*. New York University.

YOUNG, Iris Marion (2001), "Activist Challenges to Deliberative Democracy", en: *Political Theory*, Octubre.

La presente edición se terminó de imprimir en septiembre de 2012,
en los talleres de Gráfica LAF s.r.l., ubicados en Monteagudo 741,
San Martín, Provincia de Buenos Aires, Argentina.

www.ingramcontent.com/pod-product-compliance
Ingram Content Group UK Ltd.
Pitfield, Milton Keynes, MK11 3LW, UK
UKHW040604210726
13854UKWH00009B/2524